J.-P. BOULARD
Docteur en Droit

ÉTUDE JURIDIQUE ET CRITIQUE

DES

CONSEILS GÉNÉRAUX

Des Colonies françaises

PARIS

AUGUSTIN CHALLAMEL, ÉDITEUR

RUE JACOB, 17

Librairie Maritime et Coloniale

—

1902

Étude juridique et critique

DES

CONSEILS GÉNÉRAUX

Des Colonies françaises

J.-P. BOULARD
Docteur en Droit

ÉTUDE JURIDIQUE ET CRITIQUE

DES

CONSEILS GÉNÉRAUX

Des Colonies françaises

TOULOUSE
IMPRIMERIE G. BERTHOUMIEU
15, RUE DENFERT-ROCHEREAU, 15

1902

BIBLIOGRAPHIE

ALCINDOR. — Les Antilles françaises, leur assimilation, 1899.

Bibliothèque coloniale internationale. — Main-d'œuvre, 1ʳᵉ série, tome I. — Régime foncier, 3ᵐᵉ série, tome II.

BOUDENOOT. — Nécessité de restreindre les pouvoirs des Conseils généraux, *Revue politique parlementaire*, 10 février 1899.

BOURDAIS DES TOUCHES (LE). — Régime financier des Colonies françaises, 1898.

BOURDARIE (P.). — Création de l'outillage économique aux Colonies. — Subvention ou souscription? *Revue politique et parlementaire*, 1899.

CAILLAUX. — Les budgets, les finances des Colonies en France et en Angleterre, *Questions diplomatiques et coloniales*, 1ᵉʳ avril 1899.

CHAILLEY-BERT. — Administration d'une colonie sous l'ancien régime, *Economiste français*, 8 octobre et 12 novembre 1892.

Congrès colonial international, 1889.

Congrès colonial national, 1889.

Congrès colonial, 1900.

Congrès de sociologie coloniale, 1900.

DALLOZ. — *Répertoire.* Vᵉ Organisation des Colonies.

DALLOZ. — *Supplément au Répertoire.* Vᵉ Organisation des Colonies.

DELABARRE DE NANTEUIL. — Législation de l'île de la Réunion, 1863.

DEPINCÉ. — *Quinzaine coloniale*, 25 décembre 1900, 10 janvier 1901.

DESCHAMPS (L.). — Histoire de la question coloniale, 1891.

DESCHAMPS (L.). — Les Colonies pendant la Révolution, 1898.

DESCHAMPS (L.). — La constitution coloniale de 1791, *Questions diplomatiques et coloniales*, 15 juillet 1899.

DISLÈRE. — Traité de législation coloniale, 1897.

DISLÈRE. — Notes sur l'organisation des Colonies, 1888.

Documents relatifs aux Sénatus-Consultes de 1854 et 1866, Bibliothèque de l'Office colonial.

DOUMER. — Rapport sur la situation de l'Indo-Chine, 1902.

DUCHÊNE (A.) — Le Régime législatif des Colonies, 1893.

DUCROCQ. — Droit administratif.

DUVAL. — Colonies et Politique coloniale de la France, 1864.

DUVAL. — Algérie et Colonies, 1877.

D'Estournelles de Constant. — *Revue de Paris*, 1" janvier 1899.
Ferry (J.). — Gouvernement de l'Algérie.
Fuzier Hermann. — *Répertoire* V° Colonies.
Garnier. — Législation domaniale et Propriété foncière dans les Colonies, 1897.
Girault (A.). — Précis de Colonisation et de Législation coloniale, 1894.
Girault (A.). — Le Problème colonial. *Revue de Droit public*, 1894.
Girault (A.). — Politique coloniale et la Révolution française. *Revue politique et parlementaire*, 1899.
Girault (A.). — Régime foncier des Colonies françaises, *Bibliothèque coloniale internationale*, 3° série, tome II.
Hauriou. — Précis de Droit administratif, 4° édition, 1901.
Hauriou. — La Décentralisation, *Répertoire Béquet*.
Imbart de la Tour. — Question du Domaine et Organisation de la Propriété, 1900.
Isaac. — Constitutions et Sénatus-Consultes, 1887.
Isaac. — Orientation de la Politique coloniale, *Revue politique et parlementaire*, 1894.
Jacques (A.). — Finances coloniales; Rapports financiers de la Métropole et de ses Colonies, *Annales des Sciences politiques*, 1901.
Laffont et Fonsagrives. — Répertoire de la Législation et de la Réglementation de la Cochinchine, 1890.
De Lanessan. — Principes de colonisation, 1897.
Lebon. — *Annales des Sciences politiques*, 1897.
Leroy-Beaulieu. — Colonisation chez les Peuples modernes, 1882.
Mager. — Cahiers coloniaux, 1889.
Moreau de Saint-Méry. — Lois et constitutions des Iles-sous-le-Vent.
M. C. N. — Autonomie de nos vieilles Colonies. *Annales des Sciences politiques*, 1900.
Pandectes françaises. — V° Colonies.
Pauliat. — Politique coloniale sous l'ancien régime.
Pensa (H.). — Délégations financières algériennes. — Chronique coloniale, *Revue politique et parlementaire*, février 1901.
Petit. — Droit public ou gouvernement des Colonies françaises, 1771.
Petit. — Organisation des Colonies françaises, 1895.
Piquié. — Rapport au nom de la Commission des budgets locaux, *Journal officiel*, 28 et 30 juillet 1899.
Rouard de Card. — Les indigènes musulmans dans les assemblées locales, 1889.
Rougier. — Précis de législation et d'économie coloniale, 1895.
Saussure (De). Psychologie de la colonisation française dans ses rapports avec les Sociétés indigènes, 1899.
Schefer. — Politique coloniale de la première restauration. *Annales des Sciences politiques*, 1901.
Sebire. — Répertoire. V° Colonies.
Thomas (J.). — Délégations financières algériennes. *Revue Droit public*, 1899.
Vignon. — Colonies françaises.

Annuaires des Colonies.
Bulletin des Lois.
Bulletin officiel des Colonies.
Journal officiel.
Journaux officiels des Colonies.
Procès-verbaux des délibérations des Conseils généraux des Colonies.
Dépêche coloniale.
Économiste français.
Monde économique.
Politique coloniale.
Questions diplomatiques et coloniales.
Quinzaine coloniale.

PREMIÈRE PARTIE

De la raison d'être et des conditions d'organisation des Conseils généraux des Colonies françaises.

Une colonie, au point de vue vulgaire, est le territoire plus ou moins éloigné de la mère-patrie, où un certain nombre de personnes de même nationalité sont allées s'établir pour cultiver les terres, exploiter les richesses naturelles, ou faire le commerce avec les autochtones. Au point de vue du droit public, une colonie est un territoire, soumis à l'empire de la souveraineté d'un État, mais où le régime d'État, c'est-à-dire le faisceau de garanties individuelles, de formes constitutionnelles et de la légalité, n'est qu'incomplètement réalisé au bénéfice des habitants.

L'annexion du territoire, qui, pour les habitants, entraîne la nationalité française ou l'indigénat, et l'établissement du régime civil apportent déjà un certain nombre de garanties qui constituent un régime spécial, un certain « droit de cité » français ou indigène, mais local et non métropolitain. Tant que ce régime local ne se sera pas approché de celui de la métropole au point que les garanties de tout ordre contre l'empire de la souveraineté soient égales, la colonie constituera toujours un territoire d'un caractère juridique particulier soumis à l'« impérialisme » de la mère-patrie.

De même que ce régime de garanties, ce « droit de cité » peut être différent suivant la catégorie d'habitants, français ou indigènes non naturalisés, de même ce droit de cité local est susceptible de degrés. Depuis l'impérialisme le moins modéré jusqu'aux garanties les plus complètes il y a place pour des régimes variés. Ces régimes s'établissent suivant des causes rationnelles, le système colonial de la mère-patrie, son tempérament et ses principes de liberté, mais aussi suivant la nature même de la colonie, la composition de sa population, son état de développement, ses forces, son avenir.

Le degré le plus inférieur, celui où l'impérialisme de la métropole n'a pas de brides, où tout est livré au régime du bon plaisir, où les garanties n'existent pas plus qu'en pays conquis, c'est le système de l'assujettissement, système égoïste, conçu en général dans le seul intérêt de la métropole qui veut, par l'exploitation pure, retirer de ses possessions des bénéfices compensateurs de ses sacrifices. Mais il peut être aussi nécessité par l'état même de la colonie, colonie où la domination a besoin d'être solidement assise pour des raisons stratégiques, colonie dont la formation récente et le développement rudimentaire ne permettent pas d'autres régimes. Aussi ce sera le plus souvent un régime de transition. La souveraineté pourra petit à petit se relâcher de sa rigueur, elle admettra progressivement des garanties législatives et politiques ou administratives et sous la direction éducatrice de la métropole, la colonie verra croître avec ses forces matérielles et morales, ce régime de garanties qui constituera son droit de cité.

Mais au développement de ce droit de cité se présentent alors deux directions opposées. Ou bien il tendra à se rapprocher de plus en plus du droit de cité de la métropole, à s'assimiler de plus en plus ses garanties, et les colonies deviendront des provinces d'outre-mer, aspireront à la condition de véritables départements métropolitains; ou bien, prenant la direction diamétralement opposée, le droit de cité se développera dans son indépendance, comme local et particulier, et le terme de son évolution sera dans la constitution d'Etats autonomes seulement rattachés à la métropole par un lien fédératif ténu et fragile.

Ainsi, si ces deux systèmes éducateurs témoignent au début, de la part de la métropole, d'un égal sentiment de générosité libérale, ils aboutissent à des situations absolument différentes. Le premier, qui procède de l'esprit latin centralisateur, de la foi dans l'unité mentale du genre humain et dans la vertu immanente d'une formule universelle, transporte par delà les mers, avec la langue, les mœurs de la métropole, ses institutions politiques et administratives, les droits de l'homme et les libertés, l'égalité, le jury, la presse, le suffrage universel et les assemblées délibérantes, conseils municipaux, conseils généraux, députés, sénateurs; il n'y a pas de place pour des exceptions, et les indigènes on les assimile ou on les extermine. Le second, au contraire, celui du droit de cité local, le système de l'autonomie, non point fondé sur des idées abstraites ou dogmatiques, mais toujours en contact avec la réalité, s'accommodant de toutes les particularités locales, de différences de races, de mœurs, de caractère, d'éloignement ou discontinuité territoriales, d'opposition d'intérêts, permet l'installation de libertés tout aussi larges, mais conformes aux conditions d'une existence distincte et indépendante, un régime d'Etat local, avec tout un appareil législatif, politique et administratif local.

Entre ces deux systèmes, les nations colonisatrices choisissent et les auteurs disputent. La discussion est chaude, on le comprend, puisque c'est un problème capital dont tout découle dans l'organisation d'une colonie. Mais il faut remarquer que ce ne sont là que des tendances, des systèmes. Et s'il est certain que quoiqu'on fasse, la plus légère mesure d'organisation sera empreinte de l'esprit de l'un ou de l'autre, il ne paraît pas nécessaire cependant que la métropole fasse un choix préalable et définitif.

D'abord l'assimilation comme l'autonomie ne sont que des tendances, des directions; elles sont susceptibles non seulement de degrés, mais même de tempéraments, et la formule définitive à laquelles elles aboutissent est facilement considérée par leurs défenseurs les plus zélés comme un idéal caricatural pour le moment. D'autre part, un même système n'est pas considéré comme applicable à l'ensemble de notre empire colonial. On reconnaît qu'il y a, entre les colonies, des différences telles de conditions géographiques, ethniques et sociales, que la France doit faire usage d'un certain éclectisme dans sa politique coloniale. Mais pour pratiquer cet éclectisme ne faut-il pas quitter, justement, un état d'esprit dogmatique et rentrer dans la connaissance des réalités par une méthode d'observation? Alors, pourquoi donc ne pas abandonner résolument cette discussion préliminaire, inutile et même dangereuse? Car c'est un grave danger des formules abstraites et *a priori*, de négliger les contingences, d'entraîner à une application excessive en se présentant non pas comme un idéal lointain, mais comme un moyen immédiat d'atteindre la norme de l'humanité.

C'est uniquement par une méthode *a posteriori* d'observation, expérimentale et historique, en tenant compte des nécessités de la colonie et de la métropole, des besoins divers et souvent opposés, des avantages et des inconvénients, des possibilités et des difficultés d'application, que l'on doit chercher et éprouver toute disposition d'organisation coloniale. C'est à cette méthode que nous voulons soumettre les conditions d'application et de développement des garanties d'ordre administratif et politique résultant pour les colonies d'assemblées locales.

**
* **

Quelles que soient les différences profondes et de tout ordre qui distinguent les possessions coloniales françaises, il est un point sur lequel tout le monde est d'accord, tous les auteurs coloniaux à quelque école qu'ils appartiennent, c'est la nécessité d'une décentralisation importante dans toutes les colonies.

Si jamais la décentralisation peut être une mesure nécessaire, c'est bien aux colonies. A raison de leur éloignement, de leur constitution particulière, de leurs besoins locaux si variés et si différents des besoins généraux, l'autorité centrale est incapable de suffire à l'administration de ces pays. Une autorité locale dotée de pouvoirs très larges est seule compétente, par la connaissance qu'elle peut avoir des besoins, et par la proximité de son action, pour gérer non seulement le plus rapidement, le plus économiquement et le mieux, tous les intérêts locaux, mais même pour prêter son appui à l'autorité centrale dans la gestion des services généraux. Et cette autorité locale doit être laissée aussi libre que possible dans son action, par l'autorité centrale, sinon devant la méconnaissance de leurs véritables besoins « les colonies auraient parfois intérêt à couper le fil télégraphique qui les relie à la métropole. Les colonies, pas plus que les batailles, ne se commandent de loin, dans les bureaux d'un ministère.[1] »

Mais par ce mot de décentralisation qu'on emploie communément, qu'entend-on exactement ? Car le terme a deux sens bien différents. Dans un sens général, la décentralisation est la constitution de toute autorité locale ayant des pouvoirs propres et non soumise à un contrôle trop gênant de l'autorité centrale. Mais cette autorité locale de qui tient-elle son existence ? C'est ici qu'une distinction va s'opérer. Si l'autorité locale émane de l'autorité centrale, ce n'est qu'une délégation de pouvoirs qui a été réalisée, c'est une *déconcentration*, à proprement parler. Tient-elle, au contraire, son existence du choix des habitants, de la participation directe du corps électoral local, c'est alors seulement de la *décentralisation*, proprement dite. Dans le premier cas, l'autorité locale, dans la gestion des besoins locaux, n'est que le représentant de l'autorité centrale ; c'est une tutelle qu'elle exerce, tutelle heureuse, peut-être, parce que, s'exerçant de près, elle peut se conformer exactement aux nécessités locales, mais, par cela même aussi, plus étroite ; dans le second cas seulement, la personne administrative, faisant exercer ses droits ou valoir ses intérêts par l'intermédiaire de mandataires de son choix, acquiert cette indépendance administrative avec les garanties qui en découlent et ce qui constitue la décentralisation.

Ainsi, sous un même nom communément employé, mais à tort, en réalité, deux systèmes absolument opposés ; l'un n'étant qu'une modalité de l'assujettissement, avec renforcement des pouvoirs des représentants locaux de la métropole ; l'autre comportant la création d'assemblées locales électives aux pouvoirs plus ou moins étendus.

La décentralisation[2] proprement dite existe et n'existe que par le suffrage populaire. C'est ce mode de nomination d'une autorité locale qui constitue le caractère représentatif nécessaire à la main mise directe des habitants sur l'administration. L'importance des attributions de l'autorité locale importe peu, au moins en principe. Il n'est pas nécessaire qu'elle ait la décision exécutoire ; elle peut n'avoir à donner que des avis, à formuler que des vœux ; la force qu'empruntera sa voix à son caractère d'autorité représentative issue de la souveraineté populaire suffira à imposer géné-

---

1. Jules Ferry, *Gouvernement de l'Algérie*, p. 37.
2. Cf. *Répertoire Béquet*, V° Décentralisation, article de M. Hauriou.

ralement son opinion à l'autorité centrale. Qu'elle puisse dire son opinion, qu'elle ait des attributions, qu'elle soit vraiment une autorité administive, et l'autorité locale élective sera décentralisée. De même qu'il y a un minimum à la décentralisation, il y a aussi un maximum et il se trouve *a priori* dans l'autonomie, dans la suppression de la tutelle, de l'autorité centrale, dans l'affranchissement de toute surveillance.

La participation directe des habitants à l'administration entraîne des conséquences considérables.

Elle crée la division des pouvoirs. En face du représentant de l'autorité centrale, autrefois seul, et qui restera muni de certaines attributions d'ordre général, va se dresser l'autorité locale avec ses attributions propres. Alors seulement, mais alors, va se produire une répartition nécessaire des pouvoirs, et non pas tant à raison de la nature locale ou générale des affaires, qu'à raison de deux opérations distinctes, la délibération et l'exécution. Ce partage de pouvoirs entre l'assemblée locale délibérante et l'autorité centrale exécutive réalise des garanties heureuses; les affaires, par suite de cette collaboration nécessaire, seront plus mûrement étudiées et, soumises aux représentants mieux avertis des besoins locaux, elles seront probablement mieux tranchées. Et cette division des pouvoirs est encore une garantie de liberté, par le contrôle réciproque des deux autorités.

Mais l'avantage le plus saillant de la décentralisation c'est que « prise en son principe essentiel, c'est-à-dire réduite à ceci, que les autorités administratives locales sont nommées à l'élection au lieu d'être nommées par le pouvoir central, la décentralisation réalise un accroissement de vie publique et par conséquent de liberté.[1] »

Elle crée un accroissement de vie publique par le nombre des hommes qu'elle appelle à diriger les affaires publiques, par le nombre des électeurs qui auront à exercer directement un contrôle sur la gestion des affaires locales. Par la division des pouvoirs et la collaboration des autorités qu'elle nécessite, elle entraîne des discussions et des émulations très favorables à la gestion des intérêts locaux. « Sans doute, cette vie publique locale a des côtés fâcheux; elle nous apparaît souvent sous forme de luttes mesquines de partis, de manœuvres électorales, de dilapidations de finances, de persécutions de fonctionnaires... Mais les choses humaines sont ainsi mélangées, il faut savoir découvrir le bien qui se fait par dessous cette agitation mauvaise et voir si tout compte fait il ne ne l'emporte pas sur le mal. C'est une loi bienfaisante que les œuvres mauvaises se détruisent d'elles-mêmes, tandis que les œuvres bonnes, étant seules concordantes, demeurent et se perpétuent.[2] »

La décentralisation augmente la liberté et cela puisqu'elle modère

---

1. HAURIOU, *op. cit.*
2. *Idem.*

l'autorité centrale. On a prétendu qu'en établissant le pouvoir central elle augmente le pouvoir local, et le pouvoir est bien plus dur lorsqu'il s'exerce de près : « les pouvoirs locaux sont faits comme une vengeance.[1] » Mais n'est-ce pas là la critique d'une décentralisation à outrance, sans aucune tutelle administrative? La division des pouvoirs et la tutelle de l'autorité centrale ne peuvent-elles pas tempérer cette tyrannie? Ne peut-on pas, par une prudente règlementation, mettre des barrières aux excès et aux injustices? « Alors même que les tracasseries mesquines devraient se perpétuer, nous soutiendrions encore qu'il y a une augmentation de liberté par cela qu'il y a augmentation de vie. Il n'est pas possible que l'activité publique n'aboutisse pas à la liberté publique, car, philosophiquement, la vie et la liberté sont trop intimement liées. La tranquillité que donne la centralisation n'est que de la torpeur et on n'est pas libre quand on sommeille.[2] »

* * *

Aux colonies, que devient la valeur de cette décentralisation?

Il semble bien que prise en son principe essentiel et en ces conséquences que nous venons de signaler, sa valeur doive rester la même. Des garanties contre les rigueurs d'une administration centrale et surtout le développement de l'intensité de la vie publique locale, entraînant avec lui augmentation de liberté, ce sont là des biens dont la valeur est universelle. Et de la constatation de la valeur absolue de cette décentralisation on pourrait conclure, sauf appréciation de la mesure opportune variant avec les conditions locales, à sa généralisation immédiate.

Mais une telle conclusion ferait simplement retomber dans l'état d'esprit assimilateur. Décréter que la décentralisation est bonne partout et toujours, ce serait croire à la vertu immanente d'une formule universelle pour faire le bonheur des peuples, formule indépendante des temps et des lieux. Ce serait faire l'emploi de cette méthode généralisatrice, méthode *à priori*, sans contact avec la réalité, fondée sur l'unité mentale du genre humain et sur la prédominance de la raison pure. L'humanité n'est pas un tout homogène. L'homme n'est pas une unité mathématique, partout semblable à lui-même, dont la réunion formerait des sociétés identiques. Entre les sociétés, les différences sont énormes.

C'est par la recherche de la valeur relative de la décentralisation, non seulement aux colonies en général, mais dans chaque colonie, que s'ouvre le problème des assemblées coloniales. Et par la variété des conditions des colonies, leur situation physique, leur degré de développement, leur

1. Dupont-White, *Centralisation*, p. 12.
2. Hauriou, *op. cit.*

but d'exploitation ou de peuplement, leur habitat, c'est un problème des plus délicats de l'organisation coloniale.

Autant et plus peut-être que partout ailleurs, les avantages de la décentralisation peuvent paraître utiles aux colonies.

Au point de vue du contrôle sur les pouvoirs des représentants de l'autorité centrale, il n'est pas nécessaire d'insister pour montrer quel prix peut atteindre cette garantie de liberté dans des pays où à raison de l'éloignement de la surveillance centrale le pouvoir pourrait être amené aux excès d'autorité les plus déplorables. Dans des pays souvent privés de toute autre représentation, quel moyen y aurait-il pour les habitants de faire entendre leurs doléances ?

La connaissance parfaite des besoins locaux par les habitants euxmêmes peut être du plus grand secours pour une bonne gestion des intérêts de la colonie. Des administrateurs étrangers, souvent éphémères, peuvent ignorer les besoins réels de leur circonscription, d'autant plus que ces besoins aux colonies, par la variété des conditions sociales, économiques, climatériques, sont en général totalement différents.

Mais non seulement les intérêts peuvent être différents, ils peuvent être encore opposés, opposés aux intérêts généraux. N'est-ce pas un bien qu'à côté du représentant des intérêts généraux, une autorité locale se constitue l'avocat de ces intérêts locaux, administratifs, économiques ? Et cette considération prend une valeur particulière si l'on considère que la colonie n'est pas une simple division administrative comme le département, mais une réalité géographique et sociale ayant ses intérêts très caractérisés et très spéciaux.

Mais l'avantage le plus précieux aux colonies comme dans la Métropole c'est de secouer la torpeur administrative et de faire jaillir la vie publique locale qui est la condition du progrès matériel et du développement de l'esprit public. Et cette vie s'accompagne de liberté.

« Les colonies sont faites pour que les citoyens libres d'une patrie libre aillent chercher une plus grande liberté encore dans une colonie. C'est la manière de coloniser que nous voulons.[1] » C'est un colon qui parle ; voici un économiste : « Une colonie, c'est une société où la vie doit être active, ardente, sous peine de langueur et de mort ; tout ce qui tend à arrêter ou même à régler le mouvement incessant et spontané des sociétés nouvelles est pour elles une cause de stagnation et d'affaissement.[2] » Et encore : « C'est une bien superficielle connaissance de l'homme que celle qui suppose que les jouissances matérielles et le bonheur passif peuvent lui suffire : cela peut être pendant l'état d'enfance ou pendant l'épuisement qui suit un état de crise, mais cette situation passagère ne saurait passer pour normale et permanente ; un jour vient où, ayant la conscience de sa

---

1. *Quinzaine coloniale*, 25 juin 1899.
2. LEROY-BEAULIEU, Colonisation chez les peuples modernes, p. 338.

force et de sa libre activité, l'homme aime mieux se confier à son étoile et s'engage à ses risques et périls, dans les hasards d'une destinée obscure, que de se laisser mollement aller sous la direction d'autrui par une route facile, vers un bonheur calme et sûr. A l'honneur de la nature humaine il est des sentiments plus forts, plus invincibles, plus entraînants que cette disposition à la jouissance tranquille et sans labeur. Il est d'autres satisfactions que celles du lucre et si dans les premiers âges des colonies la passion du gain semble dominer toutes les autres, un temps arrive où les premières et les plus grandes difficultés étant surmontées, ou de notables positions de fortune s'étant formées, d'autres considérations surgissent et s'emparent de l'esprit et du cœur du colon.[1] » Et si la Métropole devant son intérêt, bien entendu, ne craint pas de laisser fermenter cette sève vigoureuse et nourricière, n'étouffe pas ces aspirations à la vie et à la liberté, ne sera-t-elle pas récompensée par une reconnaissance profonde et une affection plus étroite? Une indépendance large et généreuse, condition de la prospérité, est une garantie contre des velléités de séparation.

Tous ces avantages de la décentralisation aux colonies semblent bien militer en faveur de l'institution d'une autorité locale élective. Mais ce qu'il faut rechercher c'est si ces avantages ne sont pas à raison de conditions locales de tous ordres profondément altérées au point de devenir de véritables inconvénients.

Il se peut que l'affaiblissement d'autorité qui résulte de la présence d'une assemblée locale se dressant à côté du représentant du pouvoir central et de la collaboration, dorénavant nécessaire, soit une conséquence regrettable de la décentralisation. Sans parler de certaines possessions qui par leur situation stratégique sont destinées à subir une discipline rigoureuse comme en une citadelle, il est des contrées où le prestige du gouvernement doit rester intact et où l'on peut dire avec Jules Ferry que « celui qui se laisse discuter est méprisé. » D'ailleurs, entre le régime militaire de certaines marches coloniales et le régime civil dans son complet épanouissement de garanties, il est place pour des degrés successifs nombreux, degrés nécessaires, qu'on ne peut franchir sans danger d'un seul bond. Que la colonie soit née du peuplement ou de la conquête, pour aspirer à la possession d'une assemblée locale, elle doit attendre un état de développement et de civilisation tel que l'esprit public y ait acquis les qualités nécessaires de force et de maturité. La Métropole a un rôle de protection et d'éducation auquel elle ne peut se soustraire. Dans des pays trop neufs ou depuis trop peu de temps attachés à la France, rien ne doit affaiblir l'unité d'autorité, l'unité d'inspiration et de direction.

La division des pouvoirs qui crée la collaboration obligatoire à la gestion des affaires sera-t-elle toujours la garantie d'une meilleure gestion?

---

1. LEROY-BEAULIEU, op. cit. p. 639.

Que, par la participation des habitants à l'administration, les besoins locaux doivent être mieux connus; que, par la division des pouvoirs et du travail, les affaires doivent être mieux étudiées, on peut légitimement l'admettre; mais on ne saurait en conclure que les affaires seront pour cela mieux faites : il faut une autre capacité pour gérer ses affaires que pour connaître seulement ses besoins ! Ce que l'on peut malheureusement craindre, c'est que cette division des pouvoirs n'aboutisse parfois qu'à une confusion de pouvoirs, cette collaboration à des conflits, à une stagnation de l'administration. Et des conflits créés, non par la seule appréciation, juste ou fausse, des intérêts locaux, mais créés par des causes tout à fait extérieures à la marche des affaires, par une opposition systématique des élus du pays à une administration étrangère au pays. La colonie n'est pas comme le département une division administrative factice, c'est une réalité sociale constituée par des entités géographique, ethnique, économique. On peut prévoir que, sans parler de dissentiments à raison de différences d'origine, de races, de couleur, il se produira des conflits irréductibles entre l'esprit local et l'esprit national. Non seulement le prestige du représentant de l'autorité centrale en serait gravement compromis, mais les résultats pourraient en être désastreux pour la marche des services, tant généraux que locaux.

Particulièrement au point de vue des intérêts généraux, l'existence d'une autorité locale mêlée à l'administration peut être très regrettable. Il est, en effet, impossible de faire une distinction nette et précise entre les services d'intérêt général et les services d'intérêt local. En admettant que l'assemblée coloniale ne possède d'attributions que sur ceux-ci, la réaction de leur gestion peut être encore considérable sur les intérêts généraux. Or, cet esprit de particularisme local n'agira probablement que peu en faveur des intérêts généraux. Et il ne faut pas confondre les services avec les intérêts ; car on peut imaginer une décentralisation poussée jusqu'à l'autonomie, et remettant la direction de tous les services publics à l'autorité locale pour en faire des services locaux, la séparation administrative des services pourrait être absolue, mais les intérêts seraient néanmoins toujours en contact, toujours en pénétration. Et ces intérêts coloniaux ou métropolitains étant trop souvent en opposition, on peut prévoir lesquels seront inévitablement sacrifiés. En matière commerciale et en matière financière notamment, si un régime judicieux n'établit pas des garanties efficaces, une exploitation sans pudeur de la Métropole est certaine.

Or, dans cet antagonisme des intérêts locaux et généraux, si l'autorité centrale empêche par le moyen de son droit de tutelle que les intérêts généraux soient sacrifiés, en modifiant la décision prise par l'assemblée, ce sera une nouvelle source de conflits. Et ces conflits aboutiront à cette conséquence que l'autorité centrale se proclamera méconnue, trouvera ses pouvoirs insuffisants, et les revendications pour des pouvoirs plus forts, pour une augmentation de liberté seront ainsi suscitées. Par cette opposition d'intérêts, la décentralisation aux colonies apparaît, aussitôt née, comme entraînée par une pente fatale vers une irrésistible exagération, vers l'autonomie et la séparation ou le mécontentement grave des populations.

A cette tendance pourrait-on trouver un correctif dans l'octroi de la représentation politique? La représentation au parlement national étant le développement du droit de cité métropolitain diminuerait la tendance au développement du droit de cité local. Les assemblées pourraient être « moins portées à devenir de véritables parlements ne se bornant pas à discuter les affaires d'intérêt local et administratif, mais tentant des incursions dans le domaine de la politique pure.[1] » Cependant, s'il est certain qu'en l'absence d'une représentation au parlement, une colonie est toute disposée à se tourner vers l'autonomie, il n'est rien moins que démontré que cette représentation accordée suffise à modérer ce mouvement et faire accepter l'incorporation. Ce sentiment du particularisme local et de la défense des intérêts locaux peut être toujours prédominant. La colonie pourra tenir plus ardemment à une assemblée qu'à un député, les intérêts locaux étant plus immédiatement puissants que les intérêts généraux. Mais il est vrai que cette question ne doit pas préoccuper outre mesure, car on ne doit pas envisager le sens du développement des colonies avec anxiété. Le but de la colonisation est de permettre l'épanouissement le plus complet de la prospérité des colonies, l'intérêt bien compris de la Métropole devant parfois en souffrir sur des points particuliers, mais retrouvant largement une compensation dans la reconnaissance, l'attachement et la prospérité même de ses colonies.

Mais le problème de la décentralisation aux colonies subit une épreuve plus haute et c'est sur le point de savoir si l'accroissement de vie et de liberté qui doit résulter de la décentralisation est réellement à l'avantage des intérêts locaux eux-mêmes que doit porter l'examen. Cet accroissement de vie publique, lorsqu'on observe la vie coloniale en elle-même, dans ses conditions et dans sa raison d'être, dans ses besoins, n'apparaît-il pas comme dangereux ou du moins comme inutile?

A cette question, la page de M. Leroy-Beaulieu semble répondre péremptoirement, et il n'apparaît pas d'autre part que la vie publique soit nuisible aux colonies sous prétexte que dans ces pays les populations devraient se consacrer tout entières à des intérêts économiques. Ce serait aller contre le bon sens que d'essayer de prouver que les intérêts particuliers sont séparés des intérêts du pays et que la vie privée doit souffrir du développement de la vie publique. Mais cette vie publique coloniale doit être entièrement préoccupée des intérêts, des besoins, des affaires, des questions locales et non de politique pure. Les colons doivent être des gens pratiques, absorbés par le commerce, l'agriculture, l'industrie; ils n'ont que faire de théories politiques ou sociales. Ce sont

---

1. De Meuy, Préface de l'*Organisation des Colonies*, de M. Petit.

les affaires qui sont les conditions matérielles du développement et de la prospérité. Ce qu'il faut aux sociétés naissantes c'est de l'hygiène économique et non pas cette excitation malsaine des discussions énervantes de la politique pure. Mais la vie publique coloniale née de l'institution d'une assemblée locale saura-t-elle se maintenir dans ces régions de la sagesse ? C'est possible, mais il est permis d'en douter, et le doute peut être d'autant plus grand que la décentralisation ne sera pas accompagnée d'un dérivatif dans la représentation politique.

Et cette vie publique devrait entraîner la liberté puisque, d'abord, il y a amoindrissement de l'autorité locale et parce que « philosophiquement, la vie et la liberté sont intimement liées[1]. » Mais on sait que ce n'est pas sans s'accompagner de côtés fâcheux : « luttes mesquines de partis, manœuvres électorales, dilapidations de finances, persécutions de fonctionnaires... » Or, il n'y a pas de raison pour qu'aux colonies ces inconvénients inséparables de la décentralisation n'existent pas de même que partout ailleurs. « Mais les choses humaines sont ainsi mélangées, il faut savoir découvrir le bien qui se fait par dessous cette agitation mauvaise et voir si, tout compte fait, il ne l'emporte pas sur le mal... C'est une loi bienfaisante que les œuvres mauvaises se détruisent d'elles-mêmes, tandis que les œuvres bonnes, étant seules concordantes, demeurent et se perpétuent. »

Oui, mais ce doit être au bout de combien de temps, au prix de quels sacrifices, sur l'accumulation de combien de ruines ? Parce que la liberté dans les sociétés civilisées est un bien inestimable et le levier des plus belles actions faut-il l'installer partout et laisser faire en proclamant que tout est pour le mieux dans le meilleur des mondes ? Ce serait retomber dans l'erreur de l'unité mentale du genre humain et croire à la possibilité d'assimiler *a priori* les institutions. S'il est facile à un peuple de copier les institutions d'un autre peuple, il ne lui appartient pas de les faire fonctionner normalement chez lui. Plus sa constitution mentale est différente de celle d'un autre peuple, plus l'application de ces institutions d'emprunt sera faussée. C'est ainsi que la constitution politique des Etats-Unis, manifestation du caractère anglo-saxon dans lequel prédomine le besoin de liberté individuelle, l'énergie et la volonté, adoptée textuellement par les républiques hispano-américaines, aboutit chez elles à l'anarchie et au despotisme[2]. C'est qu'il est dans la nature humaine un autre sentiment que l'amour de la liberté, c'est la passion de l'autorité égoïste et despotique. « Dans les limites d'une cité le poids du Gouvernement et la course au Gouvernement emplissent tout[3]. » Ce que le théoricien de la centralisation établissait en principe, ne peut-on en redouter la réalisation dans certaines sociétés où la pondération des

---

1. Hauriou, *op. cit.*
2. De Saussure, *Psychologie de la Colonisation*, p. 62.
3. Dupont-White, *op. cit.*

sentiments et l'esprit de justice et d'égalité ne sont pas suffisamment établis ? La liberté est un bien trop précieux pour être abandonné à l'enfant ou à l'indigne ; la liberté est un bien supérieur, mais est-ce par la liberté qu'elle peut être toujours conservée ?

Cette juste appréhension que l'on doit avoir avant de transporter une institution aussi précieuse mais aussi dangereuse que la liberté, d'une société avec son caractère mental et son degré de civilisation dans une autre société diversifiée par ces deux facteurs moraux, il est légitime qu'elle soit encore accrue lorsque au lieu d'une société homogène on se trouve en présence d'une société composée de races différentes et peut-être ennemies, de classes antagonistes et d'intérêts irréductibles. Tous ces côtés fâcheux de la décentralisation, tous ces inconvénients risquent alors de s'aggraver redoutablement. Les luttes de partis, toutes ces manœuvres blâmables, mais difficilement évitables, ne seront plus suscitées par des différences de vue sur les affaires publiques, mais par des questions toutes personnelles et dangereusement envenimées. L'oppression des minorités sera éternelle, car la division n'étant pas fondée sur des raisons politiques mais sur des causes sociales immuables, les forces respectives des partis n'auront pas de motif pour varier ; l'oppression sera extrême. Ce sera une guerre sans merci jusqu'à l'asservissement complet ou l'extermination.

Or, les colonies françaises ne présentent-elles pas en général ce caractère d'hétérogénéité ? Au point de vue des races, il y a toujours en présence des colons européens et des indigènes. Certes, nos colonies sont, à ce point de vue, les mieux partagées, et les relations de ces deux éléments sont en général les meilleures, les plus humaines. Cela tient, et c'est au grand honneur du peuple français, à son fonds de justice, d'humanité, de sociabilité. Mais ne doit-on pas, malheureusement, prévoir que cette harmonie puisse ne pas être universelle, que des malentendus cruels s'élèvent, que l'insolente fierté des uns, la rancune et la jalousie des autres créent des inimitiés irréductibles ? Le mépris ou la haine, nés de différence d'origine ou de couleur, c'est la perte à jamais de la justice et de la liberté, c'est le régime de la vengeance et de l'oppression.

Et comme si ce n'était pas assez, ces dissentiments se compliquent de distinctions de classes, d'antagonisme d'intérêts. Rien n'est plus facile que de brouiller les choses au point de faire paraître opposés des intérêts qui sont naturellement confondus et liés. L'intérêt de tous est de travailler à la prospérité générale, et pour cette prospérité générale, tous les concours sont utiles. Il n'y a pas antinomie, mais accord entre le colon et l'indigène. L'un enrichit la colonie toute entière par sa réussite, l'autre est un élément nécessaire de la réussite ; à cette réussite, qui profite à tous, tous doivent travailler, l'un par sa collaboration, l'autre par les ménagements qu'il doit à son collaborateur. Mais ne peut-il y avoir des malentendus créés par des faiblesses condamnables et entretenus par des agitateurs intéressés et sans scrupules ? Apercevra-t-on que les intérêts généraux du pays ne sont pas toujours immédiatement ceux de la majorité et qu'il faut voir plus loin que le bénéfice direct que paraît retirer parfois seule une minorité? Toute erreur de jugement sur ce point doit être funeste, et l'on peut prévoir ce qu'amènerait aux colonies l'étude du problème social, ce redoutable problème que des sociétés, dans la résistance de la maturité, n'osent envisager!

Or, si ces prévisions ne sont pas trop pessimistes, et malheureusement cela n'apparaît pas, on doit, en se rappelant quelle est l'importance respective des divers éléments de la population dans les colonies, présumer à quel camp appartiendrait l'avantage, puisqu'il devrait s'établir sur la supériorité numérique. M. Leroy-Beaulieu a dépeint ainsi ces appréhensions : « Le suffrage universel, la mise à l'élection de tous les principaux postes, l'absence de toute condition de cens et de propriété ont pour effet de faire tomber aux Antilles françaises tous les pouvoirs aux mains des nègres, cinq ou six fois plus nombreux que les blancs... Qu'on y prenne garde, de ce train il se pourrait que l'histoire de Saint-Domingue recommençât, que les blancs fussent éliminés de ces îles qu'ils ont colonisées et que les noirs, restés seuls, fissent retomber la Martinique et la Guadeloupe dans la barbarie[1]. » Sans en arriver à voir les choses sous des couleurs aussi sombres, on peut estimer que ces discussions intestines et l'écrasement des colons par les indigènes ou les noirs doivent porter à la colonisation les coups les plus funestes et amener à regretter l'accession des indigènes à la qualité de citoyens français et à la jouissance des droits politiques.

Jusqu'à présent nous avons considéré la décentralisation dans son application intégrale aux colonies et au bénéfice de tous les habitants. Nous avons supposé des colonies avec des différences de races, nous avons observé la coexistence de colons européens et d'indigènes autochtones proprement dits et tous individus de race autre que celle du colon européen et les uns comme les autres étaient citoyens français ou tout au moins jouissant du droit de suffrage. Or, et c'est là une des particularités remarquables des colonies, tous les habitants français des colonies, s'ils sont soumis à l'empire de la souveraineté, n'ont pas un égal droit de cité, certains n'ont qu'un droit de cité inférieur avec garanties moindres, un droit de cité indigène. De la présence de ces indigènes, quelle doit être l'influence sur l'institution et le fonctionnement d'une assemblée locale?

Admettre tous les habitants sujets français dans le corps électoral appelé à l'élection de l'assemblée locale, ce pourrait être justement créer tous ces inconvénients que nous venons de constater. Non seulement il y aurait à se poser la question de savoir s'ils sont pour l'heure mentalement dignes de jouir de ces droits politiques, mais leur admission occa-

---

1. *Op. cit.*, p. 283.

sionnerait ces oppositions de races, de classes, d'intérêts au sein de l'assemblée, se résolvant presque infailliblement, en raison de la loi du nombre, par le sacrifice du parti de la colonisation.

On peut donc supposer que loin de céder à des théories égalitaires, à une application *a priori* des principes du droit public français, on écarte de la composition de l'assemblée locale, soit pour une raison d'ordre politique, soit d'ordre psychologique, soit encore parce que dans des sociétés indigènes organisées l'assimilation se heurterait au respect des traditions, on peut donc supposer qu'on écarte ces indigènes en mettant à l'obtention du droit de suffrage, la condition de la perte du statut personnel ou toute condition qui les prive en fait de l'exercice du droit de vote.

Les difficultés seraient loin d'être aplanies pour cela. Les indigènes n'ayant pas de représentation à l'assemblée locale, ce serait alors leur tour d'être sacrifiés. Certainement, de toutes les classes d'une colonie, celle des colons européens doit offrir le plus de qualités de sagesse, de prévoyance et de vertu politique; mais une institution qui lui donnerait une autorité sans contrepoids sur les autres classes, ne pourrait-elle permettre des abus regrettables? Voici comment s'exprime un publiciste distingué, dans une revue quasi-officielle de la colonisation française : « Le colon impatient de recueillir les bénéfices d'une expatriation qu'il regarde comme un acte méritoire, voire comme un sacrifice, est porté à considérer l'indigène comme un obstacle et comme un ennemi. Antagonisme d'intérêts, diversité de race, incompréhension réciproque de leurs mœurs et de leurs mentalités respectives, tout concourt à les séparer, quand ce n'est pas les mettre aux prises dans les contacts incessants qu'amène la vie journalière.[1] » Ce ne serait pas faire preuve d'une grande circonspection que de confier à une assemblée formée par les seuls colons, la gestion de tous les intérêts locaux, y compris ceux des indigènes. Les indigènes sans voix pour faire valoir leurs intérêts, pour prévenir les abus criants, pour faire entendre leurs plaintes, seraient vite soumis à une exploitation sans retenue et réduits à l'état de vassalité. Ils seraient seuls frappés de toutes les charges à l'avantage des autres classes à peu près dégrevées. Dans un tel système de bourses communes, leurs mains devraient verser toujours; aux autres de puiser librement. Mais s'ils ne pouvaient se plaindre, il leur resterait un moyen, celui de se révolter jusqu'à ce que l'extermination les ait effacés de la carte du monde alors civilisé. Cette éventualité définitive, que certains esprits considèrent comme parfaitement acceptable parfois[2], n'est heureusement pas envisagée de la sorte, en général, aujourd'hui. Pour l'honneur des nations civilisées, dignes de ce nom,

---

1. Depincé, *Quinzaine coloniale*, 10 mai 1901.
2. Lébon, *Annales des Sciences politiques*, 1897.

on conçoit une autre mission civilisatrice, et c'est vers le plus grand respect des indigènes, leur éducation progressive et leur meilleure utilisation que la colonisation française semble se diriger fermement, alors qu'elle aurait eu le plus de raisons de désespérer [1].

Enfin, si parfois la population se compliquait dans sa bigarrure d'un nouvel élément important, l'élément étranger, ces mêmes réflexions s'imposeraient avec encore plus d'acuité, et c'est la question des *Uitlanders*, comme on dit au Transvaal, qu'il faudrait envisager.

* *
*

Tel se présente le problème de la décentralisation aux colonies, sérieusement compliqué. Autant les avantages d'une assemblée locale prennent de l'importance, autant les inconvénients et les difficultés d'application sont accrus. C'est en faisant, après un examen bien attentif, la balance des avantages et des inconvénients, des possibilités et des difficultés d'application, qu'on doit décider l'institution d'une assemblée coloniale, sans se laisser guider, on ne saurait trop y réfléchir, par des principes généraux, des idées *a priori*, dont le domaine n'est pas aux colonies. Et, autant les colonies diffèrent du terrain du droit public métropolitain, autant elles peuvent différer entre elles; car toutes les particularités locales ne se présentent pas partout ensemble et au même degré. Elles sont diversement réparties. De plus, elles sont en évolution perpétuelle, et les progrès de cette évolution doivent être suivis par la législation. Spécialité, diversité et mobilité, tels doivent être les véritables principes d'une législation coloniale.

La décision relative à l'institution d'une assemblée locale ne peut être justement prise que lorsque toutes les particularités locales, toutes les difficultés de fonctionnement de la décentralisation constatées, on a fait l'étude de toutes les modalités d'organisation susceptibles d'améliorer le fonctionnement, de corriger les inconvénients en étant spécialement adaptées à ces particularités.

Certainement, beaucoup des inconvénients d'une assemblée locale aux colonies peuvent être atténués, sinon supprimés, par l'emploi d'une tutelle plus ou moins énergique. Dans la peinture des résultats de la décentralisation aux colonies, nous n'avons pas fait allusion à l'existence de cette tutelle, aussi en est-il résulté une certaine exagération. La tutelle est une conséquence essentielle de la décentralisation, elle n'en est pas l'antagoniste, elle en est le principe modérateur inséparable, la garantie interne. C'est dans la mesure de cette tutelle qu'on pourra trouver des conditions de sécurité et de régularité.

1. De Lanessan, Principes de Colonisation, p. 149; Discours du gouverneur Feillet, Conseil général de la Nouvelle-Calédonie, sess. 1901.

Mais cela pourra ne pas suffire, et on devra se préoccuper de tous les modes de composition de l'assemblée capables de s'adapter aux conditions locales. L'organe une fois constitué, c'est de son rôle que l'on s'occupera en cherchant à concilier des besoins souvent contraires, besoin d'une plus grande décentralisation, d'une décentralisation aussi étendue que possible et respect des intérêts opposés, locaux et généraux et locaux entre eux. Et l'on n'oubliera pas que les attributions n'ont pas seulement une valeur particulière résultant du milieu, mais une valeur relative tenant à la composition même de l'assemblée chargée de les exercer, au mode de nomination, aux éléments représentés. La constitution et le rôle, ce sont là les deux éléments adéquats de tout organe, inséparables au point de vue de l'activité fonctionnelle.

DEUXIÈME PARTIE

L'Histoire des Assemblées locales aux Colonies

Avant d'étudier l'organisation actuelle des assemblées coloniales, de contempler leur fonctionnement et surtout d'apprécier leur valeur, il est nécessaire de considérer l'histoire de cette institution. Il faut voir de quelles idées dogmatiques ou de combien d'objectivité cette institution a été imprégnée. Il faut considérer avec quelle sûreté et quelle heureuse régularité les assemblées se sont développées. Les enseignements de l'histoire sont des éléments essentiels d'une méthode expérimentale.

Or, l'histoire des assemblées locales des colonies permet les constatations les plus intéressantes et c'est la critique la plus claire de cette institution. Le développement des assemblées locales des colonies est mouvementé, accidenté et deux faits s'en dégagent avec évidence : l'affirmation de la nécessité de libertés locales et la méconnaissance aveugle de leurs conditions d'existence. Aussitôt née et lancée dans une voie qu'elle suit logiquement, survienne un déplacement de l'axe de la politique coloniale et, sous prétexte d'amélioration, on apporte à l'institution des corrections, des modifications imprévoyantes qui l'entraînent à sa perte ; l'écueil ainsi dénoncé, la voie paraissant toute tracée, on s'égare de nouveau, on recommence les errements anciens qui amènent les mêmes conséquences, le cycle est de nouveau parcouru en entier. Mais, comme une plante qui après avoir subi l'hiver reverdit aux beaux jours, les libertés locales traversent les épreuves, affaiblies pour un temps mais non à jamais étouffées. Les événements se groupent et se succèdent en une périodicité régulière, suivant un rythme déterminé.

Que les causes réelles de cette évolution aient échappé, c'est regrettable, mais elles n'en sont que plus claires aujourd'hui. Si de cette origine imprévoyante et accidentée des traces sont encore apparentes dans l'organisation actuelle, on devra s'employer à les effacer, et les enseignements de l'histoire, qui serviront à les expliquer, seront une indication précieuse des solutions qu'on doit chercher.

Section I

L'Ancien régime et la Révolution

I. — *L'Ancien régime*

Si l'on remonte un peu haut dans l'histoire des colonies françaises, il ne faut point s'étonner de ne rencontrer nulle trace de libertés locales. La première condition, la condition essentielle pour que le gouvernement appelle les habitants à l'administration des affaires du pays, c'est que ceux-ci soient en nombre suffisant pour que leurs revendications se fassent entendre. Les libertés ne naissent pas spontanément ; elles ne sont jamais que le résultat de réclamations. Il faut attendre que le pays se peuple, que l'immigration s'accentue, que les colons se multiplient ; ils sont au début trop peu nombreux. Aussi toute l'administration du pays est déposée entre les mains des Compagnies de colonisation qui sont toutes puissantes, qui ont tous les pouvoirs, jusqu'à des droits régaliens ; elles exploitent les colonies comme leurs propriétés et les colons ne sont consultés sur aucune des affaires touchant leurs plus graves intérêts.

D'ailleurs, si nos établissements ont à subir un régime d'assujettissement despotique, il faut bien se rappeler qu'ils n'ont pas grand'chose à envier à la Métropole, et ils peuvent se consoler à l'idée qu'ils sont en cela entièrement assimilés à la mère-patrie. Car la monarchie n'est pas injuste à leur égard et ne leur réserve pas un pire traitement ; loin de là, cette disposition des chartes de la « Nouvelle France » et « des Iles d'Amérique »[1] témoigne d'une rare bienveillance dont nos indigènes sont encore à attendre de semblables bienfaits : « Ordonnons que les descendants de François qui s'habitueront au dit pays, ensemble les sauvages qui seront amenés à la connaissance de la Foy, et en feront profession, soient désormais censés et réputés pour naturels françois et comme tels puissent venir habiter en France quand bon leur semblera et y acquérir, tester, accepter donations et legs, tout ainsi que les vrais regnicoles et naturels françois, sans être tenus de prendre aucune lettre de déclaration ni de naturalité. » Et le Code noir de 1685, s'il maintient l'esclavage, proclame l'égalité des gens de couleur affranchis et des blancs ; « le mérite d'une liberté acquise produit en eux, tant pour les personnes que

---

1. 1628.

pour les biens, les mêmes effets que le bonheur de la liberté naturelle, comme à nos autres sujets [1]. »

Toutefois, si l'on veut bien accorder à ces « sauvages » et aux colons tous les droits des sujets de la Métropole, on n'entend pas qu'ils en prennent davantage et qu'ils réveillent des libertés que l'on étouffe soigneusement sur le territoire continental. En 1672, on parlait, au Canada, d'assembler des États-Généraux ; vite Colbert dépêche au gouverneur : « Il est bon d'observer que, comme vous devez toujours suivre dans ce pays-là les formes du gouvernement qui se pratiquent ici et que nos rois ont estimé du bien de leur service depuis longtemps de ne pas assembler les États-Généraux de leur royaume pour peut-être anéantir cette forme ancienne, vous ne devez aussi donner que très rarement, et pour ainsi dire jamais, cette forme au corps des habitants du pays. Il faudra même, avec un peu de temps, lorsque la colonie sera devenue plus forte qu'elle n'est, supprimer insensiblement le syndic qui présente des requêtes au nom de tous les habitants, car il est bon que chacun parle pour soi et que personne ne parle pour tous. » Formule énergique et précise de la politique d'alors.

Et c'est cependant à cette époque, tant est vaine la résistance des gouvernements à des nécessités qui deviennent inéluctables, qu'apparaissent les premiers rudiments de libertés locales, le premier appel à la consultation des habitants. Mais ce seront pendant longtemps encore des manifestations passagères, sans durée, d'un caractère exceptionnel.

A côté du représentant de l'autorité royale siégeait un conseil supérieur composé de hauts fonctionnaires et de plusieurs conseillers nommés, corps ayant des attributions analogues à celles des parlements du royaume. Pour les questions importantes intéressant l'administration générale des îles, le conseil se formait en assemblée générale où étaient appelés à délibérer des délégués des communautés, marchands et habitants. Une instruction du roi, de 1665, autorisait d'ailleurs le gouverneur à « prescrire *avec avis des gens prudents et capables* des lois, statuts et ordonnances... »

Parfois, pour les questions financières, des levées d'impôts, leur assiette, des dépenses extraordinaires, les habitants étaient consultés [2]. C'étaient généralement des réunions formées d'officiers des milices où servaient tous les propriétaires fonciers et de notables habitants.

Des circonstances exceptionnelles, la mort du gouverneur, la cessation des relations avec la Métropole, amenèrent à Bourbon la formation d'un conseil de six habitants qui pendant plusieurs années prit une part importante à l'administration de l'île (1674). Ce conseil ayant disparu pour faire place à une assemblée provinciale où les habitants n'avaient

---

1. Articles 57 et 59.
2. Assemblée des habitants de la Martinique, 1686. MOREAU DE SAINT-MÉRY, I, p. 435.

pas de représentants, la Compagnie, pour se rattacher les habitants, convoqua une assemblée de représentants élus des colons de l'Ile (1732, 10 juillet). Les discussions portèrent surtout sur des questions financières.

A cette époque, le principe constant en matière d'impôts était que toute contribution devait être ordonnée par le roi. Le droit d'imposition, le roi ne le délègue à personne. Il n'est même pas permis aux habitants des colonies, non plus qu'aux communautés du royaume, de s'imposer eux-mêmes sans y être autorisés. Après avoir rappelé ce principe, un mémoire du roi, du 25 septembre 1741, dispose que lorsqu'il est question « de quelque établissement, soit pour l'ornement, soit pour les commodités d'une colonie, soit pour sa défense » et que les dépenses doivent être supportées par les habitants, le gouverneur doit convoquer une assemblée de tous ceux qui sont intéressés ou des notables d'entre eux. Est-ce pour prendre leur avis et leur rôle sera-t-il simplement consultatif? C'est « afin d'arrêter le projet de l'établissement dont il s'agit et de pourvoir aux fonds qui y sont nécessaires par une délibération qui doit être autorisée par le gouverneur et l'intendant. » Des dispositions suivantes démontrent que l'initiative de la dépense et de la contribution appartenait à l'assemblée. Et ce texte est d'un grand intérêt puisque c'est une reconnaissance officielle de l'autorité de la consultation locale, contrairement aux préceptes formulés par Colbert.

Quant à Saint-Domingue, si là les habitants se trouvaient en possession de droits beaucoup plus étendus, si de bonne heure et de façon constante des assemblées de notables se mêlent à l'administration, si les contributions sont librement votées sous le nom d'octrois volontaires, cela tient à la condition toute particulière de l'Ile provenant de la libre accession à la France des boucaniers qui l'avaient colonisée. Aussi ces droits iront-ils en s'accroissant d'une façon toute particulière à cette colonie, et lorsque les assemblées chargées de voter ces impôts seront réglementées par les ordonnances du 1er février 1766 et 20 septembre 1769, rien ne différenciera cette colonie d'un véritable pays d'Etat.

Mais il faut arriver au milieu du dix-huitième siècle pour trouver une institution répondant au besoin, de jour en jour plus impérieux, de s'attacher les habitants par la consultation de leurs intérêts, institution permanente qui soit le point de départ de véritables assemblées administratives, avec les Chambres d'agriculture et de commerce créées par les arrêts du Conseil du 23 juillet et 10 décembre 1759, aux Antilles. Mais les libertés locales sont encore faibles. Les membres de ces assemblées sont nommés par les Conseils supérieurs, qui « auront un soin particulier de ne choisir que des sujets qui soient parfaitement en état de connaître les véritables intérêts de la colonie. » Les délibérations avaient pour objet toutes propositions et représentations jugées à propos pour l'accroissement de la culture des terres et du commerce de la colonie. Mais les Chambres avaient en outre deux attributions plus importantes :

chaque Chambre envoyait à Paris un député choisi par le Secrétaire d'Etat de la marine, sur une liste de trois membres, et chargé de représenter et de défendre au sein du Bureau du commerce les intérêts de la colonie. La seconde attribution était le droit, lorsque le gouverneur et l'intendant cessaient leurs fonctions dans la colonie, de rédiger un rapport au ministre sur l'administration de ce fonctionnaire.

Ces assemblées ne prirent point le développement dont elles étaient capables et ne jouèrent, avec leurs pouvoirs peu étendus, qu'un rôle effacé. Les députés à Paris protestèrent contre l'ignorance absolue où l'on tenait les représentants des questions fiscales. « J'ai toujours pensé, disait le président de Peinier, qu'il était juste d'entretenir les colons et ceux qui contribuent aux impositions de ce qu'elles rapportent à la caisse du roi ; c'est en quelque sorte alléger les charges que de mettre ceux qui sont obligés de les porter en état de connaitre qu'elles ne sont que ce qu'elles ont dû être. » La composition des anciennes Chambres, divisées en deux camps par suite de l'antagonisme des intérêts entre les colons et les négociants, donnait lieu à des oppositions. Les Chambres de commerce de France seraient suffisantes pour défendre les intérêts du commerce des colonies intimement lié à celui de la Métropole ; les ordonnances des 24 et 28 mars 1768 supprimèrent les Chambres de commerce et réorganisèrent les Chambres d'agriculture.

Les nouvelles Chambres d'agriculture, dont les membres, au nombre de sept, se recrutaient eux-mêmes, recevaient des attributions nombreuses quoique consultatives. Elles devaient traiter en somme toutes les matières d'intérêt colonial et même les questions financières (art. 13) ; leur activité, quoique soumise au contrôle du gouvernement, devenait une réelle garantie contre le despotisme des intendants et des gouverneurs ; elles étaient « tenues d'envoyer leur avis sur l'habileté, le caractère, les vices, la probité du gouverneur et de l'intendant quittant leurs places » (art. 14). Elles servaient d'intermédiaires entre le Secrétaire d'Etat et les colons, et transmettaient les requêtes et doléances de ces derniers, en y joignant leurs observations ; tout aboutissait au ministre, mais tout passait par les Chambres d'agriculture. Le mode de recrutement de ces Chambres en faisait une aristocratie analogue à celle des assemblées de notables. Si dans le règlement des affaires générales les colons n'avaient pas l'initiative ni la décision, ils étaient au moins consultés et on tenait plus compte de leurs conseils [1].

Mais à ces assemblées, il manquait un caractère essentiel, le principe électif comme base à une représentation exacte des habitants. Une colonie qui avait déjà bénéficié d'institutions toutes particulières, Bourbon, devait bientôt se voir dotée d'une assemblée administrative élue. En

---

1. D'AUBIGNY, La politique coloniale de Choiseul, *Annales des Sciences politiques*, 1888 ; CHAILLEY-BERT, Administration d'une colonie sous l'ancien régime, *Economiste français*, 8 et 12 octobre 1892.

1768, lors du transfert du siège du gouvernement à l'Ile de France, un Conseil électif de notables fut créé à Saint-Denis à côté des représentants de l'autorité métropolitaine. Les habitants des cinq quartiers de l'île élisaient deux délégués qui se réunissaient trois fois par an pour traiter les affaires de la colonie et administrer les fonds provenant en particulier de l'impôt de capitation sur les esclaves. La Réunion fut ainsi la première de nos colonies à posséder une représentation véritable et puissante.

A partir de cette époque, on peut constater le développement de la consultation des habitants pour les affaires importantes, mais encore de façon exceptionnelle, et cela ne constitue pas d'assemblées administratives permanentes. En 1777, à la Guadeloupe, un mémoire du roi recommande de soumettre l'état de répartition de la contribution aux habitants assemblés, ce que vient réitérer un mémoire du 20 septembre 1784. A la Guyane, grâce à l'intelligente initiative du gouverneur Malouet, le 7 janvier 1777 se réunit une assemblée formée des membres du conseil supérieur, des commandants de quartier et de seize députés élus, à raison de deux par paroisse ; elle devait être consultée sur toutes les questions importantes de la colonie.

Et l'on arrive à l'époque où une institution nouvelle, dont l'essai réalisé par Necker avait donné d'excellents résultats, allait être étendue dans toutes les provinces françaises qui ne possédaient pas d'Etats. Les Assemblées provinciales, organisées en France le 7 juin 1787 sont, par une mesure bien marquée d'assimilation décentralisatrice, étendues aux colonies par l'ordonnance du 17 juin. Les Chambres d'agriculture, qui n'étant pas en rapport assez direct avec les populations, n'ont joué qu'un rôle peu important, sont supprimées et remplacées par des Assemblées coloniales sur le principe des Assemblées provinciales métropolitaines.

La composition est mi-partie de fonctionnaires, membres de droit, mi-partie de députés élus par les habitants. Le gouverneur, l'intendant, le commandant en second, le commissaire général, deux délégués du conseil souverain, sont les membres de droit ; un député élu dans chaque paroisse pour quatre ans, par une assemblée censitaire, sans distinction de couleur, un député élu par les propriétaires dans chacune des deux villes importantes, forment la partie élective de l'Assemblée. Les attributions sont beaucoup plus considérables que celles des anciennes Chambres. L'Assemblée établit l'assiette et la répartition de la contribution, dont le total est fixé chaque année par le roi ; elle décide les travaux à exécuter ; elle s'occupe de tous les intérêts de la colonie ; elle dénonce les abus. Dans l'intervalle des sessions, elle est représentée par un « Comité intermédiaire » de six habitants, désignés par elle, qui exerce les attributions déléguées. Comme les Chambres d'agriculture, les Assemblées coloniales entretiennent à Paris des députés, au sein du Bureau du Commerce.

Cette institution reçut l'accueil le plus enthousiaste. Les colonies eurent le sentiment qu'elles arrivaient à la vie, que sortant d'une impuissante minorité, elles allaient, par la responsabilité de leurs actes, s'ouvrir une ère de prospérité. Ce fut un concert de louanges et de remerciements. De la Guyane, Malouet écrit au ministre : « Jamais cette pauvre colonie ne s'était vue honorée d'une marque aussi flatteuse de la bonté du roi et de la bienveillance de son ministre... La Guyane s'est agrandie aux yeux des colons et cet instant a vu naître un esprit public et des vues générales. Ils sentent tous que leurs opinions vont décider de leur sort en déterminant le parti à prendre. En effet, Monsieur, si avant de faire des projets, d'aventurer ici des hommes ou de l'argent, on eut pris le parti que votre sagesse a adopté, ce pays-ci serait déjà florissant ou n'occuperait plus personne. »

Ainsi cette histoire des assemblées coloniales sous l'ancien régime montre le développement inéluctable, progressif et régulier, des libertés locales aux colonies. Mais ce développement est aussi rapide et les libertés arrivent vite à être importantes, avec des assemblées représentatives aux attributions étendues, où l'esprit local trouvait un ample champ d'activité et où les garanties accordées étaient satisfaisantes. Il faut reconnaître à la monarchie absolue ce mérite d'avoir réalisé une décentralisation répondant aux nécessités de la plus saine administration et constater qu'en matière coloniale ce régime s'accordait avec d'excellents principes [1].

II. — *La Révolution*

Avec la période révolutionnaire, on pénètre dans une histoire des assemblées coloniales, si troublée, si irrégulière que l'on peut hésiter sur l'utilité de la faire figurer dans un historique des libertés locales par des assemblées administratives. Ces assemblées coloniales, ce sont des assemblées politiques et même constituantes, mais non des assemblées administratives; ce sont de plus des assemblées irrégulières, réunies sans droit, sans pouvoirs légaux, ayant conquis l'indépendance et commettant abus sur abus; lorsque les pouvoirs métropolitains légifèrent sur les colonies, leurs décisions restent lettres mortes; il n'y a aucune relation entre la législation et la réalité. Tout est illégal, provisoire, de circonstance; il n'y a pas de régime établi et que l'on puisse apprécier dans son fonctionnement par ses résultats.

Mais c'est cependant un faisceau d'évènements indépendants, si intéressants; c'est une succession de mesures incohérentes si considérables, c'est l'apparition de principes nouveaux si différents, et puis, malgré tout cela, ou plutôt pour tout cela, l'acheminement fatal vers une conclusion si caractéristique qu'il nous paraît impossible de passer cette grande époque sous silence.

Aux Etats-Généraux, les colonies, par une conséquence de l'ancienne

---

1. Cf. PAULIAT, Politique coloniale sous l'ancien régime.

théorie d'assujettissement, n'avaient pas été convoquées. Cependant, Saint-Domingue ayant hasardé l'envoi de délégués qui, après un long débat et par un vote important, marquant une politique nouvelle, avaient été admis, les autres colonies furent bientôt toutes représentées.

En même temps qu'elles acquéraient ainsi droit de cité et s'incorporaient à la nation, par une tendance diamétralement opposée les colonies se constituent des assemblées où les colons veulent s'éclairer sur leurs intérêts particuliers et s'entendre sur ce qu'il y aurait lieu de réclamer et de défendre. A vrai dire, les colons de Saint-Domingue, établis à Paris, avaient signé une requête au roi, dans laquelle ils demandaient l'autorisation de créer des assemblées ; mais avant qu'eût été promulguée l'ordonnance de convocation provisoire par le ministre, après acceptation du roi, les assemblées étaient déjà réunies [1].

Et immédiatement ces assemblées se mettent à l'œuvre. A Saint-Domingue elle entre dans une lutte qui devient de suite terrible avec le gouverneur; bientôt elle s'attribue les pouvoirs législatif et exécutif, coup sur coup elles abolit les taxes, fait emploi des fonds, emprisonne un nommé Dubois qui a osé parler de l'affranchissement des noirs, casse le conseil supérieur, en nomme un autre, nomme son président capitaine général des troupes nationales... A la Martinique, où elle crée des municipalités, abolit les taxes, ouvre les ports au commerce étranger, organise une milice coloniale; à la Guadeloupe, les abus de pouvoirs ne sont pas moindres [2].

A l'élection de ces assemblées comme à l'élection des représentants en France, n'avaient pris part que les Européens et les créoles payant le cens fixé. Les noirs libres et les mulâtres, malgré l'édit de 1685, malgré l'ordonnance de 1787 qui proclamaient l'égalité civique des habitants libres sans distinction de couleur, avaient été rigoureusement écartés. Ce fut une cause de mécontentement extrême dont l'écho raisonna entre les murs de l'Assemblée nationale, et de troubles graves qui, joints aux désordres produits par les agissements des assemblées, obligèrent bientôt la Métropole à s'occuper de ses possessions. Le 2 mars 1790, l'Assemblée revenant sur sa décision du 26 novembre décida la formation d'un comité colonial chargé d'étudier les moyens de faire cesser les troubles et de calmer les agitations des assemblées. Barnave, le porte-parole des colons, tenait tout prêt un projet qu'il déposa bientôt et le 8 mars, l'Assemblée, par un décret qui consacrait les principes de liberté et de bienveillance pour les colonies, précisait qu'elle n'avait pas voulu les assujettir à ses lois, qui pourraient être incompatibles avec leurs convenances locales et particulières et s'engageait à ne légiférer qu'après

---

1. Cf. DESCHAMPS : Histoire de la question coloniale, 18 ; Les Colonies pendant la Révolution.

2. Rapport Goupilleau et Grégoire, 2 mars 1790, *Archives parlementaires*. Buchez et Roux, V, 126.

avoir pris connaissance des vœux des colonies sur leur constitution, leur législation et leur administration. Des assemblées coloniales devaient être élues dans chaque colonie (confirmées par les électeurs là où elles existaient) pour formuler ces vœux.

Le 28, la Constituante envoyait une instruction qui donnait des détails sur la formation des assemblées[1] et traçait aux colonies, d'une façon très large pour ne pas froisser la liberté des assemblées, le plan d'une constitution et les principes auxquels elles pouvaient se rapporter. Voici ce que l'instruction proposait : toutes les lois intérieures votées par une assemblée coloniale et rendues exécutoires par l'acceptation provisoire du gouverneur jusqu'à la sanction de l'Assemblée nationale et du roi ; les lois qui intéressent la Métropole et la colonie décrétées par l'Assemblée nationale après avis de la colonie. Nombre, forme, pouvoirs des assemblées administratives, nomination des agents de perception, lois touchant les personnes et les propriétés, travaux publics et mesures sanitaires, cela rentrait dans la compétence de l'Assemblée nationale.

Telle était la mesure de liberté politique et d'indépendance administrative que la Constituante accordait aux colonies. Non seulement elle leur déclarait qu'elle ne ferait rien sans connaître leurs convenances particulières, mais elle se montrait prête à leur abandonner une autonomie importante. Comme en France, tous les services administratifs, judiciaires, financiers remis à l'élection sont régis par l'assemblée ; le gouverneur est auprès de l'assemblée coloniale comme le roi auprès de l'Assemblée nationale, l'exécutif est soumis au législatif.

Ces dispositions qui, de la part de l'Assemblée, démontraient une confiance extrême, furent jugées insuffisantes par les députés-colons qui trouvaient ce régime oppressif[2]. Quant aux assemblées, sans se soucier de la confirmation de leurs pouvoirs, elles daignèrent adhérer au décret « en ce qui ne contrariait pas leurs droits. » A Saint-Domingue, l'assemblée de Saint-Marc prend le titre de législative et s'arme d'un veto absolu pour les actes de la mère-patrie; elle fait prêter un serment colonial aux troupes, dépouille le gouverneur de ses fonctions puis le destitue, mande les chefs militaires à sa barre, ouvre les ports aux étrangers, met les caisses à sa disposition et les ordonnateurs de France sous ses ordres, suspend les paiements dûs à la Métropole, enfin prétend dicter sa constitution à l'Assemblée nationale. Il n'y avait qu'une solution, ce que fit l'Assemblée en revenant sur ses dispositions antérieures et en prononçant, le 12 octobre, la dissolution de l'assemblée générale et l'annulation de ses actes. Les autres colonies qui avaient pu échapper à la

---

1. Etait citoyen actif tout homme âgé de 25 ans propriétaire d'immeubles ou à défaut domicilié dans la paroisse depuis deux ans et payant une contribution. Le cens d'éligibilité était le même que le cens d'électorat. Le suffrage était direct
2. Cf. DESCHAMPS, op. cit., 97.

rigueur de la Constituante durent subir encore tous les abus de leurs assemblées, celle de Bourbon, celle de la Guadeloupe qui se déclare en permanence, celle de la Martinique qui, quoique infirmée par le vote des paroisses, réclame l'autonomie et, plus tard, s'érige en corps administratif[1].

Il faut bien dire que les troubles qui bouleverseront les colonies si profondément avaient aussi une autre cause que les abus et les illégalités des assemblées, et que la responsabilité en doit remonter plus haut, directement à l'Assemblée Nationale : au silence hypocrite gardé par le décret du 28 mars sur un point qui a été le centre de toute la question coloniale, autour duquel tout a gravité, dont a dépendu la solution de tous les problèmes, la question des droits politiques des hommes de couleur. Par le désir dont ils faisaient brûler les uns, par la terreur qu'ils inspiraient aux autres, par l'anxiété où ils plongeaient tout le monde, les droits politiques des hommes de couleur furent la cause principale de tous les troubles aux colonies. Le décret du 28 mars soit lâcheté, soit maladresse, était muet sur cette question. De son silence ne fallait-il pas conclure aux droits des hommes de couleur ? Évidemment, si d'ailleurs ceux-ci réunissaient les conditions requises. Et cependant, comme toujours, en fait, ils avaient été écartés par les seuls blancs, ce qui fut le signal de nouveaux troubles et de désordres sanglants. Des deux côtés, les réclamations étaient violentes ; les uns, attendant de la justice de l'Assemblée Nationale la reconnaissance de leurs droits de citoyens ; les autres, les colons et leurs assemblées, voulant se faire attribuer à eux seuls le droit de disposer à leur gré de l'état des personnes. Les débats furent longs et passionnés à l'Assemblée Nationale ; ils aboutiront à un vote transactionnel qui fut une désillusion pour les colons : les assemblées coloniales recevaient l'initiative des lois sur l'état de personnes non libres, mais les fils de père et mère libres étaient reconnus citoyens actifs (15 mai 1791).

L'instruction du 28 mars n'avait été qu'un programme contenant les grandes lignes d'une organisation coloniale que l'Assemblée proposait aux colonies. Bientôt l'on reconnut qu'un modèle précis, aux détails clairement rédigés, ne serait pas inutile pour guider les colonies dans l'accomplissement d'une besogne difficile d'organisation dans laquelle elles montraient si peu d'aptitude. Ce fut l'objet de l'instruction du 15 juin 1791, véritable statut colonial qui contient sur cette matière toute la pensée de la Constituante [2]. Une assemblée coloniale élue à plusieurs degrés d'après le régime en vigueur dans la Métropole, c'est-à-dire par des électeurs de district élus par des assemblées primaires partagera

1. *Moniteur*, 1790.
2. Destinée à l'assemblée de Saint-Domingue, elle fut plus tard, le 28 septembre, envoyée à toutes les autres colonies par le « décret pour faire la paix dans les colonies. »

avec le Corps législatif la confection des lois : les lois constitutionnelles et sur l'état des personnes seront décrétées par le Corps législatif sur la proposition de l'assemblée coloniale ; les lois sur le régime extérieur seront votées exclusivement par le Corps législatif et sanctionnées par le roi ; les lois sur le régime intérieur votées par l'assemblée coloniale seront exécutoires avec approbation provisoire du gouverneur jusqu'à la sanction du Corps législatif et du roi. Enfin, une quatrième catégorie de lois est distinguée par l'instruction, celles relatives aux contributions. Il y a deux classes de dépenses, les dépenses de gouvernement et de protection et les dépenses locales : aux premières correspond la contribution fixe décrétée chaque année, quant à sa quotité, par le Corps législatif, l'assemblée coloniale arrêtant le mode d'imposition avec l'approbation du gouverneur ; aux secondes la contribution variable, dont la quotité et le mode d'imposition seront fixés par l'assemblée coloniale avec l'approbation du gouverneur, le Corps législatif fixant, sur les indications de la colonie, le maximum. En matière d'administration, l'assemblée coloniale n'a aucune fonction exécutive, mais elle a seule la délibération et la décision : le directeur général, les directoires ne pourront rien arrêter qui ne soit la suite et l'exécution des délibérations de l'assemblée ; elle répartit les contributions directes entre les districts, règle les travaux et les dépenses de l'administration intérieure et « délibère généralement sur tous les objets qui sont de la compétence des conseils de département » ; elle surveille la gestion du directeur général d'administration, elle arrête les comptes des syndics municipaux. Ses arrêtés sont soumis à l'appprobation du gouverneur, tantôt à la délibération du Corps législatif lorsqu'il s'agit d'impôts ou de dispositions règlementaires. Entre les sessions, l'assemblée se perpétue par une commission intermédiaire de 21 membres qui surveille l'exécution des arrêtés de l'assemblée, prononce provisoirement, jusqu'à la ratification de l'assemblée, dans tous les cas urgents sur tous les objets de sa compétence.

Ainsi, malgré les troubles, malgré les abus que les colonies avaient faits des pouvoirs qu'on leur avait donnés ou qu'elles s'étaient reconnus, malgré les mesures de rigueur qu'elle avait été déjà obligée de prendre, la Constituante continue à avoir foi dans ce système de liberté et d'autonomie, à croire que le moyen de ramener le calme, de « faire la paix », est de laisser les colons maîtres de leurs actes, dans une indépendance presque complète. Les résultats ne se firont pas attendre. Mais il n'est pas inutile de considérer, ici, le rapprochement est instructif, le dernier acte colonial de la Constituante, celui qu'arracha à sa faiblesse des derniers jours le tenace comité colonial, cette révocation honteuse, qu'elle accomplit la veille de sa séparation, du décret du 15 mai. Sur les instances perfides de Barnave, elle ne rougit pas de revenir le 24 septembre sur cette question des droits politiques, et, par le décret constitutionnel qui fixait les attributions des assemblées coloniales, elle abandonna à celles-ci les lois sur l'état politique des hommes de couleur et nègres libres.

Ce que furent les conséquences d'une telle législation de faiblesse, d'indécision et d'immoralité, il est facile de le concevoir. Si eussent été possibles une recrudescence de désordres et de révolte, un accroissement d'abus et d'illégalités, c'est alors qu'ils se seraient produits.

Ce jour, avec cette exagération suprême de leurs pouvoirs, les assemblées coloniales voient prononcer leur perte.

Déjà, dans le courant de juillet, l'Assemblée Nationale avait jugé à propos d'envoyer des commissaires civils à Saint-Domingue pour rappeler les assemblées à la légalité; bientôt, cette mesure dut devenir générale, et c'est partout qu'il fut nécessaire d'envoyer des agents pour maintenir les assemblées coloniales, d'ailleurs toutes imbues de principes contre-révolutionnaires, dans la limite de leurs pouvoirs. Ce moyen même se trouva insuffisant; il ne resta plus à la Législative qu'à dissoudre les assemblées, ce qu'elle fit en les soumettant à la réélection le 24 mars 1792. Mais revenant sur l'acte fatal de la Constituante, elle déclarait les droits politiques des hommes de couleur et nègres libres, dans les conditions de l'instruction du 28 mars. D'autre part, pour veiller à l'exécution des règles qu'il énonce, la confiance étant tout à fait perdue, le décret maintient l'envoi de commissaires civils, dont les pouvoirs sont encore accrus. C'en est fait de la liberté et de l'autonomie, les assemblées coloniales agonisent. Les commissaires peuvent suspendre, puis dissoudre les assemblées, corps administratifs ou autres; prendre toutes mesures pour assurer l'ordre et la paix; la désobéissance à leurs ordres est un crime de haute trahison.

C'est la réaction inévitable qui commence. Après les débordements d'indépendance, la débauche de liberté, l'asservissement. Cette tutelle énergique, n'est que la manifestation d'une orientation nouvelle de la politique de la Révolution; la Métropole va changer d'attitude envers ses colonies. Par leur conduite si peu digne de la confiance de la mère-patrie, les abus scandaleux des pouvoirs qu'on leur accordait, leurs velléités séparatistes si affirmées, les colonies ont fini par convaincre la Convention de l'impossibilité de cette politique de décentralisation et d'autonomie. Elles vont y perdre l'une et l'autre. Non seulement on ne va plus les laisser s'organiser et s'administrer elles-mêmes, mais on n'aura même plus le souci de les consulter sur les mesures à leur appliquer.

La loi du 16 pluviose an II, avait aboli l'esclavage et proclamé le principe d'égalité. La constitution de l'an III va s'occuper de l'organisation des colonies. Voici maintenant les principes que l'on applique : « Plus le gouvernement est éloigné de ceux sur qui il doit s'étendre, plus il doit être puissant et ferme. S'il existait dans les colonies des assemblées délibérantes investies du droit de prononcer sur tout ce qui pourrait tenir à la législation intérieure, la France n'exercerait plus qu'une sorte de souveraineté féodale et l'admission au Corps législatif ne serait plus considérée que comme un honneur auquel on serait disposé à renoncer... Ce serait organiser l'indépendance à laquelle vous ne sauriez consentir. » Et

« comme il ne peut y avoir qu'une bonne manière d'administrer, si nous l'avons trouvée pour les contrées européennes, pourquoi celles d'Amérique en seraient-elles déshéritées[1] » : les colonies sont divisées ou réunies en départements; comme les provinces avaient été brisées, l'unité naturelle est détruite; au lieu d'assemblées coloniales dont l'autorité nationale pourrait redouter l'influence, on institue, comme dans les départements, des administrations de cinq membres, investies des mêmes fonctions. C'est l'idéal jacobin, c'est l'assimilation à outrance, c'est l'uniformité. Non, pas même, car par mesure de prudence, provisoirement, les administrations ne seront pas élues mais nommées par le directoire exécutif et surveillées par des commissaires qu'on envoie à leurs côtés[2].

Voilà le régime que les colonies avaient gagné par ce qu'on pourrait appeler leur ingratitude si l'on ne devait les excuser d'avoir été fatalement entraînées à dépasser les limites d'une liberté extrême par la liberté même qu'on leur abandonnait. Les libertés locales sont mortes et mortes de leur accroissement.

Ce régime, les colonies se refusèrent à le subir et résistèrent aux mesures de la Métropole : les lois sur la division du territoire, sur l'application de la constitution. On décida l'envoi de nouveaux commissaires. Mais ce fut bientôt l'anarchie. A la faveur de ces temps troublés, celles de nos possessions qui ne sont pas la proie de l'étranger sont en complète révolte; la Réunion devient tout à fait indépendante et s'organise à sa guise.

Sous le Consulat, ce fut l'indifférence et l'abandon. Avec le gouvernement de la centralisation, le gouvernement qui rétablit l'esclavage et la traite, la réaction est achevée. Les colonies n'ont plus ni conseils électifs ni représentants. Elles ne peuvent même plus formuler un vœu.

Cependant, il fallut bien reconnaître qu'on avait dépassé la mesure; un arrêté du 6 prairial an X sur l'organisation des autorités administratives à la Martinique et à Sainte-Lucie prescrivit au préfet colonial de ne procéder à la répartition des contributions qu'après avoir appelé trois propriétaires et trois négociants, dont il avait à prendre les avis.

Le 21 ventôse an XI, un arrêté autorisait la création de chambres d'agriculture. Composées de cinq membres choisis par le ministre, sur deux listes, présentées par le capitaine général et le préfet, de propriétaires âgés de 25 ans et recensant 25 noirs, elles devaient avoir pour attributions de présenter des vues sur la culture et l'intérêt de la colonie et de correspondre avec un député entretenu à Paris. Une dépêche ministérielle du 20 fructidor an XIII en ajournait la formation jusqu'à la paix!

1. Boissy d'Anglas, 17 thermidor an III.
2. 2 germinal an V, 12 nivôse an VI.

Section II

Les Ordonnances. — Les Conseils coloniaux

La paix ne devait revenir qu'en 1814, et la France ne devait retrouver ses possessions, toutes perdues, que par le traité de Paris, le 30 mai. Devant l'état pitoyable où se trouvaient les colonies, devant leur misère, leur épuisement et leur désorganisation, après les déplorables résultats des systèmes coloniaux que la Révolution et l'Empire avaient pratiqués, devant ce néant où tout était à refaire, quel parti avait à prendre le gouvernement de Louis XVIII? Il rétablit les choses dans l'état où elles se trouvaient avant 1789.

Les crimes de lèse-humanité que cette réaction entraînait, le Premier consul les avait déjà commis pour la plupart. Ce ne fut presque que la reconnaissance d'une situation réelle. Mais on avait perdu, avec vingt-cinq années entières et le progrès dont elles eussent été capables, les bénéfices du passé. Il n'existait plus aucune institution représentative modératrice des grands pouvoirs des gouverneurs et des intendants. Les libertés locales ont à naître une seconde fois. C'est dans ce second cycle qu'elles vont parcourir qu'apparaissent les assemblées représentatives, aux attributions administratives, aux sessions périodiques, au caractère régulier, qui portent et méritent le titre de Conseils généraux.

Cet état de choses, ce retour aux institutions de la Monarchie absolue ne pouvait durer. Il ne devait être qu'une mesure provisoire; mais ce provisoire était insupportable et se prolongeait trop. Des troubles agitèrent de nouveau les colonies [1].

En 1817 et 1818, on avait installé successivement dans toutes les colonies, à côté du chef de la colonie et sous sa présidence, un Conseil de gouvernement et d'administration composé des cinq principaux fonctionnaires et complété, jusqu'au nombre de sept ou de neuf, par des colons, des négociants ou des jurisconsultes. Mais cette institution, où la représentation était à ce point rudimentaire, avait donné des résultats tout à fait insuffisants. Les représentants des colons avaient une position par trop dépendante; les attributions n'étaient pas déterminées et le conseil n'était même pas obligatoirement consulté.

Une ordonnance du 22 novembre 1819 créa des Comités consultatifs à la Martinique, la Guadeloupe, la Guyane et Bourbon [2]. Chaque comité,

---

1. Cf. Ch. Députés : Discussion du budget du Département de la Marine, Duvergier de Hauranne, 1ᵉʳ mars 1817.

2. Qui possédait déjà, depuis le 18 novembre 1816, un Comité consultatif d'agriculture et de commerce.

composé de neuf membres (cinq à Cayenne) nommés pour trois ans[1] par le roi sur une liste triple de propriétaires âgés de vingt-cinq ans, résidant depuis trois ans dans la colonie, présentée par le gouverneur, se réunit une fois par an en une session qui ne peut excéder quinze jours, et formule des avis et des vœux. Ses attributions sont limitativement énumérées : il donne son avis sur l'assiette et la répartition des contributions, le budget des recettes et des dépenses ; il reçoit communication du compte annuel moral de l'administration de la colonie et présente des observations, il examine les projets et documents relatifs à des objets d'utilité publique, il correspond avec son député à Paris et le ministre. L'ordonnance spécifie que les comités ne s'occuperont d'aucun autre objet que ceux prévus ; que les opinions émises ne devront point être imprimées ni publiées, et que « s'il arrivait qu'ils vinssent à l'écarter des principes et des bornes de leur institution, » la dissolution en serait prononcée par le gouverneur.

Par le petit nombre et le peu d'importance de ses attributions, par son mode de nomination à laquelle les populations ne prenaient aucune part, cette institution ne pouvait jouer qu'un rôle restreint et ne réaliser nullement les avantages qu'on en avait attendus. Les colonies souffraient du régime de l'arbitraire, de la concentration de tous les pouvoirs entre les mains d'un gouverneur, contre les abus duquel rien ne pouvait les garantir. Les comités consultatifs n'étaient pas un remède à cette situation. Le gouvernement prit enfin l'initiative de la réforme nécessaire. Les comités et les gouverneurs des colonies furent invités à présenter leurs vues sur les changements à faire, et une commission fut formée à la fin de l'année 1824.

Des travaux de cette commission, soumis à l'examen du conseil de l'amirauté, sortit l'Ordonnance royale du 21 août 1825 sur le gouvernement de Bourbon, étendue aux Antilles en 1827, à la Guyane en 1828, monument considérable dont des dispositions sont encore en vigueur, et que récemment des coloniaux compétents, à la tribune de la Chambre, qualifiaient de chef-d'œuvre.

Il n'est pas nécessaire d'insister sur l'économie de cette Ordonnance : un gouverneur qui a la haute direction des affaires, et avec une situation exceptionnellement éminente, l'irresponsabilité d'un monarque constitutionnel, des chefs de service, hauts fonctionnaires responsables, un conseil privé qui assiste et éclaire le gouverneur. Déchargé de la direction effective des services, qui incombe aux différents chefs responsables, le gouverneur, pour maintenir l'administration dans une eurythmie fonctionnelle, reçoit des pouvoirs considérables qu'agrandit encore l'éloignement. Mais l'on s'est aperçu que ces pouvoirs étendus ne peuvent plus exister sans un certain contrepoids, qu' « il fallait sans rien enlever à la

---

1. Cinq ans par l'ordonnance du 13 août 1823.

force réelle du pouvoir appelé à régir, à défendre, à protéger les colons, lui tracer de justes limites, régulariser son action, lui donner les moyens de s'éclairer et garantir à la fois et les administrés et lui-même contre les inconvénients de l'erreur et des dangers de l'arbitraire. » D'où l'institution du conseil privé et enfin la consultation des colons. « La progression générale des idées, à laquelle les colons ne sont pas restés étrangers, les lumières répandues parmi eux et leur position sociale leur donnent de justes droits à réclamer une partie des avantages précieux que la France doit au retour du gouvernement légitime. » Mais le souvenir des assemblées coloniales hantait toujours les esprits et devait servir de frein puissant aux intentions décentralisatrices. Il conduisit à la prudente résolution de « faire jouir les colonies d'un établissement depuis longtemps éprouvé en France, » mais insuffisant, et de substituer aux comités consultatifs des Conseils généraux n'apportant que de médiocres améliorations.

La plus importante était relative à la composition, l'introduction d'une base de représentation plus large. Le Conseil général se compose de douze membres et de douze suppléants encore nommés par le roi, mais sur une liste double de candidats présentés par les conseils municipaux de la colonie. Et c'est par cette décentralisation bien modeste, le plus remarquable progrès que réalise la nouvelle institution. Les conseillers doivent être âgés de trente ans révolus, être nés dans la colonie ou domiciliés depuis cinq ans, être propriétaires et recenser quarante esclaves ou payer une patente des deux premières classes. Le mandat dure cinq ans, est gratuit et peut être renouvelé. Le conseil général a deux sessions ordinaires de la durée de quinze jours, que le gouverneur peut prolonger, et il peut être réuni extraordinairement sur la convocation du gouverneur. Le conseil reçoit le droit d'élire dans son sein son président, son vice-président et son secrétaire.

Relativement aux attributions, les modifications apportées par la nouvelle organisation sont restreintes. Le conseil général comme les comités consultatifs, ne peut formuler que des avis et des vœux. Le conseil général est appelé à donner son avis sur le projet du budget des recettes et des dépenses à la charge de la colonie. Les comités consultatifs avaient déjà semblable attribution, mais ici, derrière la ressemblance des textes, se cache une différence notable, qui résulte du changement apporté au régime financier par l'ordonnance du 26 janvier. A la confusion et à la centralisation financières, a succédé le régime de la séparation budgétaire; toutes les contributions perçues aux colonies, quelles qu'en soient la nature et l'origine, demeurent acquises à ces colonies, qui, en revanche, sont chargées de pourvoir à toutes les dépenses autres que celles des services de la guerre et de la marine. Le conseil général donne son avis sur les projets d'ordonnance relatifs aux impositions annuelles. Toujours en matière financière, le conseil général donne son avis sur l'état des dépenses à faire dans la colonie pour le compte de la Métropole; sur les comptes généraux des recettes et des dépenses effectuées pendant l'année précédente; en matière de travaux publics sur les projets de travaux à exécuter annuellement, les réquisitions des noirs nécessaires à leur confection, l'emploi fait ou à faire des noirs de la colonie ou de ceux des communes. Enfin, les conseils reçoivent une nouvelle catégorie d'attributions relatives à l'administration des affaires des communes. Ils ont à donner leur avis sur les projets des budgets des communes, les comptes annuels des recettes et des dépenses communales, les projets de travaux communaux, l'ouverture, élargissement, redressement des chemins vicinaux, réquisition des noirs pour les travaux communaux, portions contributives des communes aux travaux intercommunaux.

Sur tous ces objets les avis sont obligatoirement pris. Le gouverneur peut consulter le conseil général sur les améliorations à introduire, les mesures à prendre pour favoriser le commerce et l'agriculture. D'ailleurs, le conseil peut aussi formuler des vœux; il est spécialement chargé de signaler les abus à réformer, les économies à faire et tout ce qui pourrait accroître la prospérité de la colonie. Enfin il entend le compte de la situation des différentes parties de l'administration de la colonie, a le droit de demander communication de toutes pièces relatives à la comptabilité et de solliciter des renseignements.

Le conseil général désigne deux de ses membres pour siéger au conseil privé et présente trois candidats parmi lesquels le roi nomme le député auprès du ministre.

En résumé, ces conseils généraux ne sont guère autre chose que les comités consultatifs réinstallés dans la nouvelle organisation avec une situation légèrement améliorée. Relativement à la composition, la faible participation des habitants par le suffrage des conseils municipaux pour la présentation de candidats est déjà un progrès, mais, quoique les attributions soient assez nombreuses, la voix simplement consultative ne permet pas de différencier sensiblement les conseils des assemblées antérieures. Cependant, les améliorations qu'il contenait avaient suffi à faire accepter ce régime avec reconnaissance par les colonies, plongées depuis longtemps dans un asservissement étroit et qui voyaient franchir un premier degré vers l'assimilation.

L'assimilation était encore loin d'être réalisée. Si les colonies et la Métropole possédaient des conseils généraux similaires, celles-là étaient privées d'une garantie précieuse qui compensait chez celle-ci la centralisation excessive à la base : le contrôle parlementaire, la nomination à l'élection des représentants de la nation. En France, la loi était faite par le pouvoir législatif; aux colonies, c'était l'exécutif qui procédait à sa confection. Par l'ordonnance de janvier 1825, qui avait rayé du budget de la marine le service des colonies, les Chambres mêmes avaient été dépossédées de tout moyen d'investigation; les colonies formaient une sorte de royaume ministériel où les impôts étaient perçus sans vote législatif, où tout était livré à l'arbitraire des ordonnances.

Cette absence de représentation parlementaire, combinée à l'insuffisance des pouvoirs des assemblées locales, notamment en matière financière, constituaient un régime incomplet, qui appelait la réforme ; quand celle-ci arriva, loin de continuer dans la voie déjà ouverte de l'assimilation, elle s'orientait vers la conception opposée et, réalisant une autonomie, elle accorda au lieu de l'admission au parlement métropolitain, des pouvoirs législatifs à des assemblées coloniales.

Dès 1826, la question du régime législatif des colonies avait, à la Chambre des députés, occasionné des débats importants où Benjamin Constant prit la parole ; après la Révolution de 1830, faite sur la décentralisation et les franchises locales, le gouvernement de Louis-Philippe devait s'occuper des colonies. Un premier projet, déposé à la fin de 1831, n'ayant pu être converti en loi, le gouvernement mit à profit les vacances parlementaires pour prendre avis des organes légaux des colonies, et le projet, légèrement modifié, fut déposé à la fin de 1832. Objet d'études sérieuses de la part des commissions des deux Chambres, il aboutit à la loi promulguée le 24 avril 1833, la Charte coloniale, ainsi qu'on l'appela bientôt.

La loi s'occupait des colonies de la Martinique, Guadeloupe, Bourbon et Guyane ; les autres, même le Sénégal, au sujet duquel on discuta, sont considérées comme de simples établissements incapables d'être admis à jouir des bienfaits de la présente loi.

Par suite de la volonté de ne pas autoriser l'admission de députés coloniaux à la Chambre, et dans l'impossibilité d'établir une législature locale proprement dite, par l'absence d'éléments capables de former une Chambre haute, la loi revient à un système mixte, adopté déjà par la Constituante : la répartition du pouvoir législatif entre des assemblées coloniales et les autorités métropolitaines. L'ancienne division en régime intérieur et régime extérieur, trop vague, est abandonnée ; l'énumération des matières est explicite. Aux Chambres, les lois sur les relations extérieures, sur les matières d'intérêt commun à la Métropole et à la colonie, ou d'une trop considérable importance : état des personnes libres, exercice des droits politiques, pouvoirs des gouverneurs, organisation judiciaire, commerce et régime des douanes. Dans les autres cas, le pouvoir législatif est transformé en pouvoir règlementaire et laissé soit à des ordonnances royales, soit à des décrets coloniaux. Par ordonnances royales, il est statué les conseils coloniaux ou leurs délégués, préalablement entendus, sur des matières peu nombreuses et que la prudence conseillait de ne pas remettre aux assemblées locales [1]. Mais ce ne sont

---

1. Organisation administrative — régime municipal excepté — police de la presse, instruction publique, milices, conditions et formes des affranchissements, améliorations à introduire dans la condition des personnes non libres, dispositions pénales applicables aux personnes non libres, acceptation des dons et legs aux établissements publics.

là que des exceptions, et voici le droit commun : tout ce qui n'est pas réservé aux lois ou aux ordonnances royales est réglé par décrets rendus par le Conseil colonial.

Ce conseil colonial est composé de trente membres (seize à la Guyane) qui, maintenant, pour une durée de cinq ans, tiennent leur mandat de l'élection, au suffrage direct. Sont électeurs : les Français âgés de 25 ans, nés dans la colonie ou domiciliés depuis deux ans, jouissant des droits civils et politiques, payant en contributions directes sur les rôles de la colonie 200 ou 300 francs ou justifiant d'une fortune de 20,000 à 30,000 francs. Pour l'éligibilité, la condition d'âge est de 30 ans, et le cens est double de celui de l'électorat. Le conseil n'a qu'une session ordinaire par année, mais il peut être convoqué en session extraordinaire par le gouverneur. Le gouverneur convoque le conseil colonial, il le proroge et peut lui-même le dissoudre; dans ce cas, il doit être procédé à de nouvelles élections et à la convocation d'un nouveau conseil dans le délai de cinq mois. A l'ouverture de chaque session, le conseil élit son président, son vice-président et deux secrétaires. Malgré une vive opposition, la publicité des séances fut décidément interdite; on autorisa seulement la publication d'un extrait des procès-verbaux.

Les objets des délibérations du conseil colonial sont donc, sauf les exceptions strictement énumérées et les attributions essentielles des représentants du pouvoir exécutif, la généralité des matières d'intérêt colonial, aussi bien matières purement administratives que celles qui constituent ou devraient constituer le domaine ordinaire de la loi. Le conseil colonial vote le budget. Toutes les dépenses coloniales sont soumises à l'appréciation du conseil colonial, excepté trois, jugées trop importantes pour la métropole, le traitement du gouverneur, les dépenses du personnel de la justice et des douanes qui ne pourront donner lieu de la part du conseil qu'à de simples observations. Toutes les recettes sont de même de l'entière compétence du conseil. Il vote les taxes et contributions indirectes, il opère l'assiette et la répartition des impôts directs; sur le vote du taux de ceux-ci seul, ses droits sont limités, il ne peut procéder à leur réduction. On avait considéré que le refus du budget qui a des solutions possibles en France, aurait amené aux colonies à une véritable impasse sans une sorte de responsabilité ministérielle, et qu'il y avait de plus l'obligation de faire respecter le cens établi par la loi.

Sur cette immensité de matières, laissées à ses délibérations, le conseil colonial, à la différence des assemblées qui l'ont précédé, qui n'avaient qu'à donner des avis, prend des délibérations soumises à approbation. Des projets de décret sur lesquels portent ses discussions, ses membres n'ont pas l'initiative. Seul le gouverneur, pour éviter les propositions intempestives et dangereuses pour l'ordre public, a le droit de déposer les projets de décret. Le conseil colonial peut introduire des amendements, mais ceux-ci doivent être consentis par le gouverneur. Comme dans la constitution de la Métropole, les projets rejetés par le conseil ou les amendements refusés par le gouverneur ne peuvent être représentés qu'à une session ultérieure. Le décret, discuté et adopté par le conseil sur la présentation du gouverneur, n'est pas encore définitif; il lui faut obtenir un consentement suprême du gouverneur; puis il est soumis à la sanction du roi, le gouverneur ayant la faculté de le rendre provisoirement exécutoire.

Le conseil a encore dans ses attributions le droit de faire certaines manifestations d'opinion, donner des avis, formuler des vœux. Sur tout ce qui doit être réglé par des ordonnances royales, sur ce qui, en matière financière, est enlevé à sa délibération, il peut présenter des observations, et en conséquence de sa privation des droits d'initiative, il adresse des vœux au roi et au gouverneur sur tous les objets intéressant la colonie. Il nomme ses délégués près le gouvernement.

On est loin, avec ces conseils coloniaux, des comités consultatifs ou des conseils généraux qui les continuaient, loin aussi des conseils généraux des départements, même de ceux qui cinq ans plus tard verront leurs attributions considérablement accrues. C'est avec le Parlement métropolitain, avec la Chambre des députés que la ressemblance est grande, et le parallèle est facile entre ce régime qu'institue la loi de 1833 et les formes de gouvernement représentatif de la Charte de 1830. Mais la similitude est presque parfaite avec les assemblées coloniales de la Révolution, celles du décret du 15 juin 1791. Résultats du même abandon brusque d'une politique d'assimilation progressive pour l'admission d'un système d'autonomie, les conseils coloniaux comme les assemblées révolutionnaires réalisent le développement suprême des assemblées locales des colonies. Promptement, elles atteignent l'apogée de leur évolution. Aussitôt va commencer leur chute rapide.

Par le chiffre du cens exigé, qui est le même qu'en France pour les élections à la Chambre des députés, la valeur de la monnaie étant plus faible aux colonies, le rapport du nombre des électeurs du conseil colonial à celui des habitants libres est presque aussi grand que celui des électeurs des conseils municipaux de France [1]. Quant à la proportion des éligibles, elle est deux fois plus considérable que pour les élections municipales de la Métropole. Aussi, ces cens avaient-ils été trouvés trop faibles par les délégués des colonies, représentants de la classe des colons blancs. C'est qu'une loi sœur de celle qui établissait ce régime législatif, élaborée en même temps, abolissait enfin cette odieuse distinction de couleur et reconnaissait à toute personne née libre ou affranchie la jouissance des droits civils et politiques. Malgré l'anxiété des blancs qui résistaient à l'extension des droits d'une classe dont ils redoutaient

---

1. Élections à la Chambre, 1 électeur sur 183 habitants ; au conseil général, 1 sur 94 ; au conseil municipal, 1 sur 23 ; au conseil colonial, 1 sur 27. Rapport Dupin, 3 avril 1833.

l'inimitié, le Parlement avait eu la sagesse d'apercevoir que l'égalité est le plus sûr boulevard de la fraternité et de la paix.

Par les attributions, ce conseil colonial prend une importance considérable. Ce n'est plus une simple assemblée consultative, un conseil destiné à éclairer l'administration, c'est une véritable législature. Cette décentralisation, allant jusqu'à l'autonomie, devait fournir pour les colonies de biens précieux avantages, par la modération de l'autorité des gouverneurs, par une administration aussi conforme que possible aux intérêts locaux. Mais, malheureusement, avait-on agi avec toute la circonspection nécessaire à une réforme si considérable, examiné toutes les particularités de la matière coloniale, pris toutes les mesures qu'elle comporte ?

L'esprit de particularisme, la passion de l'indépendance devaient pousser les assemblées à des résolutions excessives. Puisqu'elles étaient de véritables législatures, et puisque d'ailleurs les colonies n'avaient pas de représentants élus au Parlement, pourquoi les assemblées ne se seraient-elles pas reconnues l'ensemble des pouvoirs législatifs ? Ne devaient-elles pas se déclarer les seules législatures coloniales ? Les abus de pouvoir furent nombreux. Méconnaissant les restrictions qu'avait apportées la Charte coloniale à leurs attributions, les conseils coloniaux empiétèrent incessamment sur les prérogatives des Chambres et du pouvoir exécutif. L'exercice des attributions de contrôle du pouvoir exécutif, à peine suffisantes pour protéger parfois les intérêts généraux, était des causes de conflit. En nombre considérable, des décrets coloniaux durent être annulés et la dissolution des conseils fréquemment prononcée.

Au point de vue financier, le régime était funeste pour la bourse de la mère-patrie. Les colonies, comme elles devenaient maîtresses de leur législation, devenaient maîtresses de leur budget. La loi continuait la séparation qu'avaient établie les ordonnances, entre le budget de l'État et le budget de la colonie, et maintenait au budget local la totalité des recettes et des dépenses de la colonie, moins les services de la guerre et de la marine. Malheureusement, si la séparation budgétaire pouvait être presque absolue, il n'en était pas de même de la séparation financière. L'État continuait à promettre des subventions et, d'autre part, les mesures de garantie nécessaires pour assurer, dans le fonctionnement de ce système, le respect des intérêts séparés, manquaient. Pas besoin de commettre d'illégalités, les conseils n'avaient qu'à mésuser de leurs pouvoirs pour désorganiser les colonies et faire aux finances de la Métropole l'appel le plus abusif. « L'article 5 de la loi du 24 avril 1833 a donné aux conseils coloniaux des attributions dont ces corps politiques n'ont pas généralement usé avec la réserve convenable. Il nous suffira de dire qu'on les a vus refuser des crédits nécessaires au paiement des dépenses dont la fixation est laissée au gouvernement, que des traitements réglés par les actes de l'autorité métropolitaine ont subi, sans nécessité, des réductions et même des suppressions qui étaient de nature à compromettre le service; que, d'un autre côté, des allocations destinées à subventionner la presse périodique ont été élevées à des sommes exhorbitantes; qu'enfin le taux de plusieurs contributions locales a été successivement diminué au point d'amener chaque année des déficits qu'il a fallu couvrir au moyen des ressources qu'offrait la caisse de réserve[1]. » Ils se servaient de leurs pouvoirs excessifs, tant en matière de dépenses qu'en matière de recettes, comme d'une arme pour peser sur les décisions de l'administration, réorganiser à leur gré certains services, éloigner certains agents, ou pour obtenir des subventions toujours croissantes de la Métropole, rejetant sur le contribuable métropolitain le poids de charges que les colonies auraient dû supporter.

Pour la seconde fois dans l'histoire, un régime d'autonomie imprudente faisait ses preuves, il ne devait pas posséder plus longtemps la faveur des gouvernants. Les conseils coloniaux avaient donné des résultats trop défectueux, leur système fut rapidement abandonné. En 1840, deux ordonnances avaient organisé les colonies de l'Inde et du Sénégal; on s'était gardé d'y installer des conseils coloniaux. Un Conseil général, séant à Pondichéry ou à Saint-Louis, composé de dix membres élus par quarante-cinq notables choisis par le gouverneur, plus parmi les fonctionnaires que parmi les colons, avait pour toutes attributions à donner son avis sur les affaires qui lui étaient bénévolement communiquées par le gouverneur et à faire connaître les vœux du pays. On était alors loin de l'état d'esprit qui avait engendré la loi de 1833. C'était la réaction.

Une refonte complète de l'organisation des colonies fut décidée. Cette même année 1840, une commission extraparlementaire fut instituée pour mettre à l'étude les divers points de la question coloniale; mais avant qu'eut été déposé son rapport, le gouvernement avait extrait de ses travaux des conclusions sur un point le plus urgent pour en faire l'objet d'un projet qui devint la loi du 25 juin 1841 sur le régime financier.

Pour mettre un terme aux contestations incessantes entre les conseils coloniaux et l'Etat sur l'étendue de leurs pouvoirs respectifs en matière financière et aux subventions que la Métropole devait accorder de plus en plus aux colonies, cette loi distingue dans les dépenses toutes celles ayant un caractère d'intérêt général, et, les soustrayant au vote des pouvoirs locaux, les remet au budget de l'Etat. Seuls restent soumis aux délibérations des conseils coloniaux les services d'intérêt strictement local. Pour faire face aux dépenses qui lui incombent, l'Etat percevra certains impôts dont le vote appartiendra aux Chambres législatives. Toutes les recettes et dépenses des colonies sont rattachées pour ordre au budget de l'Etat.

Sans l'apprécier au point de vue financier, cette loi qui établissait

---

1. Exposé des motifs, à la Chambre des Pairs, de la loi du 25 juin 1841.

d'embarrassantes complications administratives, une confusion et une obscurité préjudiciables à l'économie, et en définitive un accroissement des charges de la Métropole, opérait une amputation douloureuse des droits les plus précieux aux pouvoirs locaux, droits de voter leurs dépenses et leurs recettes, droits dont, comme le rappelait Dupin, n'avaient point été dépouillées les assemblées de l'ancien régime. Il est vrai que les conseils coloniaux conservaient la délibération des budgets dits intérieurs, ce qui avait permis au ministre de prétendre qu'il ne s'agissait pas de priver les colonies du droit reconnu par la Charte du maniement de leurs deniers.

Mais cette loi sévère d'incorporation et d'assimilation portait un coup énergique à l'importance des conseils coloniaux. En enlevant à ces assemblées le droit de délibérer sur tous les services classés comme d'intérêt général, elle les mettait dans l'impossibilité d'entraver l'administration par des résistances obstinées ou des mesures déraisonnables, mais elle leur enlevait aussi le moyen de faire à l'occasion de ces services la moindre pression sur l'administration, pour l'amener à corriger des abus vraiment scandaleux et dont les colonies devaient supporter les frais[1]. C'était dans cette réforme financière, qui se défendait d'avoir un caractère politique, l'acte préliminaire d'une réduction de ces assemblées, presque parlementaires, en simples conseils administratifs. C'était un retour déterminé de la politique d'autonomie à une politique d'assimilation.

Le rapport de la commission chargée de l'étude de la réforme coloniale, dû à la plume autorisée de M. de Broglie, fut déposé en 1843. Il n'était plus question d'apporter quelques restrictions à des attributions jugées excessives; on prononçait la condamnation même des conseils coloniaux et leur remplacement par de simples conseils généraux dépourvus de toute attribution législative. En revanche, les colonies obtenaient une représentation au Parlement national. Après une réduction des attributions financières, une réduction du rôle politique et administratif : l'assimilation devenait complète.

Mais cette suppression des conseils coloniaux, décidée en 1843, n'avait pas été réalisée lorsqu'éclata la Révolution de 1848. Ce fut à la République qu'incomba la charge de procéder à cette exécution. Un décret du 27 avril supprima conseils coloniaux et généraux, mais, n'instituant à leur place aucune assemblée nouvelle, remit provisoirement leurs attributions aux commissaires généraux de la République.

Les libertés locales avaient une seconde fois vécu !

Il était dans la logique et dans la tradition républicaines d'appliquer cette conséquence extrême du principe d'égalité, en méconnaissant entre les fractions du territoire national tout ce qui aurait pu créer des différences et en réalisant une assimilation absolue. Les colonies perdaient

---

1. Cf. Dupin, Discussion de la loi

leurs conseils coloniaux; mais elles prenaient part à la formation de l'Assemblée nationale. Avec cette juste compensation, il ne pouvait être question de maintenir des législatures secondaires, dont la souveraineté de l'Assemblée nationale eut souffert pour l'unité et l'indivisibilité de la République Française.

D'ailleurs, par la révolution sociale et politique dont la République avait pris la glorieuse initiative, par l'abolition de l'esclavage, qui sera son éternel honneur, par le suffrage universel, si l'Assemblée arrachait des barrières qui eussent maintenu l'isolement de la société coloniale, elle s'obligeait par là-même à reporter dans l'avenir une assimilation trop absolue, que la prudence ne pouvait accepter, et à installer provisoirement ce régime de commissaires à pouvoirs totalisés. Sans parler de l'opposition systématique qu'elles eussent certainement rencontrée chez tous les corps coloniaux, ces réformes sociales et politiques étaient trop fraîches et trop profondes pour ne point apporter dans le fonctionnement d'institutions locales un trouble qui eût été périlleux. On donnait des droits de citoyen, mais on ne créait pas de citoyens; on eut la sagesse d'apercevoir qu'avant de convier ces hommes émancipés aux affaires, il fallait leur laisser le temps de se pénétrer de leur nouvelle qualité.

Cependant, pour faire cesser ce régime provisoire de centralisation à outrance, le 22 novembre 1849 une commission extraparlementaire fut nommée afin d'étudier l'organisation qu'il convenait de donner aux colonies. La commission, dont le président était de Broglie et le rapporteur A. Béhic, avait terminé ses travaux dans le courant de 1850, et son projet « constatant que les précédents historiques, l'intelligence des besoins et l'état des sociétés ne permettent pas de faire application immédiate aux colonies du droit commun de la Métropole » remplace, dans une constitution à peu près analogue à celle des Ordonnances, les conseils coloniaux par des Conseils généraux aux attributions restreintes. Le 30 juin 1851, le ministre faisait le dépôt d'un projet de loi sur le régime administratif et financier des colonies.

Le Conseil général devait être élu par un système assez compliqué; la nomination des conseillers à double degré était faite par des collèges électoraux composés des conseillers municipaux de la colonie auxquels s'ajoutaient des électeurs désignés, en même temps qu'eux, par les assemblées électorales primaires dans la proportion de un sur cent habitants. Étaient donc, en définitive, électeurs du premier degré les électeurs municipaux, c'est-à-dire, à cause des nécessités qu'avait fait surgir le danger des nouveaux affranchis, « peu préparés, jouets des passions et des intrigues, » les seuls citoyens âgés de vingt-cinq ans, domiciliés dans la commune depuis trois ans et qui justifieraient d'une propriété, d'une profession ou d'un contrat de travail en cours. La commission avait judicieusement écarté comme trop rigoureuse une proposition de Barbaroux fixant parmi les conditions d'exercice de l'électorat l'instruction élémentaire. Le conseil général, dont les séances n'étaient pas publiques, n'avait que des attributions consultatives : émettre des avis ou des vœux en toute autre matière que le vote du budget. Le projet décentralisait la partie des finances désignées sous le nom de service local et renonçait à l'incorporation au budget de l'Etat. Les dépenses, divisées en facultatives et obligatoires, et les recettes, sauf les droits de douane, étaient votées par le conseil avec approbation du gouverneur. Les dépenses obligatoires omises par le conseil devaient être inscrites d'office par le gouverneur, qui pouvait en assurer l'acquittement par des ressources suffisantes, réduire le chiffre des dépenses facultatives, interdire la perception de taxes excessives ou contraires à l'intérêt général de la colonie.

Les événements politiques firent abandonner ce projet, qui réalisait une décentralisation modérée mais adaptée aux nécessités locales.

Section III

Les Sénatus-Consultes. — Les origines de l'organisation actuelle.

I. — *Le Sénatus-Consulte du 3 mai 1854*

Les assemblées coloniales reparaissent, après une éclipse de six ans, en 1854.

Les colonies perdaient leur représentation politique, mais le sénatus-consulte du 3 mai 1854 organisait à la Martinique, la Guadeloupe et à la Réunion des Conseils généraux. La Guyane retombait au rang des petites colonies exceptées du régime de faveur que créait le sénatus-consulte.

On a dit, et d'ailleurs, après l'exposé même des motifs du sénatus-consulte, que la nouvelle œuvre législative se bornait à rééditer les dispositions du projet de 1851. Ce n'est pas tout à fait exact. S'il y avait des points communs, il y avait aussi de graves différences suscitées par la centralisation autoritaire qui caractérisa le début de ce régime despotique. Le projet de 1851 s'inspirait surtout d'une assimilation corrigée, celui de 1854 dissimule à peine un idéal de centralisation et d'assujettissement.

Les conseils généraux n'ont presque que des attributions financières et en cette matière on abandonne les errements de la loi de 1841 qui avait été si déplorable dans ses résultats. Le conseil général vote les dépenses d'intérêt local et les taxes, les contributions extraordinaires, les emprunts. En matière de dépenses, la Métropole ne prenant plus à sa charge que les dépenses dans lesquelles l'Etat a un intérêt direct, les dépenses dites de gouvernement et de protection auxquelles il doit être pourvu par des crédits ouverts au budget général — et pour lesquelles les colonies peuvent être tenues de fournir un contingent, — toutes les autres dépenses restent soumises au vote du conseil général. Mais elles sont divisées en facultatives et en obligatoires dont la nomenclature est fixée par décret. Quant aux taxes nécessaires pour l'acquittement des dépenses, l'Etat ne formant plus réserve à son profit d'aucune recette locale, elles sont en totalité arrêtées par le conseil général, mais seulement quant à leurs tarifs; le mode d'assiette et les règles de perception devant être déterminées par des règlements d'administration publique, sans consultation obligatoire des pouvoirs locaux.

En toutes ces matières les délibérations du conseil sont soumises à l'approbation du gouverneur, qui est autorisé à introduire d'office les dépenses obligatoires insuffisamment pourvues, à réduire les dépenses facultatives, à assurer par des ressources suffisantes l'acquittement des dépenses obligatoires et enfin à interdire la perception de taxes qu'il juge excessives ou contraires à l'intérêt général de la colonie. Voilà pour les attributions financières; et avec les avis que le conseil aurait à donner sur les matières dont la connaissance pourrait lui être attribuée par des règlements et sur celles que lui soumettrait le gouverneur — le droit d'émettre des vœux, n'étant pas spécifié dans le texte, pouvant même lui être contesté — c'était la totalité des attributions de ce Conseil général.

L'abolition de l'esclavage avait amené la République à retarder provisoirement l'application du suffrage universel direct, pour imaginer un mode de suffrage offrant plus de garanties, de lumières et de modération, mais laissant à tous ceux qui avaient un intérêt direct à la bonne administration des affaires le droit de prendre part à la nomination des représentants locaux. Au lieu de ce mode de suffrage satisfaisant et sage, l'Empire soustrait entièrement la nomination du conseil général au vote populaire. Le projet dont on voulait faire croire qu'on s'inspirait comportait parmi les électeurs du deuxième degré une distinction, les uns spécialement élus, les autres conseillers municipaux en exercice; or, cette dualité d'origine, extraordinairement et hypocritement, se retrouve dans le sénatus-consulte, et les conseillers généraux sont nommés moitié par le gouverneur, moitié par les membres des conseils municipaux. Seulement, les conseils municipaux, au lieu d'être élus, sont nommés par le gouverneur; de telle sorte que les habitants n'ont aucune participation à la nomination des conseillers généraux, directement ou indirectement nommés par le seul électeur, le Grand Électeur, le gouverneur, représentant du pouvoir impérial. Voilà le régime dont étaient dotées les colonies favorisées!

Le décret du 26 juillet 1854 porta règlement sur l'organisation des conseils généraux, comme le décidait le sénatus-consulte. Ces conseils généraux furent composés de vingt-quatre membres pris parmi les citoyens âgés de 25 ans et résidant dans la colonie depuis un an au moins. Le mandat durait six ans, et le conseil se renouvelait par moitié tous les trois ans. Il n'avait qu'une session, dont la durée ne pouvait dépasser un mois, mais il pouvait être convoqué en session extraordinaire par le gouverneur. Le président, dont la voix était prépondérante, le vice-président et les deux secrétaires n'étaient pas élus par le conseil, mais choisis par le gouverneur. Les séances n'étaient pas publiques; les délibérations ne pouvaient être publiées que par des analyses insérées dans les procès-verbaux rédigés par les secrétaires, les noms des membres qui avaient pris part à la discussion n'y étant point mentionnés et l'autorisation de la publication devant être accordée par le gouverneur. Le gouverneur, en conseil privé, prononçait la nullité des délibérations prises par le conseil général hors de sa session, du lieu de ses séances ou de ses attributions légales et pouvait proroger ou dissoudre le conseil, qui devait être reformé dans les trois mois.

Il ne doit pas être paradoxal d'estimer que les « libertés locales » par de telles assemblées renaissent faiblement. Voilà le régime dont on avait l'audace de dire qu'il contenait un acte de décentralisation et réalisait un progrès sensible vers l'émancipation! Oui, c'était le rétablissement d'assemblées locales aux colonies, après la suppression radicale qu'en avait prononcée la République; mais cette suppression, qui n'était que provisoire, aurait trouvé, si ce gouvernement avait duré, un terme dans une institution autrement conçue. La République avait donné la représentation politique aux colonies, l'Empire la supprime; il lui suffit pour toute liberté, pour toute représentation d'accorder ces conseils généraux. Réellement, n'était-ce point la négation de toute décentralisation, de toute liberté?

Ce régime dura, sous tout l'Empire autoritaire, intact. On avait, au début, parlé de provisoire, de système d'attente jusqu'aux réformes certaines lorsque le mérite en serait jugé atteint; le temps s'écoulait et avec lui la complaisance forcée des assemblées, et l'aurore des réformes promises ne se levait pas. Les colonies gémissaient dans cet état de nimosité, de servitude; elles pleuraient leurs droits, leurs garanties, leur liberté perdus; elles cherchaient en quoi elles avaient démérité de la patrie, elles aspiraient au jour où elles retrouveraient le droit de prendre part à leurs affaires, ce dont elles étaient toujours dignes. Les adresses et les pétitions s'étaient suivies, fréquentes; elles demandaient un élargissement des attributions de l'assemblée locale mais aussi un changement complet du mode de composition. La cause des colonies se fortifia; elle acquit de nouveaux défenseurs : un gouverneur d'une des grandes colonies, catégoriquement, déclara insoutenable la constitution actuelle.

Ce fut en 1866 que la réforme arriva, dans ce qu'on a appelé l'Empire libéral, parce qu'il ne put enfin résister à la poussée de liberté et de décentralisation. Pour la seconde fois la fortune des colonies se trouvait associée à celle des départements; comme sous la Monarchie de Juillet, le même flot de liberté locale venait partager ses bienfaits.

II. — Le Sénatus-Consulte du 4 juillet 1866

Sur les pétitions des colonies, le comité consultatif des colonies avait été saisi en 1863 d'un projet de sénatus-consulte et de projets de décrets règlementaires modifiant la composition et les attributions des conseils généraux. Élus par des collèges spéciaux de notables désignés par le gouverneur, ces conseils auraient vu leurs attributions considérablement étendues ; la base de la nomenclature en était la loi du 10 mai 1838 avec élargissement du cercle des décisions définitives et introduction d'attributions nouvelles nécessitées par le régime financier et commercial. C'était « l'émancipation administrative complète et la préparation à l'émancipation politique ; » mais ce n'était pas revenir à ces conseils coloniaux si dangereux par leur caractère politique et avec lesquels « la direction passerait du gouvernement aux conseils et l'œuvre de fusion, de paix, de progrès serait compromise[1]. »

Le conseil d'État ayant donné l'avis de procéder à plus ample informé (26 mai 1864), le ministre invita les gouverneurs, les conseils privés et les conseils généraux réunis extraordinairement à donner leur opinion sur les projets de réforme administrative. Composition des conseils généraux, attributions, établissement des budgets, régime douanier, sont particulièrement signalés aux délibérations des assemblées et les intentions du gouvernement sont si généreuses, son désir est d'accorder une telle indépendance pour le règlement des affaires locales, qu'il n'hésite pas à prononcer, pour caractériser l'esprit de sa circulaire, le mot d'autonomie. Quelle révolution dans les idées en dix ans !

Il y avait plusieurs motifs à cette initiative gouvernementale. D'abord il était certainement devenu difficile, devant le mouvement accentué de l'opinion publique et les sollicitations pressantes des intéressés, devant la poussée nationale de décentralisation, devant la mode grandissante de prendre modèle et de chercher la source de toutes ses inspirations dans une grande puissance coloniale voisine, il était devenu difficile de ne point se montrer prêt à accueillir les plaintes : le gouvernement se déclarait tout disposé à apporter les retouches qu'on lui signalerait et remettait sur le chantier l'œuvre de 1854 pour modifier aussi bien la composition que les attributions des conseils généraux. Proclamant la satisfaction que lui avaient procurée les assemblées en apportant « dans l'exercice de leur mandat tant d'aptitude et de dévouement, » il reconnaissait que la part qui leur était faite dans les affaires du pays n'était pas en rapport avec l'habileté dont elles avaient fait preuve, et sa satisfaction était si grande, que non seulement il proposait de mettre sur un pied d'égalité

---

1. Documents du Comité consultatif. Bibliothèque de l'Office colonial.

les assemblées coloniales avec les assemblées départementales, mais il demandait même, si « en raison du milieu dans lequel s'exercent leurs fonctions, il ne faudrait pas les investir de pouvoirs supérieurs au pouvoirs dont sous la loi de 1838 avaient joui les conseils généraux de France ».

L'antique et suranné pacte commercial, le contrat aux liens étouffants pour les colonies, et tant de fois violé au profit de la Métropole, qu'il était devenu au préjudice des colonies un pacte léonin, dénaturé, impraticable, avait été résilié le 3 juillet 1861. Nos établissements, au lieu de n'être toujours qu'un accessoire à l'utilité du commerce de la Métropole, avaient obtenu la reconnaissance de leurs intérêts particuliers, et par une assimilation au territoire continental reçu les libertés d'exporter librement leurs produits coloniaux et d'importer les produits étrangers aux mêmes droits qu'en France. Mais ces mesures n'avaient point apporté tout le bien qu'on en avait attendu et les colonies avaient fait valoir que leur situation n'était nullement améliorée et leur production sans débouchés plus avantageux sur des marchés où elle rencontrait une concurrence placée dans des conditions plus favorables. L'affaiblissement graduel du trafic avec la France et la diminution des revenus de nos possessions démontrèrent, plus sérieusement que les réclamations de quelques producteurs indigènes contre la détaxe dont jouissaient en France certaines denrées coloniales, que la question commerciale restait toujours ouverte. La nécessité d'apporter un remède à cette situation était l'occasion pour le gouvernement de montrer quelles excellentes intentions l'animaient envers nos possessions : le marquis de Chasseloup-Laubat, déclarant qu'on ne pouvait reculer davantage le moment où les colonies devaient être appelées à prendre librement les mesures comportant le souci de leur prospérité, leur faisait demander s'il ne leur serait pas agréable de devenir maîtresses de voter leurs propres tarifs douaniers sous la réserve d'une simple sanction ?

Le système financier, aussi, devait être révisé et il y avait lieu de faire aux tendances décentralisatrices la plus large concession par l'organisation d'une séparation et d'une autonomie financières véritables. Déjà l'œuvre de 1854 avait, par l'abandon aux colonies, de toutes leurs recettes pour l'acquittement des dépenses locales, fait un pas dans cette voie, mais les assemblées étaient maintenues en des lisières si étroites qu'il était difficile d'y voir une réelle décentralisation. Avoir le groupement isolé de tous ses intérêts et la liberté de les administrer à sa guise, fixer toutes ses dépenses et régler ses recettes en pleine indépendance, n'être pas soumis à la contrainte d'une interminable liste de dépenses obligatoires ou à la tutelle rigoureuse d'une autorité supérieure, voilà ce que l'on pouvait maintenant proposer dans une certaine mesure aux colonies dont l'administration des conseils généraux les avait rendues dignes.

Mais cette réforme d'autonomie financière avait deux faces; tandis qu'elle pouvait apparaître aux colonies sous le jour séduisant de l'indépendance, elle gardait pour la Métropole les charmes d'un allègement des charges coloniales. Entre tant de bienfaits qu'il voulait procurer à nos possessions, le projet d'autonomie financière apportait le vote des dépenses de tous les services intérieurs. Cela pouvait être le droit de répartir librement les crédits, accroître la compétence des conseils, mais cela serait certainement augmenter la charge financière des colonies en opérant le transfert d'autant de dépenses qui jusque-là incombaient à la Métropole.

Le sénatus-consulte de 1854 avait aboli la distinction des services intérieurs et des services d'intérêt général ; mais il avait maintenu à la charge de la Métropole, avec les dépenses militaires, celles de gouvernement et de protection : « gouvernement, administration générale, justice, cultes, instruction publique, ports, agents divers et services communs. » D'autre part, pour faire contribuer les colonies aux charges générales de l'Etat en l'absence de tout impôt d'Etat perçu chez elles, l'article 15 avait cru trouver une solution équitable sinon habile. A toutes les colonies, non certes à celles dont les finances seraient en déficit, auxquelles la Métropole devrait donner sa charitable assistance, ni à celles dont les budgets s'équilibreraient avec peine, mais aux colonies dont « les ressources seraient reconnues supérieures à leurs dépenses locales, » l'Etat, par la loi de finances annuelle, pourrait imposer, sous le nom de contingent, une véritable contribution dont il fixerait la quotité.

Voici quelle avait été l'application. De contingents coloniaux au Trésor public prévus par l'article 15, jamais, en aucune loi de finances, il n'avait été question ; pas un franc n'avait été versé par les colonies à l'Etat pour subvenir aux frais qu'il s'occasionnait pour elles. La chose était simple : jamais les ressources locales n'avaient été supérieures aux dépenses ; celles-ci avaient toujours naturellement dépassé celles-là. Bien mieux, les finances coloniales s'étaient trouvées en si déplorables conditions que l'Etat, c'est-à-dire la Métropole, avait dû couvrir les déficits des budgets locaux par des subventions considérables. Les dépenses avaient atteint neuf millions. L'on comprend que dans ces circonstances la Métropole se soit fatiguée d'un régime qui ne tenait certainement pas également compte des intérêts en présence, et qu'au Conseil d'Etat et au Corps législatif la demande se soit souvent renouvelée de trouver le moyen de contraindre les colonies à pourvoir à leurs dépenses légitimes et à respecter le principe énoncé par l'instruction du 10 juillet 1791, que les colonies ne doivent être pour la Métropole ni une source d'impôts ni un sujet de dépenses.

L'autonomie budgétaire ayant comme essentielle la mise des dépenses à la charge de ceux qui, par les manifestations de leur vie propre, ont pu les occasionner, constituait une solution séduisante. Mais n'est-il pas permis de penser que, but légitime, bien circonscrit et bien visé, c'est le déplacement des charges coloniales, bien plus que les « libérales préoccupations » et le désir de « mettre les institutions coloniales en rapport avec les résultats chaque jour plus impérieux de la civilisation, » qui devait être le principe directeur de la réforme en œuvre? La manière dont furent réalisées les propositions faites, dont furent interprétés et observés les désirs des colonies pourrait singulièrement accréditer cette hypothèse.

Aux questions que le ministre, par sa circulaire, avait posées aux assemblées locales, les conseils généraux, avec un zèle égal à leurs espérances, s'étaient empressés de formuler leurs vœux. Sur la question de savoir s'il y avait lieu de modifier le mode de nomination des conseils et quel mode adopter, c'est à l'unanimité que les trois conseils consultés demandèrent qu'ils fussent désormais électifs. Les divergences s'étaient produites sur le système électoral, seulement. Le suffrage universel, non sans parfois l'opposition de minorités fort résolues, avait été partout écarté, comme incompatible avec l'extrême ignorance des anciens esclaves et de leurs enfants. Restait le suffrage restreint avec les diverses modalités dont il est susceptible. Le système d'un cens, fort abaissé du reste, avec une très large adjonction de capacités, fut admis à la Réunion et à la Guadeloupe, avec quelques légères différences dans les conditions. Quant à la Martinique, elle avait modestement déclaré s'en tenir quant à la dose électorale à lui octroyer à la sagesse de l'Empereur, vote qui devait être interprété comme une réprobation du droit électoral, alors que le délégué du conseil de la Martinique, le baron de Larcinty, vint en 1865 déposer au Sénat une pétition demandant, dans une assimilation complète, le suffrage universel comme en France[1].

Il y avait eu naturellement un accord parfait sur la seconde ouverture du ministre tendant à élargir d'une façon sensible les attributions des conseils généraux et à y faire entrer notamment le règlement des tarifs douaniers des colonies, sous la simple sanction du gouvernement de la Métropole. Ils avaient accepté avec enthousiasme cette proposition qu'ils considéraient comme une libérale concession à l'esprit d'autonomie.

Mais l'accord n'avait pas été moins parfait sur la proposition relative au régime financier, et pour la rejeter. Les conseils, certes, auraient volontiers accepté l'élargissement de leur compétence par le vote de services nouveaux et l'accroissement de la force de leurs délibérations; mais en fidèles interprètes des sentiments coloniaux, s'ils eussent bien voulu les avantages, ils n'entendaient point se soucier des charges correspondantes, de ces dépenses d'administration générale, qui, enlevées au budget de l'Etat, allaient être reportées en totalité sur les budgets locaux. Quant à la subvention annuelle que l'Etat en compensation de cet accroissement des dépenses accorderait aux colonies indigentes, équivaudrait-elle aux crédits annulés? Ne serait-elle pas tôt ou tard réduite au gré du Conseil d'Etat ou du Corps législatif? Les conseils généraux avaient pensé qu'il y aurait trop de risques pour les colonies.

1. Cf. J. Duval, Algérie et Colonies, *passim*.

Après élaboration par le Conseil d'Etat, le projet était déposé au Sénat le 18 mai 1866. Sur l'important et instructif rapport du procureur général Delanglo, soumis à une délibération rapide, voté à l'unanimité, voici ce que fut le Sénatus-Consulte du 4 juillet 1866.

Malgré les désirs bien intéressants des colonies, désirs exprimés sur ses avances mêmes, le gouvernement se reconnait contraint à maintenir le système de nomination des conseils, sans modification.

Le suffrage universel, repoussé partout par les conseils, était écarté *a priori*. On continuait à craindre le manque d'éducation politique, les passions des populations; on le trouvait périlleux dans une société non encore remise de l'ébranlement profond que lui avait causé l'émancipation.

Mais le suffrage restreint? Quoique expressément offert par la circulaire ministérielle aux méditations coloniales, on lui découvrait maintenant des défauts tels qu'ils ne permettaient pas de s'y arrêter. Le suffrage restreint, en créant une catégorie de privilégiés, blesse le sentiment de l'égalité; il divise la population en deux fractions et entre ces deux camps il allume la rivalité et la haine. De plus, il heurte les règles essentielles de notre Droit public national. D'ailleurs, les intéressés eux-mêmes n'ont pu s'entendre et fixer d'un accord approximatif l'étendue et les conditions du droit électoral.

D'un troisième mode de nomination par l'Empereur, le gouvernement avait déclaré n'en vouloir seulement pas parler. Se demandant quel parti prendre, il trouva celui de s'abstenir et de maintenir le régime en vigueur.

Ainsi, malgré les observations d'Hubert Delisle, qu'un pays devait avoir la constitution qui convenait à sa civilisation et à ses traditions, malgré la remarque que les colonies n'avaient jamais cessé d'être dans l'exceptionnalité, malgré l'avertissement du conseil de la Réunion de se défendre contre l'entrainement des mesures générales et assimilatrices[1]: pour ne pas heurter les bases du Droit public on maintenait la combinaison du sénatus-consulte de 1854 qui paraissait, sans doute, plus conforme aux « principes du Droit public consacré par nos lois ! » On était ainsi sûr que jamais l'on n'éprouverait de complications sérieuses avec des mandataires imposés d'office aux populations. On pourrait alourdir les charges qu'ils supporteraient sans entendre les contribuables se plaindre par l'organe de représentants. On pourrait faire œuvre de « décentralisation, » sans avoir à redouter de fâcheux excès d'indépendance. Mais on aurait pu même aller jusqu'à une autonomie complète, quels droits en aurait eu de plus les habitants qui n'étaient seulement pas électeurs ? La centralisation et l'assujettissement continuaient. « Mais, disait Dupin, en manière de consolation, si les conseils sont mal nommés, aimeriez-vous des conseils mieux nommés et qui fonctionneraient plus mal ? »

---

1. J. Duval, *op. cit.*, p. 228.

La réforme porte donc seulement sur les attributions des conseils généraux. Elle élargit considérablement leur cercle et les classe dans des catégories diverses où les pouvoirs des assemblées locales vont jusqu'à s'exercer de façon quasi-souveraine. C'est à la loi du 10 mai 1838 sur les conseils généraux des départements, la loi en vigueur, qu'elle emprunte l'énumération de ces attributions. Mais tandis que le législateur de 1838 maintenait les conseils généraux sous la tutelle gouvernementale pour presque tous les actes administratifs et demandait l'approbation de l'autorité supérieure pour des intérêts insignifiants, le sénatus-consulte, s'inspirant du projet de réforme départementale soumis au Corps législatif et qui deviendra la loi du 18 juillet 1866, accorde aux assemblées coloniales les pouvoirs qu'allaient recevoir les assemblées de département : avis, délibérations et décisions. Par l'article 1er du sénatus-consulte, les conseils généraux des colonies reçoivent le règlement de la plupart de leurs affaires locales. Sur ces matières, qu'il énumère et dont il nous suffira de dire ici qu'elles forment la majorité des attributions et qu'elles sont les actes importants de la vie de la colonie, administration et disposition des biens, exercice des droits litigieux, acceptation des libéralités, travaux publics, l'assemblée locale a un droit d'appréciation souveraine et de décision directement exécutoire. Ce droit peut être seulement corrigé par une annulation prononcée par un décret en forme de règlement d'administration publique, pour excès de pouvoir ou violation de la loi, sur recours du gouverneur.

L'article 3 énumère des matières sur lesquelles les délibérations des conseils généraux ne produisent leur effet qu'après avoir été examinées et approuvées par l'autorité supérieure. Cette approbation n'est pas un acte d'immixtion gênant ou superflu, mais une protection nécessaire, car, par la nature des matières sur lesquelles ils sont appelés à délibérer, les conseils pourraient céder à un entraînement, un manque de prudence ou d'impartialité.

« Enfin, il est dans la vie des sociétés des faits dont l'appréciation appartient plus spécialement à l'autorité administrative et pour la solution desquels elle a besoin de toute sa liberté d'action; » ils forment une troisième catégorie d'attributions. Les conseils généraux émettent leur avis ou leur vœu.

Mais le sénatus-consulte ne s'en tient pas à une extension considérable des attributions administratives des conseils généraux, dans les limites de la décentralisation. Il octroie aux assemblées locales des attributions qui constituent le domaine normal de la loi. L'article 2 dispose que le conseil général vote les tarifs de douane et d'octroi de mer à percevoir dans la colonie. Au sein de la commission, la discussion avait été longue et grave sur cet article. Mais, bien plus que sur l'utilité ou l'opportunité d'une pareille mesure, elle avait porté sur la question juridique de savoir si l'on pouvait constitutionnellement soustraire au vote du Corps législatif ces matières et déroger à l'intervention législative. Les tarifs de douane votés par le conseil général sont rendus exécutoires par décrets en Conseil d'État.

Enfin, passant naturellement outre à l'opposition des conseils coloniaux, le sénatus-consulte réalise la réforme financière qui, comme le disait le rapporteur, était une des pensées fondamentales du projet. « Les colonies appelées à une sorte d'autonomie sont comme tous les pays qui vivent de leur vie propre obligées de satisfaire aux dépenses qu'elle peut entraîner. » Toutes les ressources leur sont abandonnées; « la fixation des tarifs de douane peut augmenter leur revenus : c'est à elle de supporter et payer les charges qui forment la compensation de tous ces avantages. » Ainsi, en face des recettes qui lui sont remises en totalité, le budget de la colonie, toujours délibéré par le conseil général et approuvé par le gouverneur, comprend maintenant toutes les dépenses de la colonie. Cependant on ne crut pas pouvoir réaliser une séparation budgétaire complète; on recula devant l'abandon de certaines dépenses au vote du conseil général. Les unes étant comme une émanation directe, un attribut de la souveraineté, les autres ayant un tel caractère que le paiement ne peut sans inconvénient en être marchandé, les dépenses relatives au traitement du gouverneur, au personnel de la justice et des cultes, au trésorier-payeur, aux services militaires, restent inscrites au budget de l'État. Un système de contributions ou de subventions fixées par la loi de finances permettrait, du reste, de rétablir l'équilibre financier qui paraîtrait compromis. Quant aux dépenses qui composent le budget local, elles sont de deux catégories; les unes facultatives, sur lesquelles les pouvoirs de délibération du Conseil général sont absolument libres, les autres obligatoires, spécifiées dans le texte même du sénatus-consulte, sont les dettes auxquelles la société coloniale ne peut se refuser et que le conseil général ne peut se dispenser de voter.

Par une conséquence de cette décentralisation des charges, l'ensemble des recettes appartenant déjà à la colonie, les conseils sont autorisés à modifier et à voter définitivement les tarifs des taxes et contributions; sur le système de l'impôt, sur le mode d'assiette et les règles de perception, ils délibèrent sauf approbation.

III — *Le décret du 3 décembre 1870*

Ce qu'il est nécessaire de remarquer dans le régime du sénatus-consulte du 4 juillet 1866, c'est d'abord l'accroissement considérable de pouvoirs réalisé brusquement par rapport au régime antérieur, mais d'autre part l'association d'une décentralisation importante, d'une autonomie, même, avec le mode de nomination restant de la législation centralisatrice de 1854. On avait cru trouver là le contre-poids qui compenserait ces pouvoirs considérables et garantirait un fonctionnement régulier. On s'était visiblement inspiré de la constitution des colonies anglaises, dites colonies de la Couronne, qui, comme toutes les colonies anglaises, jouissent d'une autonomie presque complète, mais ne possèdent pas de conseils législatifs électifs. Dans ces colonies, le conseil législatif qui, avec le gouverneur et le conseil exécutif partage le pouvoir, est entièrement ou presque entièrement composé par des membres de droit et des membres désignés par la Couronne ou le gouverneur. Mais la composition de ces conseils est toujours réglée de façon que la majorité appartienne aux fonctionnaires, qui ont pour obligation de voter conformément à l'avis du gouverneur, sauf appel au secrétaire d'État. Ainsi sont évités tous les conflits nuisibles au prestige du représentant du pouvoir exécutif. Le régime des sénatus-consultes comportait lui aussi une certaine autonomie et des assemblées non électives ; mais l'on n'avait réussi qu'à réaliser un équilibre si instable que, par son jeu même, l'institution devait de suite le rompre. Des attributions étendues à des assemblées sans suffrage populaire mais cependant indépendantes, est une anormalité qui ne peut durer. Ou les habitants, devant la mauvaise gestion de leurs intérêts, protesteraient contre les décisions de leurs mandataires d'office, ou les assemblées elles-mêmes, pénétrées du sentiment de leur importance, pourraient aller pour la foi en leur mission, jusqu'à tenir tête à l'autorité supérieure, et se réclameraient du consentement populaire dont elles demanderaient à tenir leurs pouvoirs.

Armés des pouvoirs que leur donnait le sénatus-consulte de régler leur système douanier, les conseils des trois colonies s'étaient empressés d'user de cette faculté. A la Guadeloupe le nouveau tarif d'octroi de mer, contenant quelques dispositions malheureuses, le gouvernement local, dans l'intérêt des revenus communaux, dut en prescrire l'autorisation immédiate mais en réservant son recours auprès du gouvernement de la Métropole. Quoique l'opinion ait été fort mécontente des votes du conseil général, ce fut cependant un concert de protestations contre les intentions de révision que manifestait le gouvernement local. Que devient, disait-on, l'autonomie accordée aux colonies, si au premier essai qu'elles en font, le pouvoir central s'avise de les remettre en tutelle? Et voici le résultat de ces pouvoirs trop grands aux mains d'une assemblée non élue, le sentiment de cette position fausse amenant la protestation la plus radicale, un appel au suffrage universel discuté et voté par le conseil général, ce conseil nommé par le gouvernement![1]

La Guadeloupe ne se trouva pas la seule à réclamer le changement du mode de nomination des conseillers généraux par l'admission du suffrage populaire. Les protestations contre ce régime vicieux, suranné et oppressif étaient devenues unanimes. Par des pétitions redoublées les colonies avaient réclamées le droit de suppléer à « la providence terrestre qui

---

1. J. DUVAL, *op. cit.*, 246.

préside à leurs destinées, » d'intervenir dans l'administration de leurs affaires par l'élection de leurs conseillers généraux, « droit dont elles avaient joui autrefois, droit qui partout ailleurs que dans les colonies françaises semble être inhérent à la qualité d'homme libre et de contribuable et qui fait partie des principes sacrés de 1789. » L'esprit de protestation était devenu général et avait conquis les assemblées, l'opinion, les publicistes. Les sanglants événements de la Réunion permirent, d'une façon tragique, il est vrai, de jeter une lumière plus intense sur la vérité[1].

Les esprits avancés et généreux furent d'accord pour mettre ces troubles sur le compte des sénatus-consultes constitutionnels. Ils proclamèrent qu'il y avait un terme à la résignation, que la mesure de la patience publique était comble. Jules Simon, le défenseur dévoué des libertés méconnues, porta la cause des colonies à la tribune du Corps législatif, et dans une interpellation énergique (26 janvier 1869) il dénonça les vices d'un régime sans liberté où les concessions libérales ne faisaient qu'accroître encore le manque de liberté en permettant au despotisme de se dissimuler, de se dérober. Et pendant qu'il faisait faire un grand pas à la cause coloniale, le conseil général de la colonie si cruellement éprouvée, assemblée entièrement nommée par le gouvernement, votait « la nécessité dans l'intérêt même de la force et de l'autorité du gouvernement et de l'administration de la Réunion, de permettre à la population de concourir aux affaires publiques par la nomination des conseillers généraux. »

Devant le vent qui soufflait aux élections avec une intensité différente mais d'une façon générale, devant l'obligation de faire des concessions à l'opinion publique, le gouvernement, à la fin de 1869, se décida à distribuer au Conseil d'Etat un projet de sénatus-consulte relatif à l'élection des conseillers généraux et municipaux des trois colonies. C'était le suffrage restreint avec des conditions, de propriété, de moralité ou d'instruction[2].

Ce qui, trois ans auparavant, comblant pleinement les désirs des colonies, eut été accepté d'enthousiasme, ne satisfaisait alors plus personne. Trop longtemps méconnues, ces prétentions d'abord modestes, exaspérées par l'opposition même qui les heurtait, n'en avaient pris que plus d'ampleur. Pour n'avoir pas su céder, n'avoir pas su les satisfaire au moment opportun, ce ne serait plus au même prix qu'on saurait s'en débarrasser : le suffrage restreint n'était plus suffisant, plus acceptable. Et il pouvait justement être attaqué, avec force, par ces mêmes arguments que, trois ans avant, on avait fait valoir pour l'écarter. Il était injuste, dangereux et inconstitutionnel, car les droits de citoyen étant attribués par la constitution à tout Français majeur, était-il possible de les distri-

---

1. J. Duval, *op. cit.*, 269.
2. *Idem*, 306.

buer par mesure administrative? Dans les colonies, où l'esprit public avait sensiblement progressé, tous les partis, même les privilégiés, ne manqueraient pas de le désavouer. A la Réunion, la plus avancée moralement, celle qui demandait l'assimilation, il était d'avance écarté.

Jules Simon, décidément député officieux des colonies, remontait à la tribune le 12 mars 1870 pour y demander les garanties auxquelles elles avaient droit et le suffrage universel. Montrant que toutes les libertés sont confisquées aux colonies, qu'il n'y a ni libertés politiques, ni justice même, il demande à faire cesser immédiatement un pareil état de choses et il ne voit qu'une solution : l'assimilation. Rappelant l'insistance avec laquelle l'assimilation était réclamée et quelquefois la légitimité que l'on voulait bien voir dans ces demandes, il cite ces mots du contre-amiral Dupré, gouverneur de la Réunion, qui, à raison de la qualité de leur auteur, avaient une singulière importance : « La colonie de la Réunion n'est plus gouvernable sans une modification profonde dans sa situation politique. Cette modification doit appeler la population à concourir à la gestion des affaires publiques par la nomination des conseils municipaux et des conseils généraux, au moyen d'un système électoral établi sur les bases les plus larges. » Quelle raison donne-t-on pour refuser aux colonies l'élection de leurs conseils généraux? Que les attributions de leurs assemblées sont bien plus considérables que celles des conseils de département. Mais alors qu'en France on se prépare à les augmenter, si les attributions considérables, motivées d'ailleurs par les conditions particulières, sont un obstacle à l'admission du droit électoral, mieux vaudrait les amoindrir, les ramener à un niveau convenable et faire jouir enfin les colonies d'un conseil général qui cesserait d'être plutôt un conseil judiciaire. Depuis l'émancipation, la liberté a fait son œuvre, le calme a remplacé les passions, les préjugés ont disparu, rien ne s'oppose plus au suffrage et au suffrage universel. Car ce qu'il faut éviter surtout, ce sont les demi-mesures. Non seulement, par principe elles ne satisfont personne, mais étant susceptibles de quotités diverses elles soulèvent, et l'histoire est là pour le démontrer, pour leur détermination des difficultés insurmontables. Le suffrage universel a été demandé par les colonies, qui ne le redoutent pas, les préjugés de couleur ont disparu, ne les faites pas renaître par des distinctions de classes favorisées; l'instruction est d'après de sérieux travaux plus répandue aux colonies que dans certains départements français[1]; il n'y a qu'une solution simple et juste : c'est le suffrage universel.

Ce plaidoyer éloquent était sincère et généreux, s'il contenait quelques hérésies contre une saine doctrine coloniale. Le ministre Rigault de Genouilly répondit par son projet. L'élection était concédée en principe depuis longtemps, le gouvernement étudiait la question et sans penser arriver au suffrage universel, il promettait d'être le plus libéral.

---

1. DE LESCURE, Etat de l'Instruction publique à la Réunion.

Rien n'avait été fait, aucune modification n'avait été apportée à la législation, lorsque la Révolution du 4 Septembre aux hommes de l'Empire fit succéder les esprits républicains passionnés de liberté et de justice. Avec eux d'autres pensées allaient inspirer le pouvoir. C'était par dessus tout les principes de liberté et d'égalité, l'égalité ne comportant ni catégories de citoyen, ni distinction de territoires, c'était la reprise de la tradition républicaine d'assimilation et d'assimilation dans la liberté réparatrice. Les colonies retrouvaient le droit de vote et le suffrage universel. Le décret du 3 décembre 1870, portant renouvellement intégral des conseils généraux des colonies, appliquait purement et simplement aux colonies la législation de France sur la matière. Les conseils généraux des sénatus-consulte de 1854 et 1866 élus au suffrage universel !

Et là nous croyons pouvoir arrêter cet historique. On sort de l'histoire, on quitte le passé pour entrer dans l'étude des assemblées contemporaines. Les conseils généraux avec les attributions de 1866, élus par le suffrage universel, ont atteint leur constitution définitive, celle qu'on leur observe actuellement. Certainement, depuis 1870, ils ont subi des modifications, les unes dans le sens d'une précision plus complète de leur rôle, les autres dans le sens d'une diminution de leurs attributions, mais les caractéristiques n'en ont pas été gravement atteintes. Ces modifications, dont l'exposé trouvera sa place ailleurs, constituent seulement des adaptations organiques, non des différenciations d'être. Attributions du sénatus-consulte de 1866 et suffrage universel sont encore aujourd'hui l'essence véritable des conseils généraux des colonies.

TROISIÈME PARTIE

La Constitution des Conseils généraux des Colonies.

A la date du 3 décembre 1870, lors du décret qui appliquait le suffrage universel à la nomination des conseils généraux, il existait, suivant le sénatus-consulte de 1854, trois colonies seulement à conseils généraux, la Martinique, la Guadeloupe et la Réunion. Depuis cette date jusqu'à ces derniers temps, à part quelques mesures de complément de détail et d'assimilation aux assemblées départementales, ce fut surtout une période de généralisation. L'organisation des anciennes colonies, en faisant abstraction de différences secondaires, fut, dans des poussées successives de décentralisation, l'une vers 1879, l'autre vers 1885, étendue à de nombreuses colonies françaises[1]. Aujourd'hui, celles-ci ne sont plus qu'au nombre de neuf à posséder des assemblées coloniales, représentatives, délibérantes, administratives. Saint-Pierre et Miquelon, qui, dans la poussée de généralisation de 1885, en avait reçu une, dut la perdre quelques années plus tard (D. du 25 juin 1897), devant les résultats défectueux dont nous verrons les causes au cours de cette étude.

---

1. 23 décembre 1878, Guyane; 25 janvier 1879, Inde; 4 février 1879, Sénégal; 8 février 1880, Cochinchine; 2 avril 1885, Saint-Pierre et Miquelon, Nouvelle-Calédonie; 28 décembre 1885, Océanie.

TITRE PREMIER

Organisation des Conseils généraux des Colonies

CHAPITRE PREMIER

Composition des Conseils

Les conseils généraux sont des assemblées représentatives. Le décret du 3 décembre 1870, appliquant à la désignation des représentants qui les composent la législation de France en la matière, introduisait le suffrage universel, direct, égal. Le principe électif a été étendu à tous les conseils généraux. Tous procèdent du suffrage des populations, mais la législation qui régit les élections découle de sources diverses et introduit des modalités particulières. Deux assemblées coloniales s'écartent surtout des règles générales ; l'une seulement par les caractères spéciaux du suffrage, la seconde, bien plus complètement, par l'introduction d'autres éléments que ceux issus du suffrage universel.

La base de la législation qui régit la composition des conseils généraux et coloniaux se trouve dans le décret du 3 décembre 1870 pour les anciennes colonies, dans les textes fondamentaux pour les autres. Ces textes sont tantôt suffisamment explicites par eux-mêmes, tantôt se bornent à renvoyer à la législation antérieure et générale, au régime électoral politique, avant la loi municipale de 1884, et au régime électoral de la loi du 5 avril 1884, depuis cette loi. Sur des erreurs d'interprétation de l'administration, qui avait cru devoir faire parfois promulguer la loi du 15 mars 1849, la Cour de Cassation a dû rectifier et proclamer l'unité du régime électoral sur la base des décrets du 2 février 1852[1].

Relativement au droit particulier d'éligibilité, si pour les anciennes colonies c'est encore, en vertu du décret du 3 décembre 1870, dans la législation départementale à cette date qu'on doit trouver les textes appli-

---

1. 8 juillet 1882 et 21 décembre 1893, arrêts de la Cour de cassation. — Circulaires ministérielles du 18 novembre 1882, 31 août 1883.

cables, sauf modifications postérieures, c'est pour les autres colonies dans les textes coloniaux et presque entièrement dans les décrets fondamentaux.

Section I. — Electorat

§ 1. — Jouissance du droit de vote

La jouissance du droit de vote appartient et n'appartient, en principe, qu'au citoyen français, c'est-à-dire à l'individu mâle, français par l'origine, le bénéfice de la loi et la naturalisation. (Art. 12, titre II, D. O. du 2 février 1852.)

1. — Ainsi, c'est bien aux colonies, comme dans la Métropole, le suffrage universel qui est organisé pour les élections aux conseils généraux. Mais là-bas, comme en France, cette expression a une valeur toute particulière parce que, non seulement des conditions d'exercice et des cas d'incapacité excluent certains individus des élections, mais encore parce que le droit de vote n'appartient ni à la femme, ni à l'étranger, ni enfin, particularité coloniale, à l'indigène.

De la qualité de citoyen dans son rapport avec la nationalité il n'y a rien à dire de particulier aux colonies. Le décret du 7 février 1897 est venu étendre les dispositions de la loi du 26 juin 1889 sur la nationalité, de telle sorte qu'aujourd'hui la législation sur l'acquisition de la nationalité par filiation ou par naturalisation est la même dans les colonies que dans la Métropole.

Mais la présence des indigènes sur le sol colonial, — ce terme d'indigène étant pris dans des acceptions toutes différentes suivant qu'on se place au point de vue vulgaire, ethnologique ou juridique, — nécessite des précisions complémentaires. Au point de vue juridique, le seul où nous devons nous placer, l'indigène n'est pas déterminé par son origine autochtone sur le sol colonial, mais uniquement par la possession d'un statut personnel particulier qui le distingue du citoyen français par des garanties moindres, un droit de cité inférieur de sujet français, sans le confondre avec l'étranger non plus. C'est un point positif mais intéressant de chercher dans quelle mesure les acceptions, vulgaire et juridique, de l'expression « indigène » concordent, et quels sont parmi les habitants des colonies françaises ceux qui, bénéficiant de la qualité de citoyen, jouissent du droit de suffrage.

Dans les trois anciennes colonies, aux Antilles et à la Réunion, il n'y a pas plus d'indigènes au sens étymologique du mot que de régime de l'indigénat. Tous les habitants, noirs, mulâtres ou blancs, qui ne sont pas étrangers, ont la pleine nationalité française, et depuis l'abolition de l'esclavage ils sont citoyens et électeurs sans aucune distinction. C'est bien là le suffrage universel comme en France.

Dans toutes les autres colonies, les indigènes, au sens étymologique du mot, c'est-à-dire les individus nés de père en fils sur un territoire devenu français, sont soumis au régime de l'Indigénat, et n'étant pas citoyens ne sont pas admis à la jouissance du droit de suffrage. Le décret du 7 février 1897 sur la nationalité n'a rien changé à leur condition ni aux moyens qui leur sont offerts d'acquérir la nationalité française. Tel est le principe.

Mais les indigènes peuvent être admis, ou ont pu être admis, au bénéfice de la pleine nationalité française par différents procédés. Tantôt des mesures générales s'appliquant à tout ou partie d'une population, assimilent des tribus entières avec ou sans condition. Tantôt la nationalité française, facilitée à certaines catégories d'indigènes, est obtenue dans des conditions particulières et par une procédure simplifiée. Tantôt, enfin, aucune dérogation n'étant apportée à la législation ordinaire, il ne reste que la voie de la naturalisation individuelle pour accéder au titre de citoyen français.

Lorsque cette dernière voie existe seule, il y a le moins de place pour l'incertitude; la condition de l'indigène est la plus nette, mais aussi le nombre des indigènes devenus citoyens français sera vraisemblablement très réduit. C'est le cas de la Guyane, de la Nouvelle-Calédonie. Les Indiens et les Canaques relégués au fonds des forêts, où ils n'ont que peu de contact avec la colonisation, n'ont que la procédure de la naturalisation ordinaire pour acquérir la jouissance des droits civils et politiques. En Cochinchine, la nationalité française est toujours obtenue par mesure individuelle, mais soumise à des règles particulières et simplifiées, contenues dans le décret du 25 mai 1881, que n'a pas rapporté le décret du 7 février 1897.

C'est toujours par mesure individuelle, mais avec des conditions encore plus spéciales, que le titre de citoyen français est obtenu aux Indes, la procédure de la renonciation au statut personnel, réglementée par le décret du 21 septembre 1887, consistant en une simple déclaration reçue par l'officier de l'état civil. (Cassation, 20 juillet 1889, 18 juin 1890).

Dans les Etablissements français de l'Océanie c'est un texte précis qui, dans une mesure générale, a admis toute une population déterminée à la nationalité française. Lors de l'annexion du royaume de Pomaré V à la France, la loi du 30 décembre 1880 a pu décider, sans inconvénient, que tous les anciens sujets du protectorat acquerraient de plein droit la nationalité française. Quant aux habitants des autres archipels qui échappaient complètement à l'autorité du roi de Tahiti, leur condition n'est pas moins nette : ils sont restés simples sujets français à moins d'une naturalisation individuelle (C. d'Etat, 21 avril 1891).

Tels sont les indigènes qui peuvent se prétendre citoyens français et, à ce titre, avoir la jouissance des droits politiques. Il est vrai que telle n'est pas l'opinion générale et qu'à cette liste on ajoute d'autres individus.

C'est ainsi que, dans l'Inde, on comprend d'habitude, parmi les citoyens français, les Indiens n'ayant pas renoncé à leur statut personnel. Nous devons dire qu'il nous est impossible de nous rallier à cette opinion. Mais nous ne croyons pas nécessaire de développer ici les considérations qui nous ont déterminé. En effet, au point de vue du droit de suffrage, le seul auquel nous ayons à nous placer, quelle que soit la condition juridique qu'on doive attribuer à ces indigènes non-renonçants, d'abord, il faudra leur reconnaître, comme on le verra plus tard, un droit incontestable mais tout particulier de suffrage dans la colonie, et, d'autre part, la jurisprudence de la Cour de Cassation, en décidant que l'Indien non-renonçant n'est pas électeur ailleurs que dans la colonie, fait une réalisation complète de la conséquence à laquelle doit aboutir la théorie que nous partageons. (Cassation, 20 juillet 1889.)

De même, au Sénégal, on veut encore parfois reconnaître la qualité de citoyen français à une fraction de la population indigène de la colonie, et pour ce faire on argumente d'une circulaire du gouvernement provisoire de 1848. A la suite du décret du 5 mars, accordant aux colonies des représentants à l'Assemblée Constituante, le gouvernement avait envoyé, le 27 avril 1848, une instruction concernant les élections. L'article 6 dispensait, pour prendre part au scrutin, de toute preuve de naturalisation les indigènes justifiant d'une résidence de cinq années dans la colonie. En admettant que cette disposition de la circulaire de 1848 qui statuait uniquement en vue d'élections à l'Assemblée Constituante puisse être encore considérée comme en vigueur aujourd'hui, le moyen paraît tout à fait insuffisant. Cette admission exceptionnelle à la jouissance de certains droits politiques, en admettant qu'elle existe encore, n'entraîne nullement la soumission à la loi française ni la jouissance des droits civils. (Cassation, 19 octobre 1891.) Ce peut être, pour un dévouement particulier à la France, une faveur très justifiée que reçurent ces indigènes ; ce ne saurait être vraiment la nationalité française. Tant qu'un règlement d'administration publique ne sera pas venu modifier cette situation, la jouissance des droits politiques attachés à la qualité de citoyen français n'appartiendra, au Sénégal, qu'aux seuls indigènes qui auront obtenu la naturalisation individuelle.

Voilà donc les individus français qui, s'ils sont mâles et ne sont pas dans des cas d'incapacité prévus par les lois, jouissent *de plano* du droit de vote aux élections aux conseils généraux ; et sont les seuls à en jouir aux Antilles et à la Réunion, où le décret du 3 décembre 1870 renvoie à la législation de la France sur la matière ; à la Guyane, article 4 du décret du 23 décembre 1878 ; à la Nouvelle-Calédonie, article 4 du décret du 2 avril 1885 ; en Océanie, article 3 du décret du 28 décembre 1885. Quant aux cas d'incapacité qui résultent de la perte de la jouissance du droit de vote, il n'est pas nécessaire d'entrer dans leur détail. L'extension aux colonies d'un régime électoral similaire à celui de la Métropole, et notamment des dispositions du décret organique de 1852, les a organisés là-bas comme en France. Il serait oiseux de reproduire cette énumération de condamnations criminelles ou correctionnelles, de déclarations de faillite et de destitutions d'emplois.

II. — Si les Français d'origine, ou de naturalisation, jouissent ainsi des mêmes droits aux colonies qu'en France, quelle est donc la situation des indigènes au sens juridique du mot? La situation de principe, qui est encore celle de la grande majorité des habitants des colonies françaises, la situation de sujet soumis à l'impôt et aux obligations spéciales de l'administration publique sans les garanties de citoyen, peut être heureusement modifiée par l'octroi exceptionnel d'un droit de représentation. La jouissance du droit de suffrage n'est pas nécessairement dépendante de la qualité de citoyen français. Mais ces droits politiques doivent être parfaitement distingués de ceux qui résultent de la nationalité française. D'abord, ils n'impliquent nullement le droit de prendre part à toutes les élections politiques, coloniales ou municipales : étant une faveur exceptionnelle, ils peuvent être concédés avec des étendues diverses et ne comporter que le droit de prendre part à telle de ces élections uniquement. De plus, ils n'ont qu'une valeur locale, ils n'ont de réalité que sur le territoire originaire de l'indigène, hors duquel celui-ci ne peut prétendre les exercer. Enfin, même dans le pays d'origine, ils ne sont, en général, pas confondus avec les droits des Français citoyens et des modes particuliers sont imposés à leur exercice.

Dans l'Inde, la circulaire du gouvernement provisoire de 1848, comme au Sénégal, avait dispensé de toute preuve de naturalisation les indigènes qui justifieraient d'une résidence de cinq années dans la colonie. Mais sans envisager la question de savoir si cette faveur pourrait être encore invoquée aujourd'hui, on peut arriver de suite aux textes qui organisent le conseil général et règlent les conditions du droit de suffrage : les Indiens qui n'ont pas renoncé à leur statut personnel aussi bien que les Français d'origine ou les Indiens renonçants, sont expressément appelés à l'élection des membres des conseils électifs de l'Inde[1].

Si ce droit de suffrage des indigènes indiens, réglementé par un texte précis est indiscutable, il n'en est pas de même de celui des indigènes de l'Océanie. Les habitants des îlots en dehors du royaume de Pomaré, qui n'ont pu être compris dans la naturalisation collective de la loi du

---

1. Malgré les termes équivoques du décret du 20 février 1884 qui a reproduit celui du 10 septembre 1890, et qui semblent accorder les droits électoraux à tous les Européens indistinctement, il ne faut entendre que les *Français d'Europe*, par opposition aux Indiens naturalisés français, les Européens étrangers ne jouissant en réalité d'aucun droit.

30 décembre 1880, jouissent-ils cependant du droit de vote au conseil général ? A lire le texte du décret du 28 décembre 1885 il semble bien que non. L'article 3 prescrit que les élections se feront sur les listes électorales dressées par application de l'article 14 de la loi municipale, ce qui ne semblerait permettre que l'inscription des seuls citoyens français (Conseil d'État, 24 avril 1891), et l'article 4 ainsi conçu : « Ne peuvent prendre part au vote dans chaque circonscription que les habitants des districts dans lesquels l'état civil sera régulièrement organisé, » ne prescrirait qu'une condition d'exercice indispensable par suite de l'admission exceptionnelle au titre de citoyen de tous les anciens habitants du protectorat. Mais aujourd'hui, une telle interprétation, quoique logique, n'en serait pas moins erronée ; ce qu'il faut comprendre, c'est qu'en réalité tous les habitants des districts où l'état civil est régulièrement organisé, qu'ils soient naturalisés ou non, citoyens ou sujets, peuvent participer à l'élection des conseillers généraux. C'est ce qui résulte de la lecture des travaux préparatoires et du rapport qui accompagne le décret, et ce qu'est venu confirmer le décret du 13 juillet 1894 qui accorde le droit de vote à l'élection du délégué au conseil supérieur non pas aux seuls citoyens français, mais à tous les électeurs au conseil général[1]. Mais il faut remarquer combien ce droit de suffrage, s'il existe en théorie, est simplement virtuel et sera vraisemblablement peu exercé, puisque le décret du 10 août 1899 supprime la représentation au conseil général des îles Marquises, Tuamotu, Gambiers, Tubuaï, Rapa, îles qui sont la patrie des indigènes dont il s'agit ici.

Au Sénégal, l'article 3 du décret du 4 février 1879 porte que les membres du conseil général sont élus par le suffrage universel, « conformément à la législation qui régit actuellement les élections municipales dans les communes de Saint-Louis et de Gorée-Dakar. »

L'expression « suffrage universel, » n'ayant pas de valeur juridique suffisamment précise par elle-même, à moins qu'on ne veuille la limiter au seul suffrage des citoyens, c'est dans la législation municipale en vigueur au Sénégal à la date de 1879, qu'il faut chercher à qui doit appartenir le droit de suffrage. Or, à cette date, le régime municipal était celui qu'avait institué le décret du 10 août 1872, organisant les communes de Saint-Louis et de Gorée-Dakar, et l'article 8 de ce décret portait que les conseils municipaux étaient élus par l'assemblée des électeurs inscrits sur la liste communale dressée en vertu de la loi du 15 mars 1849. C'était donc, sans tenir compte d'une condition particulière de domicile prescrite par l'article 9 et constituant spécialement pour les élections municipales l'attache avec la commune, les conditions ordinaires de l'électorat politique ; ce qui ne constituait aucune dérogation au principe que seuls jouissent des droits politiques les citoyens français. Nous

1. Cf. Dislère, op. cit., n° 491.

avons déjà déterminé ceux auxquels, selon nous, dans la colonie du Sénégal, il faut reconnaître la nationalité française. Ainsi, nous ne voyons rien en cet état de la législation qui pût permettre l'inscription sur les listes électorales d'indigènes non naturalisés. D'ailleurs, s'il faut reconnaître que l'expression « législation qui régit actuellement, » ne devait pas avoir pour effet de fixer le régime des élections au conseil général d'une façon immuable sur le modèle du régime des élections municipales, à la date de 1879, et que la loi du 5 avril 1884, étendue aux colonies par le décret du 26 juin, en ramenant au niveau des conditions de l'électorat politique les conditions d'inscription sur la liste électorale municipale, a pu influer indirectement sur les conditions de l'électorat au conseil général et réaliser ainsi, comme l'a pensé l'administration locale, au Sénégal comme dans la Métropole, l'unité de liste électorale, pas plus la loi de 1884, que la loi du 7 juillet 1874, que la loi de 1849 ne permettent l'inscription d'individus non citoyens français[1]. Voilà le droit, voici le fait.

Dans les trois circonscriptions électorales du Sénégal, le nombre des électeurs monte à près de 10,000. Il n'est pas besoin de beaucoup de perspicacité pour s'apercevoir que les Français d'origine et les naturalisés n'y sont pas seuls comptés, et que les listes sont par conséquent encombrées d'indigènes sujets français. D'où provient cette irrégularité ? De l'interprétation abusive autant que traditionnelle de l'instruction du 27 avril 1848. L'article 6 de cette instruction dispensait de toute preuve de naturalisation les indigènes qui justifieraient d'une résidence de cinq années dans l'établissement. Nous avons déjà exposé qu'il est impossible de soutenir que cette dispense de preuve de naturalisation équivalait à une sorte de naturalisation, et ce ne saurait être en se prévalant du titre de citoyen français qu'aujourd'hui ces indigènes pourraient obtenir leur inscription. Mais l'instruction du 27 avril appelait expressément les indigènes à l'élection de représentants du peuple ; on leur donnait exceptionnellement un droit de suffrage : tout simplement ils l'ont conservé. Ils l'ont conservé comme se conservent les faveurs exceptionnelles qui bientôt s'instituent droits acquis. Et, bien que l'instruction du 27 avril 1848, rendue en exécution de l'article 11 du décret du 5 mars, ne visât que les élections à l'Assemblée nationale et la confection des listes électorales pour y servir spécialement, que la dérogation particulière apportée aux règles ordinaires du droit public fût limitée à ce cas et ne dût pas être interprétée comme ayant une portée générale, malgré la promulgation de la loi électorale du 15 mars 1849 qui importait aux colonies le régime électoral de la Métropole sans aucune restriction, les indigènes ont été maintenus par la complaisance de l'administration sur les listes électorales et ont continué à jouir des droits électoraux. Si, par les diffi-

---

1. Cf. Dislère, op. cit., n° 401.

cultés que présente la révision sincère des listes dans les formes légales, les indigènes non naturalisés continuent à jouir du droit de vote, on peut le considérer comme une faveur justifiée et heureuse, mais non confirmée légalement. Car nous ne pensons pas que le décret du 4 février 1879 ait entendu, par les termes de l'article 3 « suffrage universel conformément à la législation qui régit actuellement les élections municipales », fixer en droit une situation illégale de fait.

En Cochinchine, le nombre des citoyens français est peu élevé. D'autre part, les indigènes ont parfois des intérêts considérables de la gestion desquels il aurait été injuste de les déposséder, et supportent une part importante des charges publiques. Le décret du 20 février 1880 prit donc l'heureuse décision d'appeler les indigènes, concurremment avec les citoyens français, à élire au conseil colonial un certain nombre de représentants. Mais à cause de l'état social tout particulier des populations annamites, le suffrage des indigènes n'est pas universel. Les membres indigènes du conseil sont élus dans chaque circonscription par un collège composé d'un délégué de chacune des municipalités annamites, désigné par le suffrage des notables, les notables étant, dans la commune annamite, certains habitants désignés par les citoyens actifs, c'est-à-dire inscrits sur le livre de population et formant un conseil chargé de l'administration de la commune.

§ 2. — Exercice du droit de vote

Il ne suffit pas au citoyen français ou à l'indigène déterminé d'avoir, pour voter, la jouissance du droit de vote, il leur faut encore remplir certaines conditions pour pouvoir exercer ce droit. Ces conditions sont celles de la métropole. Il faut avoir atteint l'âge de la majorité qui est aussi là-bas de vingt-un ans, uniformément, ne pas être en état d'interdiction, être inscrit sur la liste électorale.

Longtemps, par suite d'une erreur de l'administration, l'établissement et la révision des listes électorales avaient été faits conformément aux dispositions de la loi de 1849; seulement à la suite d'un arrêt de la Cour de Cassation du 5 juillet 1882, l'administration fit promulguer dans toutes les colonies représentées au Parlement la loi du 7 juillet 1874 et les décrets de 1852; la promulgation en fut étendue par arrêtés des gouverneurs dans les autres colonies à la suite de circulaires postérieures; puis la promulgation de la loi du 5 avril 1884 vint achever l'assimilation[1].

On peut passer sur tout ce qui concerne l'établissement et la révision des listes électorales. On pourrait aussi passer sur les conditions requises pour être inscrit sur la liste électorale; capacité électorale et

---

1. Cf. DISLÈRE, op. cit., n° 401.

attache légale avec la commune s'il n'était nécessaire de signaler quelques exceptions. Il est, en effet, deux colonies, la Guyanne et la Cochinchine, où en plus des conditions de capacité électorale et d'attache légale avec la commune, est réclamée une condition d'attache légale avec la colonie. On n'est électeur, dans ces colonies, au conseil général ou colonial, qu'après une durée de domicile d'un an dans la colonie. Et comme il en est autrement pour l'électorat municipal ou politique qui ne demandent que les conditions ordinaires d'attache avec la commune, ceci nécessite la coexistence de deux listes électorales; avantage théorique compensé par de bien grandes difficultés pratiques. Comme en Cochinchine cette durée de domicile doit être comptée non au jour de la clôture de la liste électorale, mais au jour de la convocation des électeurs, et comme le décret du 2 février 1852 n'autorise pas la confection de listes supplémentaires, cette disposition est en pratique inapplicable.

Il est évident que ces conditions d'inscription sur les listes électorales ne pourraient être modifiées que par des actes rendus dans les mêmes formes. Aussi a-t-il été jugé que l'administration ne pourrait exiger des indigènes électeurs l'accomplissement de formalités ou de conditions non prévues par les textes, comme par exemple l'usage de la langue française pour les demandes d'inscription sur les listes électorales. (Cassation, 24 juin 1891.)

Depuis la promulgation de la loi du 15 juillet 1889 dans les colonies, les militaires et assimilés de tous grades et de toutes armes des armées de terre et de mer, même s'ils peuvent être inscrits sur les listes électorales, ne prennent point part aux élections quand ils sont présents à leur corps, à leur poste, ou dans l'exercice de leurs fonctions.

En France, l'élection est en général une opération communale. La liste électorale est dressée par commune. Aux colonies, les communes sont encore l'exception; elles sont fort peu nombreuses. Tantôt elles n'existent pas, ou se confondent avec l'établissement lui-même, tantôt elles ne sont encore que des îlots noyés dans un territoire non fractionné et non organisé. La commune aux colonies ne pouvait pas toujours servir de base aux opérations électorales. Aussi elle est le plus souvent remplacée par la circonscription électorale, et dans ce cas la liste électorale est dressée pour cette circonscription. Ceci ne serait toutefois qu'une particularité secondaire; mais il arrive que dans ces circonscriptions le territoire n'est pas partout soumis au même régime; il se produit un nouveau fractionnement et cette fois avec des conséquences graves, la possibilité ou non d'exercer le droit de vote. En Océanie, par suite de l'extension anormale du droit de suffrage, il fallait mettre à l'exercice du droit des conditions particulières pour garantir la régularité des opérations. C'est ce qu'a fait l'article 4 du décret du 28 décembre 1885, en portant que « ne pourront prendre part au vote dans chaque circonscription que les habitants des districts dans lesquels l'état civil sera régulièrement organisé. »

D'autre part, les circonscriptions électorales elles-mêmes, au lieu de reproduire sur le territoire de la colonie un découpage parfait comme les communes du département, restent isolées parfois en laissant des territoires qui, hors de la superficie électorale, seront sans représentation à l'assemblée. Un tel conseil général, issu d'une représentation partielle, ne peut être considéré comme l'assemblée de la colonie toute entière, et ses attributions seront limitées, vraisemblablement, au territoire des circonscriptions qui l'ont élu. Or, ce peut être précisément pour réaliser cette restriction des pouvoirs qu'il est procédé à cette limitation de la superficie électorale.

Depuis la constitution dans les Etablissements français de l'Océanie d'un conseil général, pendant près de quinze ans les circonscriptions électorales s'étendaient sur les îles de Tahiti et les autres archipels. Mais ces derniers ne disposant pas d'éléments aptes à faire partie d'une assemblée élue, les électeurs de ces circonscriptions étaient obligés de choisir leurs représentants parmi les habitants du chef-lieu. Par suite de relations trop rares avec leurs mandants, la méconnaissance des intérêts dont ils avaient la charge, parfois une coalition avec les représentants du chef-lieu permettaient aux conseillers des archipels de faire bénéficier l'apoote et l'île des libéralités du conseil au détriment de leurs circonscriptions. Le décret du 10 avril 1899 ne trouva de remède à cette situation que dans la réduction proportionnelle des attributions de l'assemblée et de la représentation territoriale, en restreignant les circonscriptions électorales aux deux îles de Tahiti et de Moorea.

Au Sénégal, les habitants des trois communes constituées, Saint-Louis, Gorée-Dakar et Rufisque, seuls prennent part à l'élection. Ici, c'est autant que l'état de la population trop clairsemée en dehors des villes, la distinction juridique entre le territoire vraiment français et les territoires annexés qui motive cette limitation territoriale du droit de vote, entraînant comme conséquence logique une différence correspondante des pouvoirs de l'assemblée élue.

Section II. — Éligibilité

§ 1. — Jouissance du droit d'éligibilité

Jouissent du droit d'éligibilité les mêmes individus qui jouissent du droit de vote, c'est-à-dire les individus mâles, français par l'origine ou la naturalisation, et les indigènes dans la mesure où ils sont électeurs.

Comme pour le droit de vote, il est certains faits qui font perdre la jouissance du droit d'éligibilité. Ce sont aux colonies les mêmes que dans la Métropole, ceux qui rendent incapables de voter : condamnations criminelles ou correctionnelles, déclaration de faillite, destitutions d'emplois; puis ceux qui font perdre l'éligibilité seulement : la liquidation judiciaire, depuis la loi du 4 mars 1889, dans les colonies où elle est promulguée, et la descendance des familles ayant régné sur la France. (Loi du 22 juin 1886.)

En France la loi du 10 août 1871 (art. 34) a organisé une autre cause de perte, temporaire celle-là, de la jouissance du droit d'éligibilité : les conseillers généraux qui ont pris part à une réunion illégale du conseil sont inéligibles pendant trois ans. Tous les décrets qui ont organisé des conseils généraux aux colonies ont étendu l'application de cette disposition. Aux Antilles et à la Réunion, comme le régime dont l'application y a été faite était antérieur à la loi de 1871, et qu'aucune disposition postérieure n'est venue compléter sur ce point la législation, cette cause d'incapacité n'existe pas. C'est la première des différences qui apparaîtront nombreuses entre ces trois anciennes colonies d'une part et les colonies à décrets postérieurs à la loi de 1871 d'autre part, différences dont aucune bonne raison n'explique le maintien.

Quant à l'inéligibilité durant une année, conséquence de la démission d'office prononcée pour refus d'accomplir des fonctions dévolues par la loi, elle n'existe que dans une seule colonie, la Réunion, depuis un décret du 21 juillet 1897.

§ 2. — Exercice du droit d'éligibilité

Les conditions positives d'exercice de l'éligibilité sont la qualité d'électeur et l'attache légale avec la colonie.

La qualité d'électeur se prouve par l'inscription sur une liste électorale ou la justification du droit d'être inscrit avant le jour de l'élection.

Tandis qu'en France l'attache légale avec le département peut résulter soit du domicile, soit de l'inscription au rôle des contributions directes, soit de l'héritage d'une propriété foncière, aux colonies, l'attache légale ne résulte jamais que du domicile ou de l'inscription, réelle, au rôle des contributions directes. Bien plus, il est deux colonies où la condition de domicile ne peut se suppléer : en Guyane comme en Cochinchine on n'est éligible aux assemblées locales, dans la première colonie, qu'après un an de domicile (nécessaire d'ailleurs pour être inscrit sur la liste électorale) et, dans la seconde, qu'après deux années. Aussi, tandis que dans ces colonies tous les conseillers généraux seront domiciliés, dans les autres le nombre des conseillers non domiciliés pourra atteindre le quart du nombre total des membres du conseil.

A l'inverse, dans les colonies de l'Inde et du Sénégal la condition du domicile n'est pas exigée; même, dans ces colonies, l'attache légale est considérée comme suffisante par l'inscription ou la justification qu'on devait être inscrit, avant le jour de l'élection, sur une liste électorale de la colonie. (D. 24 février 1885).

Mais ces conditions d'éligibilité, inspirées du régime de la Métropole, ne sont pas partout les seules. Par suite de la composition variée du corps électoral dans certaines colonies, on a jugé à propos d'exiger parfois la condition de parler, lire et écrire le français. Sans compter que cela peut être un stimulant sérieux pour l'extension de la langue nationale, c'est probablement la garantie d'un meilleur recrutement des conseillers, de délibérations plus faciles et plus claires et l'affirmation utile d'un principe de souveraineté. Le décret du 24 février 1885 l'exige pour l'Inde et le Sénégal, ainsi que les textes fondamentaux pour la Cochinchine et l'Océanie. Il faut noter qu'en Cochinchine la condition, qui est du reste seulement de parler français et qui ne porte que sur les membres indigènes, a été successivement ajournée par décret.

Telles sont les conditions positives d'exercice du droit d'éligibilité. Les cas qui font perdre l'exercice de ce droit, causes d'inéligibilité qu'on peut appeler conditions négatives d'exercice, peuvent aux colonies être groupés sur le même modèle que dans la Métropole.

C'est d'abord la minorité, minorité particulière pour l'éligibilité, qui dure uniformément jusqu'à 25 ans, comme en France.

C'est l'interdiction civile par interprétation de l'article 15 du décret organique du 2 février 1852, dont les dispositions sont partout applicables.

C'est la demi-interdiction, mais pas partout. Cette cause d'inéligibilité n'existe en France que depuis la loi du 10 août 1871. Les décrets fondamentaux postérieurs à cette loi en ont étendu l'application dans toutes les colonies qu'ils organisaient. Mais aux Antilles et à la Réunion, nul texte n'étant venu assimiler la législation antérieure, les individus pourvus d'un conseil judiciaire continuent à pouvoir être élus.

Ce sont enfin certaines fonctions ou qualités.

L'inéligibilité absolue, résultant de la qualité de militaire ou marin en activité de service, a été établie en France par la loi du 23 juillet 1801. Les décrets fondamentaux des conseils généraux, depuis celui de la Guyane, et le décret du 24 février 1885, refondant la matière, ont établi cette inéligibilité dans presque toutes les colonies. Mais la Martinique, la Guadeloupe et la Réunion ayant été laissées avec le régime qu'elles possèdent depuis 1870, sans modification sur ce point, l'exclusion générale des militaires et marins n'est nullement prononcée. C'est là une lacune sérieuse de la législation électorale.

Cette lacune n'existe-t-elle pas aussi en Cochinchine? M. Dislère (n° 470) estime que les officiers, que rien n'empêche de réaliser les conditions d'éligibilité, n'étant pas expressément compris dans les personnes privées de l'exercice du droit d'éligibilité, peuvent être élus conseillers coloniaux. Nous croyons qu'on peut ne pas partager cette opinion. Le décret du 6 octobre 1887, portant modification du décret du 8 février 1880, déclare « qu'aucun fonctionnaire ou agent recevant un traitement quelconque de la Métropole ou de la colonie... ne peut faire partie du conseil colonial, » confondant, ainsi qu'on le verra, dans une même disposition les inéligibilités et les incompatibilités. La solution est donc entièrement dans l'interprétation que l'on doit donner aux termes « fonctionnaires ou agents. » Tout en reconnaissant que, dans le langage courant, il n'est pas d'habitude de comprendre les officiers des armées de terre et de mer sous la dénomination de « fonctionnaires, » nous pensons que dans l'interprétation de textes législatifs, il est plus exact, à moins d'indications précises contraires, de se préoccuper moins de la valeur courante des expressions que de la terminologie juridique. Et cela d'autant plus qu'ici il y a lieu d'apprécier la forme littéraire du texte qui, à la place de longues et minutieuses énumérations, comme dans les décrets du 24 février 1885 et 20 août 1886, se préoccupe de trouver dans une concision énergique l'expression suffisante et générale. Alors, pourquoi ne pas ranger, comme le fait le juriste, le grade des officiers parmi les fonctions publiques?

Dans les anciennes colonies les cas d'inéligibilité sont restés longtemps déterminés par la loi du 22 juin 1833. L'énumération, portant sur des fonctionnaires de la Métropole, ne s'appliquait pas sans difficulté aux fonctionnaires coloniaux. Un décret du 20 août 1886 est venu, tout en allongeant l'énumération sur le modèle du régime nouveau de la Métropole, la mettre en harmonie avec les fonctions coloniales. Avec le décret du 24 février 1885 et ceux organisant les conseils généraux en Nouvelle-Calédonie et en Océanie, la législation est devenue à peu près uniforme et en somme semblable à celle de la Métropole.

Seul le décret du 6 octobre 1887, pour la Cochinchine, institue un régime plus spécial. L'inéligibilité est générale pour tout fonctionnaire ou agent recevant un traitement quelconque de la Métropole ou de la colonie, et même pour tout entrepreneur de travaux et de services publics rétribués sur les fonds de la colonie. Ainsi pas de distinction de fonctions suivant l'autorité qu'elles confèrent à leur titulaire, pas de distinction de circonscriptions où pourrait se faire sentir cette autorité.

Tous ces cas d'inéligibilité lorsqu'ils se produisent ont pour effet, le même d'ailleurs que lorsque manque une condition positive d'éligibilité, de vicier l'élection au point de la rendre annulable. Il est vrai, cependant, que la protestation doit se faire dans les délais légaux, et que si ces incapacités n'ont pas été relevées dans les délais, elles sont couvertes et le conseiller ainsi élu siègera au conseil.

§ additionnel. — Incompatibilités

Il est d'habitude de joindre à l'étude de l'inéligibilité celle des cas d'incompatibilité. C'est qu'en effet si ces cas, même lorsqu'ils existent antérieurement à l'élection, ne créent pas une incapacité d'être élu, ils créent celle de conserver le mandat après l'élection, si une certaine situation de fait est maintenue. Ce qui est bien une incapacité par privation de l'exercice du droit. Mais au contraire de l'inéligibilité, l'incompatibilité ne vicie pas l'élection ; elle n'opère qu'après l'élection et n'oblige l'élu qu'à choisir entre ses fonctions et son mandat.

Par suite de la spécialité de la législation pour chaque colonie, il n'existe pas d'incompatibilité vraiment absolue, c'est-à-dire opérant entre une fonction déterminée et le mandat de conseiller général quelle que soit la colonie où il soit exercé. Il n'y a que dans les trois anciennes colonies depuis le décret assimilateur du 10 août 1886 qu'existe une certaine relation de ce genre, entre ces colonies et d'autres personnes administratives. Dans ces trois colonies, le mandat de conseiller général est incompatible avec les fonctions de gouverneur, secrétaire général, conseiller privé titulaire ou suppléant, préfet, sous-préfet, secrétaire général, conseiller de préfecture, commissaire et agent de police. Mais dans toutes les autres colonies aucune relation n'existe entre la colonie et d'autres personnes administratives : l'incompatibilité n'est jamais prononcée qu'entre le mandat de conseiller général et des fonctions exercées dans la même colonie. Dans ces colonies, les incompatibilités ne sont donc jamais que relatives.

Ces cas d'incompatibilité relative sont les mêmes partout. Ce sont ceux de fonctionnaire ou d'agent rétribué ou subventionné sur les fonds de la colonie, d'entrepreneur permanent ou temporaire de services ou de travaux publics rétribués sur le budget de la colonie.

L'incompatibilité doit se résoudre par l'option de l'élu entre son mandat et sa fonction. Mais pas plus que dans la Métropole, les textes ne prévoient de délai pour opérer cette option. Lorsqu'un cas d'incompatibilité existait au jour de l'élection, la seule hypothèse que nous ayons à envisager ici, quel effet faut-il lui attribuer ? La solution doit être la même que dans la Métropole. Lorsque l'incompatibilité n'a pas cessé au jour de la décision qui statue sur l'élection, le Conseil d'État l'assimile aux cas d'inéligibilité viciant l'élection et, en l'absence de désignation d'autorité chargée de déclarer l'élu démissionnaire, c'est le tribunal chargé du contentieux électoral qui prononcera l'annulation. Mais comme il n'existe pas de délai pour opter, l'option est considérée comme régulièrement faite avant la décision qui statue sur l'élection[1].

---

1. Élection Port-Louis, 16 décembre 1893.

Section III. — **Egalité du droit de suffrage.
Répartition du nombre des membres des Conseils
entre des circonscriptions.**

Suivant en cela encore les principes généraux du droit public métropolitain, le suffrage est théoriquement égal : tout électeur qui prend part aux élections aux conseils des colonies, jouit d'une voix et d'une seule. Mais ce n'est là qu'un principe et l'on sait qu'en pratique plusieurs causes interdisent la réalisation d'une égalité absolue. Il ne suffit pas pour que les suffrages s'équivalent réellement que le droit de vote soit uniformément réparti. La division du corps électoral en fractions, notamment en un certain nombre de circonscriptions électorales, la répartition entre elles du nombre de représentants à élire, le vote par scrutin de liste ou uninominal, sont les causes les plus fréquentes, sinon les plus importantes, qui détruisent l'égalité du suffrage.

§ 1. — **Nombre des membres et répartition entre des circonscriptions territoriales.**

Dans toutes les colonies, la fixation du nombre des membres du conseil appartient au pouvoir exécutif, aussi bien dans les colonies à sénatus-consultes que dans celles soumises au régime des décrets. On voit dans la nécessité de suivre par une réglementation facile les progrès de la colonisation et les variations de la population, un excellent motif à cette disposition. Aussi, dans la plupart des colonies, les textes qui fixent actuellement le nombre des membres des conseils sont-ils récents.

On s'est demandé si le droit du gouvernement de déterminer le nombre des membres comportait celui de modifier une première fixation, s'il n'était pas épuisé par un premier usage et si, d'autre part, ce droit n'avait pas été en quelque sorte paralysé dans certaines colonies, celles qui nomment un sénateur, par la loi du 24 février 1875 qui fixe le corps électoral dont les conseillers généraux font partie. Le gouvernement a pensé, après avis du Conseil d'Etat du 8 janvier 1879, que les pouvoirs que lui avait confiés l'article 12 du sénatus-consulte de 1854 restaient intacts; et c'est aujourd'hui un décret du 7 novembre 1879 qui fixe le nombre des conseillers généraux dans les trois anciennes colonies.

A la Martinique, à la Guadeloupe et à la Réunion ce nombre est, depuis le décret du 7 novembre 1879, de trente-six membres. A la Guyane, le décret fondamental non modifié sur ce point le fixe à seize seulement, chiffre fixé aussi pour la Cochinchine. (D. du 8 février 1880.) On voit combien étaient déjà grandes les variations de ce nombre entre ces deux extrêmes lorsque, pour les motifs que l'on sait, la réduction de la superficie électorale, le décret du 10 août 1899 l'abaissa, à Tahiti, à treize membres seulement. Pour les autres colonies, il reste fixé à dix-neuf en Nouvelle-Calédonie (D. du 27 mai 1898), vingt au Sénégal (D. du 17 avril 1897) et trente dans l'Inde (D. du 28 février 1884 et 10 septembre 1899).

Ce nombre de membres doit être réparti entre des circonscriptions électorales pour faire élire les conseillers au scrutin de liste ou uninominal, suivant la pluralité ou l'unicité des sièges attribués aux circonscriptions.

Dans l'Inde, au Sénégal, en Calédonie, en Océanie, les circonscriptions électorales et la répartition des membres entre elles avaient été fixées par les textes constitutifs des conseils; mais des décrets postérieurs sont venus modifier leurs dispositions pour rétablir une meilleure proportionnalité. A la Guyane, le décret de 1878, sans fixer lui-même les circonscriptions et la répartition des conseillers, renvoyait, pour ce faire, à un décret du Président de la République.

Mais en Cochinchine le décret du 8 février 1880, à l'imitation de celui du 7 novembre 1879 pour les grandes colonies, abandonne au gouverneur en conseil privé la détermination des circonscriptions électorales et la répartition du nombre des conseillers coloniaux entre elles. Et cette délégation est faite avec la plus grande latitude. Les circonscriptions déjà fixées une première fois peuvent être modifiées par des arrêtés successifs, de même que la répartition des membres à élire ; en l'absence de dispositions expresses, ces fixations ne doivent pas nécessairement être en proportion avec la population, et les arrêtés pris en cette matière ne sont pas, de ce chef, susceptibles de recours pour excès de pouvoir [1].

Enfin, aux Antilles et à la Réunion, le décret du 7 décembre 1870 a remis aussi au gouverneur en conseil privé le soin de faire ces déterminations, mais d'après le chiffre de la population [2]. Seulement, que comprendre dans la population ? Les Français seuls, les Français et les immigrants, les étrangers ? Depuis la loi du 10 juin 1885, qui détermine

---

1. Les circonscriptions peuvent être différentes pour les membres français et les membres indigènes.

2. Le décret du 3 décembre 1870 avait établi que l'élection au conseil général aurait lieu par canton, et la légalité du décret du 7 novembre 1879 a été suspectée. Le décret du 3 décembre 1870 est-il un de ces décrets-lois du gouvernement de la Défense nationale abrogeant sur ce point le sénatus-consulte de 1854 et se substituant à lui? Si certainement ce décret doit avoir le caractère législatif sur certains points, ceux sur lesquels il abroge le sénatus-consulte, M. Dislère estime (n° 386) qu'on ne doit pas le lui reconnaître sur tous les autres, où il n'a que la valeur d'un décret du pouvoir exécutif. Nous pensons avec le savant auteur que la délégation donnée au pouvoir exécutif par l'article 12 du Sénatus-Consulte de régler le mode d'élection des conseillers généraux est restée entière. Le décret du 7 novembre 1879 est légal ainsi que le serait toute circonscription électorale autre que le canton, qu'il autorise à établir.

la répartition des députés d'après le chiffre de la population, déduction faite des étrangers, il semble que la question soit éclairée, quoique la loi ne s'applique qu'aux élections législatives. D'ailleurs, si on comprenait dans le chiffre de la population les immigrants et les étrangers, on donnerait une représentation non aux personnes, mais aux intérêts, ce qui ne paraît pas admissible en l'état actuel de la législation.

La fixation des circonscriptions et la répartition ayant été faites conformément à ces prescriptions par le gouverneur en conseil privé, on doit se demander si cette fixation doit être définitive ou si le droit du gouverneur reste entier de procéder à un nouveau sectionnement. Déjà, sous le régime de l'article 12 du sénatus-consulte de 1854, un arrêt du Conseil d'État du 5 février 1867 avait décidé que le droit du gouverneur de modifier les circonscriptions électorales n'était nullement épuisé par un premier usage et comportait autant d'applications qu'on jugerait bon d'en faire. Depuis le décret du 7 novembre 1870, ces déterminations ne sont plus laissées à la libre fantaisie des gouverneurs, mais doivent être faites en observation exacte du chiffre de la population, sous peine d'excès de pouvoir. Il semble donc que le droit du gouverneur se borne à maintenir cette proportionnalité en suivant, par des arrêtés successifs, les variations officiellement constatées de la population; l'on pourrait ajouter que ce doit être son devoir.

Et ainsi ce système, celui des grandes colonies, semble le meilleur. La détermination par décret, si elle offre assez de garanties, présente l'inconvénient d'être lente, d'arriver tardivement pour rétablir une égalité faussée. L'appareil administratif central est souvent lourd à mouvoir. Au point de vue des garanties, d'ailleurs, que peut-on désirer de plus que l'obligation de la proportionnalité avec le chiffre de la population, qui, si elle n'est pas observée, peut ouvrir un recours pour excès de pouvoir? Mais aussi comment comprendre que cette disposition fasse défaut en Cochinchine? La possibilité et la facilité de modifier la répartition des sièges n'ont de raison d'être que dans le besoin de maintenir l'égalité du suffrage en suivant les variations de la population. Supprimer ce motif et donner sans régulateur les pouvoirs absolus à l'administration dont le conseil doit être l'organe naturel de contrôle, n'est-ce pas offrir la tentation de cette opération que l'Empire a pratiquée avec cynisme : le découpage, opération qui consistait à retrancher ou ajouter des fractions de territoire aux circonscriptions pour modifier les majorités? Un système qui peut permettre de tels abus est évidemment mauvais. Dès la session de 1882 le conseil colonial a protesté contre les dangers d'un tel pouvoir arbitraire, sans autre frein que l'honnêteté politique, aux mains de l'administration locale.

Mais il est vrai que la plupart du temps cette répartition proportionnelle à la population est en pratique irréalisable, et c'est par suite la valeur même du principe des élections par circonscriptions qu'il y a lieu d'apprécier. En général, la population est très inégalement distribuée sur le territoire de chaque colonie. Extrêmement clair-semée dans les terres, elle est au contraire très concentrée dans quelques villes, parfois seulement au chef-lieu. Lors donc qu'il s'agit de répartir entre des circonscriptions le nombre des représentants à l'assemblée locale, voici les difficultés qui se présentent : ou bien si l'on veut absolument suivre la règle de proportionnalité, certaines circonscriptions, les plus petites, devront absorber la presque totalité des sièges tandis que des territoires immenses et sur lesquels sont ou devraient être engagés les plus grands intérêts, véritables réserves d'avenir de la colonie, n'auront qu'une représentation infime, minorité éternellement sacrifiée au sein de l'assemblée ; ou bien si l'on veut prendre une juste sollicitude des intérêts importants de la minorité, deux solutions seront possibles, soit les soustraire à la tyrannie de la majorité en limitant territorialement la compétence de l'assemblée, et c'est la suppresion de la représentation des circonscriptions ainsi protégées (exemple le Sénégal, l'Océanie, parfois même la suppression générale de toute représentation, comme à Saint-Pierre et Miquelon), soit approcher d'un équilibre utile en violentant la règle de proportionnalité, ce qui est établir avec l'inégalité du suffrage une représentation plus des intérêts que des individus. C'est pour n'avoir pas osé s'écarter résolument de la règle de proportionnalité à la population, tout en n'ayant pas voulu en arriver à une attribution trop disproportionnée des sièges entre les circonscriptions, que le résultat est en fait des assemblées où les intérêts ne sont pas toujours légitimement sauvegardés, mais où néanmoins le suffrage par lequel on a procédé à leur élection a été loin d'être égal.

Il n'y a plus qu'à signaler un dernier inconvénient du système des circonscriptions, signalé encore par le conseil colonial de Cochinchine. Très nombreux sont dans cette colonie, parmi les citoyens français, les fonctionnaires ou agents divers soumis à l'autorité de l'administration qui peut, sous prétexte de raison de service, les obliger à de fréquents déplacements. Ce passage d'une circonscription dans une autre après la clôture des listes électorales aura pour résultat de priver du droit de vote une importante fraction d'électeurs. Cette conséquence, dangereuse par sa possibilité de prêter à des manœuvres électorales, amena le conseil colonial à demander la suppression des circonscriptions électorales et l'élection du conseil, ou plutôt des membres français du conseil, au scrutin de liste, par la colonie toute entière.

§ 2. — Fractionnement social du corps électoral. Catégories de l'Inde.

L'électeur, au lieu d'être laissé dans sa liberté souveraine, individualité parfaite mais noyée dans la masse d'individualités égales et variées, peut être défini par un caractère, origine, rang social, fonction, groupé suivant cet élément de classification en catégories dans lesquelles on croit voir des communautés d'aspirations et de besoins et conduit au scrutin, embrigadé dans sa catégorie qui ayant sa représentation particulière formera un véritable collège électoral dans le grand. C'est la question de principe du suffrage individuel ou organisé. Disparu en France, avec l'ancien régime et le système des ordres, ce mode de suffrage n'a jamais reçu depuis d'application nouvelle[1]. Ce n'est point le lieu d'apprécier sa valeur, laquelle peut varier peut-être suivant les élections, politiques ou locales, ni d'insister sur le danger particulier qu'il peut présenter aux colonies en établissant des catégories qui seront trop probablement de classes, de couleurs, de races, exclusives d'égalité et de fraternité sociales; mais la particularité principale de ce suffrage organisé par catégories, est de permettre, non seulement d'assurer dans le sein de l'assemblée élective la représentation de minorités qui eussent été dévorées par des majorités de collèges uniquement territoriaux, mais encore d'attribuer dans la répartition des membres à élire, à chacune de ces catégories-collèges une représentation nullement proportionnelle à son importance numérique. L'individu s'estompe; ses intérêts se fusionnent avec tous ceux de sa catégorie; la catégorie au contraire s'affirme comme collectivité, comme unité d'intérêts; c'est elle qui acquiert l'individualité. Ce n'est plus le suffrage d'individus, c'est le suffrage de catégories, individualités collectives, électrices en tant qu'individualités. Et le point de vue pour apprécier l'égalité de ce suffrage peut se hausser de l'électeur-individu à l'électeur-catégorie, l'égalité pouvant être reconnue dans le partage égal entre les catégories du nombre des membres de l'assemblée élective, quelque considérables que puissent être les différences de l'importance collective de ces catégories.

Dans l'Inde, la population se compose de trois éléments : 1º les Européens et descendants d'Européens, français ou naturalisés; 2º les Indiens qui en vertu du décret du 21 septembre 1881 ont renoncé à leur statut personnel et sont régis par les lois françaises; 3º les Indiens qui persistent à se prévaloir du droit qui leur a été reconnu lors de la rentrée de cette colonie sous la domination française. Tous ces individus jouissent du droit de vote. Accorder aux électeurs de ces trois éléments de la population un suffrage égal aux élections au conseil général eut été faire écraser l'infime minorité des Français européens sous le nombre des Indiens autochtones. Le décret du 25 juin 1879 organisant les conseils électifs de l'Inde, dans le but de maintenir la suprématie de l'élément européen établit deux listes électorales, comprenant : l'une les Européens, l'autre les natifs; chaque catégorie d'électeurs nommant ses représentants, au nombre de quatorze pour la première, onze pour la seconde. C'était ainsi un suffrage d'une inégalité extrême.

[1]. Cf. Ch. BENOIST, Organisation du suffrage universel, *Revue des Deux-Mondes*, 1890.

Mais le but qu'on s'était proposé en 1879, de donner aux Européens avec une représentation spéciale la suprématie, ne tarda pas à devenir impossible à atteindre. Le décret du 21 septembre 1881 règlementant la procédure de la renonciation au statut personnel, déclarait que les Indiens qui l'auraient accompli seraient régis par les lois civiles et politiques applicables aux Français. Ces Indiens argumentant des dispositions de ce décret réclamèrent aussitôt leur inscription sur les listes électorales des Européens et naturalisés, et la section du Conseil d'Etat comme la Cour de cassation ne purent que se prononcer pour le droit des Indiens renonçants [1].

Devant ce résultat si éloigné du but poursuivi, il fallut modifier le système des deux listes. Le conseil supérieur des colonies et à sa suite le décret du 26 février 1884 se déterminèrent pour l'établissement de trois listes d'électeurs, une par catégorie, avec la liberté de porter les voix sur n'importe quels éligibles. La première liste comprenait les électeurs européens et descendants d'Européens; la deuxième, les Indiens ayant renoncé à leur statut personnel quelle que soit l'époque à laquelle ait eu lieu cette renonciation; la troisième, les Indiens non-renonçants. Mais à la différence du décret de 1879 qui accordait aux Européens la majorité dans le conseil général, avec ce régime de 1884 chaque catégorie jouit d'une représentation égale, chacune nommant le tiers du nombre total des conseillers, c'est-à-dire chacune dix élus.

Les Européens, au nombre de 700 à peine, nommaient un nombre de représentants égal à la moitié de celui attribué à tous les autochtones, se comptant par plus de 60,000; mais, inégalité nouvelle, parmi ceux-ci, ceux qui avaient renoncé à leur statut personnel et élisaient seuls la moitié de la représentation asiatique, ne dépassaient pas 1,500. L'inégalité pouvait être accrue, d'autre part, par le maintien du nombre des élus attribués à la liste européenne, alors qu'il n'y aurait eu qu'un seul inscrit par circonscription territoriale, et de la liste des renonçants tant que le nombre des inscrits ne descendrait pas au-dessous de vingt.

La création de la catégorie des renonçants et l'attribution à celle-ci d'une représentation égale à celle des non-renonçants, suscitèrent le mécontentement et des réclamations très vives de la part de ces 60,000 Indiens, habitués à se considérer comme Français, votant aux élections malgré qu'ils aient eu l'amour-propre, très noble d'ailleurs, de conserver le droit et les mœurs de leurs ancêtres, et qui se voyaient traités avec une telle infériorité par rapport à une minorité composée en trop grande partie de parias s'étant réfugiés dans la loi française pour échapper à l'autorité de leurs castes. D'autre part, le privilège politique si considérable afférent à la renonciation dénaturait le caractère de celle-ci. La renonciation au statut personnel, arme excellente pour certaines manœuvres,

1. C. d'Etat, finances, 20 décembre 1883. — Cassation, 7 novembre 1883.

n'était plus inspirée que par des considérations purement électorales. Enfin, et c'était le vice capital, ce système des trois listes, loin de tenir la balance égale entre les éléments de la population, et d'assurer à chacun d'eux une représentation particulière mais pénétrée d'un esprit de conciliation en vue du bien général, avait surtout pour effet de permettre à deux listes coalisées de former une majorité telle que les intérêts de la troisième étaient inévitablement sacrifiés.

La question du suffrage dans l'Inde fut remise à l'étude. Une commission spéciale fut chargée d'étudier ce point de réforme électorale. En 1892, M. Jamais, sous-secrétaire d'État aux colonies, élabora un projet imbu d'un esprit libéral et qui accordait à la troisième liste, celle des non-renonçants, une représentation mieux proportionnée à son importance numérique. Le projet de la commission spéciale trouvait, au contraire, la solution dans le retrait des droits électoraux aux non-renonçants, sous le prétexte qu'ils ne jouissent pas de la qualité de citoyen français. Le décret du 10 septembre 1899 vint réaliser la réforme en remettant les choses dans l'état où elles se trouvaient en 1879.

Il n'existe plus que deux listes. La première comprend les Européens et descendants d'Européens ; la seconde les autres électeurs, natifs indistinctement renonçants ou non. Ainsi les Indiens ayant renoncé à leur statut personnel, véritables citoyens français, qui, en premier lieu, avaient été compris sur la même liste que ceux-ci, qui ensuite avaient été portés sur une liste spéciale mais distingués des natifs non-renonçants, sont maintenant, par une nouvelle déchéance, assimilés à ces derniers, confondus avec des indigènes non citoyens. La mesure est absolue et a un caractère rétroactif. Les situations existantes sont modifiées suivant ses prescriptions. Il n'est, d'après le texte, qu'un seul cas qui fasse bénéficier les natifs de l'inscription sur la première liste et tempère la généralité de cette sorte de déchéance : c'est d'avoir opéré la renonciation au statut personnel depuis quinze ans au moins et de remplir en outre l'une des conditions suivantes : diplôme d'une faculté de l'État, fonctions administratives ou judiciaires, mandat électif pendant cinq années au moins, décoration française ou médaille d'honneur, en justifiant dans ces deux derniers cas de la connaissance de la langue française.

C'est donc bien, en somme, le retour au système de 1879, mais au système avant 1884, dans sa pureté initiale, avec la séparation complète des Européens et de tous les autochtones. La différence la plus apparente est dans le partage entre les deux catégories d'électeurs du nombre de représentants. Le système de 1879 avait accordé à l'élément français une suprématie réelle, le système de 1884 lui avait substitué une minorité par le principe de l'égalité des trois catégories, le décret de 1899 institue l'égalité. Les 700 à 800 Européens envoient au conseil général quinze représentants, comme les 63,000 Indiens ; système d'une apparence égalitaire plus séduisante et qui ne compromet vraisemblablement pas les intérêts de la minorité française.

Considérant combien ce régime des élections au conseil général de l'Inde est exceptionnel, contraire aux principes généraux du droit public, on peut se demander comment, malgré même l'importance admissible de ses avantages, il put être décidément adopté. Les raisons qui ont encouragé à l'installer ne paraissent pas autres que l'état aristocratique de la société hindoue, déjà hiérarchisée en castes qui facilitaient la création de catégories, principe d'inégalités, mais surtout l'existence d'un suffrage de faveur accordé à des individus non citoyens. Si, de prime abord, il eût fallu sectionner en catégories un corps électoral homogène de citoyens français, très vraisemblablement on aurait reculé. Mais à l'origine la séparation avait été creusée, d'une façon logique, d'ailleurs, entre les citoyens et les sujets; puis, l'accoutumance s'étant faite à ce principe nouveau, on ne craignit plus de distinguer entre les citoyens eux-mêmes; on put en arriver enfin, loin des contemplations théoriques, mais devant des considérations tout utilitaires, à rejeter au milieu de simples sujets de véritables citoyens derrière le fossé qui protègera maintenant les seuls Européens.

Ces deux constatations d'une société aristocratique familiarisée avec des inégalités sociales entraînant une hiérarchie de privilèges et de considérations, et d'un suffrage de faveur à des indigènes, il y a lieu de les refaire dans la seconde colonie où le suffrage est organisé par catégories, la Cochinchine.

Il a été exposé que le décret du 8 février 1880, reconnaissant l'importance des intérêts asiatiques à côté des intérêts européens et la justice qu'il y avait à donner à ces deux groupes une représentation dans l'assemblée locale, a appelé les indigènes non naturalisés, aussi bien que les citoyens, à concourir à la formation du conseil colonial. Mais l'opportunité qu'il y avait de ne pas confondre ces deux représentations pour ne point porter atteinte aux intérêts européens, et la difficulté d'appliquer un régime électoral commun à tous les électeurs, sans distinction, amenèrent à établir dans le corps électoral les deux catégories des citoyens européens et assimilés, d'une part, et des indigènes non naturalisés, d'autre part. C'était donc le régime de l'Inde en 1879, avec la différence que la représentation élective des deux catégories avait été dès le commencement égale, chacune étant de six conseillers. Tandis que le régime de l'Inde devait être bientôt modifié et subir les vicissitudes que l'on sait pour isoler les citoyens nouveaux que les Européens ne voulaient point recevoir parmi eux, dans la colonie indo-chinoise, au contraire, probablement par suite du nombre très restreint des naturalisations, aucune altération n'a été apportée au régime qui est resté fixé, comme au premier jour, par le décret de 1880.

Mais ces indications sur le partage de la représentation élective au conseil colonial de Cochinchine entre les deux catégories de la population deviendraient erronées s'il n'était précisé qu'elles sont incomplètes. En vérité, la composition du conseil colonial est si particulière

Section IV. — L'Election et son contentieux

§ 1. — L'Election

Universel, égal, le suffrage est de plus direct. Il est vrai que ce n'est encore qu'un principe dont l'absolu n'est pas à l'abri de toute exception, mais exception bien particulière que celle des membres non français du conseil colonial de Cochinchine.

Le scrutin est, comme on l'a vu, uninominal ou de liste, — différence avec le régime métropolitain, — suivant l'unicité ou la pluralité des membres à élire par circonscription.

La convocation des électeurs en collèges électoraux est faite aux Antilles et à la Réunion (D. 15 février 1882), par décret. Partout ailleurs, au contraire, un arrêté du gouverneur en conseil privé, du gouverneur seul dans l'Inde, suffit à fixer le jour du scrutin. Mais alors les textes fixent le délai entre la date de la convocation et le jour du scrutin, délai qui doit généralement être de quinze jours, quelquefois, à raison des difficultés des communications, d'un mois, comme en Nouvelle-Calédonie et en Océanie, délai prescrit à peine de nullité (C. d'État, 17 mai 1890). Le jour de l'élection doit toujours être un dimanche. S'il y a lieu à un second tour de scrutin, il y est procédé le dimanche suivant ou le deuxième dimanche suivant, à la Guyane et en Cochinchine. Au Sénégal, l'époque des élections est plus déterminée : elles doivent avoir lieu dans le courant du mois de novembre à moins d'empêchement reconnu par le gouverneur en conseil privé.

Le scrutin est ouvert tantôt à sept heures, tantôt à huit heures, et fermé à cinq heures ou à six heures, mais ne peut durer moins de huit heures et plus de douze heures. L'arrêté fixe les locaux où le scrutin sera ouvert, les communes pouvant être divisées en sections de vote. Le bureau est présidé par le maire, quelquefois par le juge de paix, l'adjoint, un conseiller municipal, un électeur désigné par le gouverneur; les assesseurs sont pris conformément aux prescriptions du décret de 1852. Il n'y a d'ailleurs pour tout ce qui concerne la tenue des bureaux électoraux et les diverses opérations du scrutin qu'à se reporter à ce décret dont la promulgation a été partout prescrite et réalisée.

On peut seulement signaler une particularité du régime de l'Inde. A la suite de graves irrégularités dont presque toutes les opérations électorales étaient entachées dans cette colonie, un décret du 8 avril 1898, rendu après avis du conseil supérieur, a créé pour garantir la régularité des élections et faciliter la constatation de l'identité des votants, un système spécial d'établissement et de distribution de cartes électorales et prescrit la présence aux opérations d'interprètes, officiers de police judiciaire ayant prêté serment.

Les règles pour le dépouillement du scrutin, l'établissement des procès-verbaux et le recensement général des votes sont partout celles de la Métropole.

Le calcul de la majorité requise, le nombre de voix nécessaire sont déterminés d'une façon uniforme sur le modèle des élections départementales. Tous les décrets fondamentaux avaient déjà réalisé cette assimilation. Le décret du 30 avril 1892 vint pour les trois anciennes colonies prescrire l'application de l'article 14 de la loi du 10 août 1871. Pour être élu conseiller général au premier tour de scrutin, il faut donc réunir : 1º la majorité absolue des suffrages exprimés ; 2º un nombre de suffrages égal au quart de celui des électeurs inscrits. Si l'une de ces conditions n'est pas réalisée, il y a lieu à un second tour de scrutin et l'élection est obtenue à la majorité relative, quel que soit le nombre des votants. Si plusieurs candidats obtiennent le même nombre de suffrages, l'élection est acquise au plus âgé.

§ 2. — Le contentieux de l'élection

Les réclamations contre les élections peuvent être formées par tout électeur de la circonscription et par l'administration. Les colonies de l'Océanie et de la Nouvelle-Calédonie sont les seules où, les textes ayant copié la disposition de la loi du 31 juillet 1875, les conseillers élus et même les candidats soient admis aussi à déposer des réclamations. Les délais pour la formation de ces réclamations, très variés, vont de cinq jours à un mois, suivant les colonies ; mais pour l'administration, plus longs, ils vont de vingt jours à trois mois après la réception des procès-verbaux. Les réclamations doivent énoncer les griefs.

Le jugement des réclamations étant de la compétence des juridictions administratives, le tribunal appelé à se prononcer devait être suffisamment élevé pour que son indépendance ne pût être suspectée. La juridiction compétente pour les élections départementales est le Conseil d'État en premier et dernier ressort. Malheureusement, l'éloignement de la Métropole était un obstacle trop grand pour l'admission de cette même juridiction pour le contentieux des élections coloniales. Les Antilles et la Réunion ont continué à être soumises au régime de la loi du 22 juin 1833 que le décret de 1870 leur avait fait appliquer, c'est-à-dire la juridiction du conseil de contentieux remplaçant le conseil de préfecture, en premier ressort, avec appel au Conseil d'État. Toutes les autres colonies reçurent un régime organisé sur le même modèle.

La procédure devant le conseil de contentieux est réglée par le décret du 5 août 1881. Les réclamations, dispensées du timbre, sont jugées sans frais et sans l'intermédiaire d'un défenseur. Les questions préjudicielles ayant trait à la capacité légale du candidat sont jugées par le tribunal civil.

Les réclamants peuvent se pourvoir devant le Conseil d'État par une déclaration de recours qui doit être faite au secrétariat du conseil de contentieux dans un délai de deux à trois mois, suivant les colonies, et suivie par le dépôt effectif du recours au secrétariat du Conseil d'État dans les délais fixés par l'article 93 du même décret. Suivant les dispositions du décret du 5 août 1881 (art. 70), le pourvoi au Conseil d'État n'était pas suspensif. Il pouvait être nécessaire en cas d'annulation de procéder à de nouvelles élections qui devaient devenir sans effet par suite d'un arrêt contraire du Conseil d'État. Les décrets du 20 novembre 1887 ont remédié à cette situation fâcheuse en appliquant aux colonies la même règle que dans la Métropole, c'est-à-dire que le conseiller élu et proclamé reste en fonctions jusqu'à ce qu'il ait été définitivement statué sur les recours auxquels l'élection a pu donner lieu.

Les délits électoraux sont de la compétence non plus de la Cour d'assises, comme sous la loi du 15 mars 1849, mais en exécution du décret de 1852, du tribunal correctionnel.

Section V. — Le Conseil colonial de Cochinchine

Si les règles de composition des différents conseils généraux sont suffisamment exposées pour la plupart des colonies, il est d'autre part impossible de s'en tenir là pour une colonie, la Cochinchine. Beaucoup de points intéressant la composition du conseil colonial ont pu trouver place dans l'étude comparative précédente, mais la spécialité de certaines règles applicables à une partie de la représentation, l'existence à côté de la représentation élective d'un élément ne tenant point son mandat de la population, ne pouvaient rentrer dans le cadre d'une étude générale d'un régime électoral.

L'organisation de la Cochinchine est celle qui manifeste les plus grandes particularités. Dans toutes les autres colonies, l'assimilation au régime de la métropole et la conformité aux principes du droit public continental sont aussi complètes que possible, excepté pour certains points dans l'Inde. En Cochinchine, les atteintes vont être bien plus graves. L'assimilation est encore considérée comme la pensée qui doit présider à l'organisation des colonies; « l'accession des populations d'outre-mer aux institutions de la métropole est le but vers lequel doivent tendre dans la mesure de leurs forces et de leur état social ceux de nos établissements qui ne sauraient être immédiatement pourvus d'un organisme complet[1], » mais ce n'est là qu'un but que les particularités locales peuvent tenir éloigné. Et la manifestation de ces particularités peut être assez nette, assez impérieuse pour faire concevoir une organisation aussi spéciale que celle du décret du 8 février 1880. La dénomination de « conseil colonial » donnée à l'assemblée de Cochinchine, peut indiquer quel caractère exceptionnel on voulait lui reconnaître.

Certains éléments de la composition du conseil colonial ont déjà été étudiés et la particularité de ces éléments a déjà apparu. Dans l'étude de la jouissance du droit de suffrage, il a été établi qu'à côté des citoyens français électeurs au conseil colonial, les indigènes asiatiques intéressés à la gestion de leurs intérêts, parfois considérables, et supportant « la plus lourde part des charges publiques », avaient été dotés d'une représentation exceptionnelle. Mais, « il ne pouvait être question ni d'appeler ces deux éléments à siéger dans les mêmes conditions d'investiture ni de les admettre en nombre proportionnel à leurs effectifs. » Ce suffrage des citoyens et des indigènes est organisé en catégories ayant chacune le même nombre de représentants. Le mode d'élection des membres, normal pour les membres français, est exceptionnel pour les membres indigènes.

Déjà, par la distinction de la représentation des intérêts indigènes et des intérêts français en deux catégories séparées dans le sein de l'assemblée, c'était l'abandon du principe de la représentation de la population pour une représentation basée sur une plus exacte observation de la diversité d'intérêts. Mais comme « il ne pouvait être question de concéder aux deux éléments une part égale dans le chiffre total de la représentation, » et pour tenir « un compte équitable des conditions spéciales du pays, des intérêts en cause et des circonstances, » l'égalité de représentation des groupes va être détruite par l'introduction d'éléments spéciaux, qui vont venir renforcer l'une de ces représentations, en apportant encore la défense d'intérêts plus particuliers de la société coloniale : une part spéciale est faite à la désignation du commerce. La désignation de cette représentation spéciale, devant, pour offrir des garanties satisfaisantes, être attribuée à une autorité qualifiée, c'est à la chambre de commerce de Saïgon de choisir parmi ses membres deux délégués au conseil colonial.

Très singularisée par l'introduction de cet élément qui représente cependant des intérêts locaux et repose sur un principe électif, la composition de ce conseil l'est encore bien davantage. Est-ce pour assurer la protection de certains intérêts ne pouvant être autrement représentés au conseil, intérêts métropolitains tant sur le continent que dans la colonie même où la Métropole peut être considérée comme un colon important ? est-ce pour assurer une protection aux faibles, quels qu'ils soient, noble mandat de défendre les minorités injustement opprimées ? est-ce pour donner à

---

1. Rapport du décret du 8 février 1880.

l'assemblée, sur les intérêts vitaux de la colonie, des lumières que l'on craint que par un recrutement imparfait elle ne possède point ? est-ce pour départager inégalement l'assemblée où l'on prévoit des conflits internes créateurs d'impuissance ? est-ce enfin, atteinte au suffrage populaire, simplement pour atténuer les effets d'une puissance dont on redoute le voisinage et le contrôle menaçant : l'administration locale elle-même est chargée de compléter la composition du conseil colonial par l'envoi de deux de ses représentants, deux membres du conseil privé. Quels que soient les motifs qui aient amené à cette sorte de confusion de pouvoir, il est intéressant de constater combien dans cette colonie, pour adapter l'institution d'une assemblée aux convenances locales, on a osé s'écarter de principes aussi rigides que traditionnellement consacrés.

Il reste à faire quelques précisions sur l'élection des membres indigènes, dont les particularités tenant à l'état social des populations annamites ne pouvaient trouver place dans l'étude générale du régime électoral. On sait que le suffrage n'est pas universel, il n'est pas non plus direct. Les membres indigènes sont élus dans chaque circonscription par un collège composé d'un délégué de chacune des municipalités désignées par le suffrage des notables, les notables étant eux-mêmes élus par les citoyens actifs, c'est-à-dire inscrits sur le livre de population. Aucune condition spéciale d'éligibilité, pas même une condition d'âge, n'est fixée en ce qui concerne les conseillers indigènes. Ils doivent seulement être sujets français, non citoyens : la naturalisation leur fait perdre tout droit à représenter leurs compatriotes, et parler français. De même que les conseillers français, ils ne peuvent être choisis parmi les fonctionnaires ou agents coloniaux ou locaux, et perdraient leur situation s'ils venaient, pendant la durée de leur mandat, à être pourvus d'un emploi.

CHAPITRE II

Caractères du mandat

SECTION I. — **Durée du mandat. Renouvellement**

Les membres des conseils généraux des colonies sont nommés pour la même durée que dans la Métropole, c'est-à-dire six ans. En Cochinchine, le mandat de conseiller colonial, quelle que soit la catégorie, n'est conféré que pour quatre ans. Bien entendu, dans toutes les colonies, les fonctions ne comportent de telles durées que lorsqu'elles ont pris naissance avec des élections générales. En cas d'élections complémentaires elles ne doivent durer que le temps restant à courir jusqu'au renouvellement général dans lequel aurait été compris le conseiller général remplacé.

Les conseils doivent, en effet, comme dans la Métropole, toujours être au complet. Lorsqu'une vacance se produit, par quelque cause que ce soit, il y a lieu à élection complémentaire. Les électeurs doivent être convoqués, en principe, dans le délai de trois mois au plus tard après le jour où le siège est devenu définitivement vacant. Mais l'exception de l'article 22 de la loi du 10 août 1871 est d'ailleurs partout étendue : s'il ne doit pas y avoir de session ordinaire du conseil avant la date du renouvellement général qui doit porter sur le siège vacant, il n'y a pas lieu à procéder à une élection complémentaire avant cette date.

Le renouvellement ordinaire des conseils n'est pas total, il est comme dans la Métropole partiel, se faisant par moitié tous les trois ans (ou deux ans en Cochinchine). A la session qui suit la première élection générale le conseil se partage en deux séries composées chacune, autant que possible, d'un nombre égal de membres de chaque circonscription et de chaque catégorie. Puis l'on procède au tirage au sort pour régler l'ordre de renouvellement des séries.

SECTION II. — **Cessation des fonctions**

Les fonctions de conseiller peuvent cesser pour d'autres causes que l'expiration des durées normales de six ou de quatre ans, ou la mort. La démission volontaire ou forcée, l'option, la dissolution de l'assemblée sont autant d'événements qui mettent fin au mandat. Nous n'étudierons d'abord ici que l'option et la démission volontaire ou forcée.

I. — *Démission*

Un conseiller général ou colonial a toujours le droit de donner la démission de ses fonctions. Il l'adresse par écrit au président qui en avise immédiatement le gouverneur. Dans le délai de trois mois qui court à partir de cette notification, le gouverneur doit faire procéder au remplacement du conseiller démissionnaire.

II. — *Option. Tirage au sort*

La possession antérieure d'un mandat de conseiller général aux colonies n'est pas une cause d'inéligibilité; et si les textes ne disposent pas l'incompatibilité entre les mandats de conseiller dans des conseils coloniaux divers, il est certain que nul ne peut représenter à un même conseil plusieurs circonscriptions. Toute élection multiple rend nécessaire une option qui maintiendra une des élections et fera tomber celles qui étaient incompatibles avec elle. Si le conseiller ne détermine pas lui-même la circonscription qu'il préfère représenter, il doit être procédé d'office, par voie de tirage au sort, à la désignation du siège assigné à l'élu. C'est au conseil général, dans les colonies à décrets, qu'il appartient de faire, en séance publique, ce tirage au sort, tandis que dans les anciennes colonies c'est, en vertu de la loi de 1833, au gouverneur en conseil privé que ce droit est attribué. Dans la Cochinchine, le cas n'est pas réglementé et cette lacune peut donner lieu à des difficultés.

Une autre cause d'élimination de conseiller peut résulter de la nécessité d'observer la proportion du quart permis aux membres non domiciliés dans la colonie. Lorsque le nombre des membres payant simplement une contribution directe, les membres forains, dépasse le quart de l'effectif total, il y a lieu de le réduire en procédant aux exclusions nécessaires. Mais si les textes ordonnent cette opération, ils n'indiquent pas la méthode pour y procéder. Lorsqu'il s'agit d'élections successives, les élections doivent être considérées comme irrégulières à partir du moment où le maximum légal a été atteint et les premiers membres seuls valablement élus. Lorsqu'il s'agit d'élections simultanées, on doit procéder à un tirage au sort entre tous les membres arrivant en excédent du quart. Mais dans le silence des textes on ne saurait affirmer que ce tirage doit être fait, par assimilation avec la législation métropolitaine, par le conseil général lui-même plutôt que selon les méthodes, variées avec les colonies, pour le tirage au sort en cas de conseiller élu dans plusieurs circonscriptions.

L'opération du tirage au sort n'est pas par elle-même susceptible de recours contentieux, mais la décision prise à la suite du tirage au sort, qui assigne une circonscription à l'élu, ou évince un membre du conseil, peut dans certains cas être l'objet d'un recours, par exemple si le tirage au sort a été fait avant les délais fixés pour l'option, ou bien si, des contestations sur le domicile ayant eu lieu, la décision a été prise avant que la question préjudicielle ait été tranchée par les tribunaux civils.

III. — *Déchéance. Démission d'office*

Lorsqu'un candidat élu au conseil général se trouvait dans un cas d'incapacité d'être élu, ou d'incompatibilité entre une fonction et son mandat au jour de l'élection, et lorsqu'en cas d'incompatibilité l'option n'a pas été faite au jour de la décision statuant sur la validité de l'élection, celle-ci est viciée au point d'être annulable. Que se produit-il lorsqu'un de ces cas survient pendant la durée du mandat, après l'élection ?

I. — L'acceptation d'une fonction incompatible avec le mandat de conseiller doit faire logiquement supposer chez le membre du conseil l'intention de résilier son mandat. Il semble qu'il ne devrait pas y avoir lieu d'attendre une option dont l'issue ne saurait être douteuse, la cessation du mandat doit découler de l'acceptation de ces fonctions ou qualités incompatibles avec le mandat. Dès cet instant, le membre cesse de faire partie de l'assemblée, il ne peut plus prendre part à ses travaux, il doit être déclaré d'office démissionnaire par le conseil. Mais, en pratique, on admettra, comme dans la Métropole, une règle moins dure, et la démission ne sera prononcée qu'autant qu'au jour de la décision, le conseiller n'aura pas expressément opté pour son mandat en résiliant clairement ses fonctions incompatibles[1].

II. — La cessation du mandat, qui n'est pas douteuse dans le cas d'incompatibilité puisqu'elle est pour ainsi dire de l'essence même de celle-ci, semble dès le premier abord tout aussi certaine lorsque pendant le cours du mandat survient un de ces cas d'incapacité qui eussent empêché d'être élu. On ne saurait imaginer qu'un conseiller général venant à être frappé d'une condamnation entraînant la perte de la jouissance du droit de suffrage, ou bien même cessant d'être Français, pût continuer à faire partie d'un conseil de colonie française. Aussi les décrets organiques des conseils généraux prennent-ils le soin de déclarer que tout conseiller qui pendant la durée de ses fonctions tombe dans un des cas d'incapacité prévus par la loi est déchu de son mandat par le conseil général soit

---

1. Décision ministérielle, Intérieur, 14 août 1877.

d'office, soit sur la réclamation de tout électeur. Lorsque l'incapacité touche à l'état ou statut personnel de l'homme et du citoyen, les tribunaux civils étant seuls compétents pour décider, il faut un jugement définitif pour pouvoir prononcer l'exclusion.

Eh bien! malgré la logique d'une telle solution, il ne laisse pas que d'être embarrassant de se prononcer, lorsque les textes, comme en Cochinchine, ont négligé de prévoir cette question ou que comme dans les trois anciennes colonies aucun décret n'est venu prescrire, pour combler cette lacune, l'extension des dispositions de l'article 18 de la loi du 10 août 1871. En effet, il apparaît qu'en semblable matière, de déchéance, voisine des pénalités ou des nullités, l'interprétation des textes doive être faite *stricto sensu* et qu'on ne puisse suppléer à leur insuffisance par des raisonnements analogiques[1]. Mais une solution qui doit permettre à un individu incapable, ayant, par exemple, perdu la qualité de Français, de conserver ses fonctions de conseiller général ou colonial, nous paraît si illogique que nous espérons qu'on pourrait l'éviter.

Toute la question est de savoir s'il est nécessaire qu'il y ait un texte explicite pour prononcer cette exclusion. Lorsque la loi pose des conditions d'éligibilité au recrutement des membres du conseil, on peut lui reconnaître deux grandes préoccupations : celle de sauvegarder l'indépendance des électeurs en empêchant des candidats trop influents de s'imposer à leurs suffrages, mais aussi et surtout celle de prendre elle-même des garanties de capacité, de moralité, de dignité pour prévenir ou réparer les écarts d'électeurs qui auraient porté leur voix sur des individus indignes d'être leurs représentants. Mais, si l'on admet que la loi, par des conditions d'éligibilité, prend le soin de déterminer les conditions auxquelles on peut permettre à un citoyen de recueillir les suffrages de ces concitoyens, à un moment où la perspicacité électorale doit rendre les électeurs responsables de leurs décisions, comment ne doit-on pas admettre que la loi ait entendu prendre les mêmes précautions et veiller elle-même sur la dignité de la représentation, à un moment où l'élu définitif pourrait venir à déchoir, à tomber dans un de ces cas qui l'eussent soustrait au choix des électeurs, à n'être plus digne de la confiance de ses mandants? Comment peut-on prétendre faire alors maintenir par la loi un individu que la loi elle-même, à défaut de la volonté des électeurs, eût écarté? Sous ce nom de conditions d'éligibilité, il nous semble qu'on doit considérer les conditions auxquelles non seulement un citoyen peut entrer, mais peut rester en fonctions de conseiller colonial. Et l'exclusion apparaît comme la sanction nécessaire de ces règles communes à l'éligibilité et à la composition des conseils après élection; plus n'est besoin d'un texte exprès pour en affirmer le principe : elle découle essentiellement des conditions fixées par l'éligibilité.

Mais avoir posé en principe que l'exclusion doit être prononcée pour

---

1. Cela semble être l'opinion de M. Dislère, n° 471.

survenance d'un cas d'incapacité, même lorsque les textes ne le prévoient pas explicitement, ce n'est avoir envisagé que la moitié de la question si l'on ne détermine par qui cette exclusion peut être prononcée. Et c'est ici que se présentent de sérieuses difficultés.

Le droit pour le conseil de juger lui-même la situation d'un de ses membres et de le considérer comme démissionnaire, constitue une sorte d'application du principe, bien exceptionnel pour les assemblées locales, de la vérification des pouvoirs. L'étendre par analogie d'un conseil à l'autre, ou simplement en se basant sur ce que ce pouvoir est attribué au conseil pour d'autres cas similaires, telle la démission prononcée pour absence à une session ordinaire, nous paraît audacieux, en raison même du caractère exceptionnel de ce droit. D'autre part, c'est le gouverneur qui, comme représentant du pouvoir exécutif, est investi du droit de convoquer les assemblées électorales après avoir déclaré le siège vacant. Son arrêté doit-il nécessairement s'appuyer sur une délibération antérieure prononçant l'exclusion et ne peut-il prendre l'initiative de la convocation des électeurs dès la connaissance d'un cas d'exclusion, en se basant sur la nécessité de maintenir le respect de la loi, et les conseils au complet? Il faut remarquer que, puisque les cas d'inéligibilité résultant de la fonction rentrent nécessairement en totalité dans les cas d'incompatibilité qui sont plus compréhensifs, tous les cas d'incapacité résulteront de la perte de la jouissance ou de l'exercice des droits civils ou politiques. Or, cette perte ne se présumant jamais, et cette question intéressant l'état, le statut personnel de l'homme et du citoyen, il sera toujours nécessaire, pour statuer sur l'exclusion d'un conseiller pour cause d'incapacité, d'attendre un jugement définitif des tribunaux civils, seuls compétents. Du jour où les jugements ou arrêts sont devenus définitifs, le siège est virtuellement vacant et le délai pour convoquer l'assemblée électorale doit courir dès la connaissance de ces jugements ou arrêts par le gouverneur. C'est la solution même indiquée par Dumesnil pour les conseils généraux des départements sous le régime analogue de l'article 11 de la loi de 1833 [1], qui avait omis, elle aussi, de préciser l'autorité chargée de prononcer la déchéance. Cela semble la meilleure solution à adopter dans tous les cas d'incapacité. La déclaration de vacance et l'élection qui lui succède pouvant d'ailleurs être attaquées par tout intéressé, notamment par l'ancien membre, par toutes les voies de droit.

Si les électeurs ont un véritable intérêt à être représentés par un membre du conseil qui remplisse toutes les conditions de capacité (éligibilité et compatibilité) fixées par la loi, on ne pourrait aller jusqu'à dire qu'ils y ont un véritable droit. Ce droit existerait si on pouvait considérer que les électeurs, en conférant par l'élection un mandat, le confèrent sous condition résolutoire des cas déterminés d'incapacité. Et

---

1. DUMESNIL, Conseils généraux n° 30, p. 79.

le contrat d'élection serait l'opération nécessaire servant de base à un contentieux. Mais une telle conception n'est pas possible, plus que celle de mandat impératif, en l'état actuel de notre droit public. Le choix du représentant une fois fait par les électeurs, ceux-ci ont épuisé leur pouvoir ; ils ne conservent plus aucune relation juridique avec leur élu ; celui-ci perd le caractère de son mandat pour prendre celui de sa fonction : il devient membre de l'administration. Et à ce titre, il est à l'abri des poursuites des intéressés. La décision statuant sur une déchéance ne peut pas être considérée comme une décision contentieuse, mais comme un acte d'administration créant le contentieux.

Or, c'est le privilège exorbitant de l'administration de ne pas créer de contentieux par son inaction. Quelle que soit l'autorité chargée de prononcer la déchéance, soit le conseil général dans le cas où les textes le reconnaissent expressément chargé de statuer sur réclamation ou d'office, soit le gouverneur dans les autres cas, jamais cette autorité n'est tenue de prendre une décision sur l'exclusion. Mais (et c'est une conséquence intéressante, dans le cas où la loi n'organise pas d'autorité) ce silence et l'absence de contentieux n'empêcheraient pas, selon nous, les intéressés d'avoir certains moyens indirects d'action sur l'administration. Les délibérations prises par un conseil général dans le sein duquel aurait siégé un membre qui n'aurait pas dû faire partie de l'assemblée, ne pourraient-elles pas être annulées pour excès de pouvoir par voie de recours, et même être déclarées nulles, sinon par voie d'action, du moins par voie d'exception, pour violation de la loi ? Nous n'avons pas vu que semblable conclusion ait été déposée devant une juridiction quelconque, mais il nous semble que la jurisprudence administrative, à allure prétorienne, ne pourrait rencontrer d'obstacles pour organiser l'ouverture de ces voies de nullité ou de contrôle.

Cette démission d'office, qu'il appartient au conseil de prononcer, ne doit l'être, il faut le remarquer, que pour des inéligibilités ou incompatibilités survenues depuis l'élection. Le conseil général ne peut pas statuer sur une situation qui existait déjà au moment de l'élection. Celle-ci aurait dû faire l'objet d'une protestation jugée par le tribunal chargé du contentieux électoral. Le conseil commettrait un excès de pouvoir s'il prononçait la démission d'un conseiller pour une irrégularité ayant entaché l'élection à son origine.

La décision par laquelle un conseil général statue, ou refuse de statuer sur une demande d'exclusion, est-elle susceptible de recours ? Le décret du 15 mai 1895 pour le conseil de Saint-Pierre et Miquelon, aujourd'hui supprimé, résolvait la question par l'affirmative. Il accordait au gouverneur ou à tout électeur, le droit de poursuivre la déclaration de démission devant le Conseil d'Etat. Cette disposition n'a pas été étendue ailleurs et dans le silence des textes, la difficulté est aujourd'hui la même que dans la Métropole. Or, il est préférable, sinon plus juridique, de ne pas rechercher si ces attributions sont des vestiges d'un droit souverain de vérification des pouvoirs comme dans la Métropole avant la loi du 31 juillet 1875, et de ne voir dans la décision d'exclusion que l'acte d'administration accompli par une autorité administrative, et à ce titre soumis au recours contentieux [1].

Ce recours serait ouvert au conseiller général déclaré démissionnaire et même aux électeurs, contre la décision, soit qu'elle prononce, soit qu'elle refuse de prononcer la démission.

III. — L'absence à une session ordinaire du conseil, sans excuse légitime ou empêchement admis par le conseil, à la différence des autres cas de déchéance est partout prévu et considéré comme une faute ou une négligence des affaires de la colonie telle qu'elle motive le remplacement du membre. Tous les textes portent que la démission est prononcée d'office par le conseil général à la dernière séance de la session. Seul cette fois, le texte relatif à la Cochinchine néglige d'indiquer l'autorité compétente pour prononcer cette déchéance, oubli qui pourrait encore donner lieu à des difficultés.

M. Laferrière (op. cit. II, 378) pense que malgré le silence des lois de 1871 et 1875, un droit de recours appartient au conseiller général de département déclaré démissionnaire pour le motif que nous analysons. Partageant son opinion, nous concluerons qu'un recours contentieux devrait de la même manière être attribué au conseiller colonial, auquel le retrait du mandat peut porter atteinte à un droit.

La déchéance prononcée pour refus d'accomplir les fonctions dévolues par les lois, organisée dans la Métropole par la loi du 7 juin 1873, est restée longtemps inconnue aux colonies. Aujourd'hui, où l'existence des jurys, des conseils de révision, etc., en motiveraient amplement l'application, une seule colonie, la Réunion, a été sur ce point assimilée à la Métropole. Le décret du 21 juillet 1897, applicable à la Réunion seulement, porte que les membres du conseil général refusant d'accomplir les fonctions dévolues par la loi, sont déclarés démissionnaires par le Conseil d'Etat saisi par le ministre sur avis transmis par le gouverneur. Le membre déclaré démissionnaire ne pourra être réélu avant le délai d'une année.

Il est interdit aux conseils généraux de délibérer hors du temps de leurs séances autorisées par la loi, ou hors du lieu de leur réunion. Ces réunions sont illégales et les délibérations nulles. L'article 34 de la loi de 1871 a prévu une sanction qui a été étendue par tous les décrets fondamentaux postérieurs. En cas de réunion illégale d'un conseil général, le gouverneur, par un arrêté pris en conseil privé, déclare la réunion illégale, prend toutes mesures pour que l'assemblée se sépare immédiatement et saisit le procureur général ou chef de la justice. En cas de condamnation, les membres condamnés sont exclus du conseil par le jugement

---

1. Cf. LAFERRIÈRE, Juridiction administrative, 1/376.

et déclarés inéligibles pendant trois ans. Mais les trois anciennes colonies restent encore seules à faire une fâcheuse exception. La nullité de la délibération est la seule sanction prévue par le décret du 26 juillet 1854 et aucun texte n'est venu organiser dans ces colonies la déchéance de l'article 34 de la loi de 1871.

Section III. — **Gratuité du mandat**

Les fonctions de conseiller général sont en principe gratuites aux colonies. En général les décrets fondamentaux le déclarent expressément, mais sur ce point encore les textes relatifs aux anciennes colonies ne contiennent aucune disposition. Ce silence n'a pas empêché cependant l'Administration centrale de considérer le principe comme absolument général et de prescrire aux administrations locales de veiller à ce que les conseils généraux ne s'attribuent aucune allocation illégale (Circulaire du 17 octobre 1889).

La gratuité du mandat interdit non seulement l'attribution d'un traitement véritable, mais de toute indemnité sous quelques dénominations qu'elle se déguise, indemnité de déplacement ou de séjour. Il n'est toléré aux conseils que l'attribution d'une allocation en rapport avec les dépenses prévues pour des missions déterminées, d'une durée limitée.

Mais le principe de la gratuité, qui n'est pas toujours heureux et exempt de critiques, comporte quelques exceptions. A Saint-Pierre de Miquelon, en considération de la pauvreté des pêcheurs, les conseillers touchaient une indemnité journalière de quinze francs ; ce conseil a disparu. Dans l'Inde, le décret de 1879 a accordé aux conseillers de tous les établissements autres que celui de Pondichéry, non seulement les frais de transport jusqu'au chef-lieu, mais une indemnité de huit francs par jour. Il est difficile de dire pourquoi l'exception admise en faveur de cette colonie n'est pas générale, les motifs qu'on peut lui découvrir ayant toute leur valeur dans toute autre colonie. En Sénégal et en Cochinchine, les décrets autorisent l'allocation de frais de déplacement.

Ces exceptions suffisent à montrer les inconvénients de la rigueur d'un principe. Certes, il y avait de la prudence à mettre à la liberté des conseils de s'attribuer des indemnités une autre barrière que le respect humain, mais il eût été injuste de faire supporter par leurs membres des dépenses que les difficultés des communications et la cherté de la vie coloniale rendent parfois considérables. Il est peu probable qu'on ait fait de ces frais une estimation suffisante, à considérer le nombre des atteintes illégales portées à la règle, quelquefois réprimées, mais souvent tolérées par l'administration.

CHAPITRE III

Fonctionnement des Conseils

Section I. — **Sessions**

I. — *Sessions ordinaires*

Presque tous les conseils généraux des colonies n'ont qu'une session ordinaire annuelle. On a trouvé préférable de réunir les assemblées une seule fois par année pendant une durée suffisante pour liquider les affaires de la colonie, dans des contrées où les communications sont parfois difficiles. Toutefois, un conseil fait exception à cette règle d'unicité de session. Le décret du 10 août 1895 accorde au conseil général de la Nouvelle-Calédonie deux sessions ordinaires.

Malgré le principe d'unicité, la durée des sessions déterminée par les textes n'est pas très grande; elle varie de quinze jours à un mois. En Nouvelle-Calédonie, la session où l'on discute le budget et les comptes est d'un mois, l'autre de quinze jours.

Les gouverneurs tantôt seuls, tantôt en conseil privé, peuvent prolonger les sessions des conseils. Mais en Nouvelle-Calédonie et en Océanie les sessions ne peuvent dépasser la durée fixée par les décrets. En Cochinchine, la prolongation ne peut jamais être de plus de dix jours.

La session ordinaire des conseils n'est pas toujours fixée par les décrets à une date déterminée. La plupart du temps, c'est, particularité importante de la législation coloniale, au gouverneur qu'appartient le soin de convoquer l'assemblée en session, sans aucune obligation d'époque, et sans délai prescrit entre l'arrêté de convocation et le jour d'ouverture. Toutefois, au Sénégal, depuis le décret du 8 avril 1898, et dans l'Inde, la latitude du gouverneur ne porte que sur le cours d'un mois, celui de mai au Sénégal, celui d'octobre dans l'Inde. Seuls les deux conseils généraux des colonies les plus récemment organisées, la Nouvelle-Calédonie et l'Océanie, entrent en session de plein droit à des dates fixées par les décrets. En Nouvelle-Calédonie, la date de la deuxième session ordinaire est, exception unique dans la législation des assemblées délibérantes, fixée par le conseil général lui-même dans sa précédente session ou à défaut par la commission coloniale (D. 10 avril 1895).

II. — *Sessions extraordinaires*

Pour suppléer à l'insuffisance des sessions ordinaires ou lorsqu'il y a urgence à traiter certaines questions, les conseils généraux peuvent être réunis en sessions extraordinaires et autant de fois que les besoins l'exigent.

En France, les sessions extraordinaires des conseils généraux peuvent être provoquées dans trois cas : lorsque le préfet en reconnaît la nécessité; lorsqu'un certain nombre de membres le demande ; lorsqu'il y a conflit entre le préfet et la commission départementale. C'est seulement le premier cas qui existe d'une façon générale dans toutes les colonies. Partout le gouverneur peut par un arrêté convoquer extraordinairement le conseil. L'arrêté doit indiquer l'objet de la session et la durée. Et cette durée n'est en général soumise à aucune limite maxima, excepté en Cochinchine, où elle ne peut dépasser dix jours, et en Océanie huit.

Dans toutes les colonies où des commissions coloniales ont été instituées, il peut y avoir session extraordinaire du conseil dans le cas de conflit entre la commission et le gouverneur. C'est encore le gouverneur qui convoque le conseil général et lui soumet les faits.

Mais le troisième cas de session extraordinaire, celui qui laisse l'initiative aux membres du conseil eux-mêmes, n'a été emprunté à la loi de 1871 que pour trois colonies, et il est bien difficile de dire pourquoi, l'Inde, la Nouvelle-Calédonie et l'Océanie. Il faut que les deux tiers du nombre des conseillers, du nombre total dont doit être composé le conseil sans tenir compte des vacances, adressent une demande par écrit au président, qui en donne immédiatement avis au gouverneur. Le gouverneur doit convoquer d'urgence. Le conseil ne peut rester réuni plus de huit jours.

Si un conseil général se réunit hors l'époque des sessions ordinaires, et sans que les formalités prescrites pour les réunions en session extraordinaire aient été remplies, il se trouve en état de réunion illégale. Les délibérations doivent être déclarées nulles et l'assemblée séparée immédiatement. Les membres devront être poursuivis pour l'application des peines prévues par l'article 258 du Code pénal. En cas de condamnation, ils seront exclus du conseil et déclarés inéligibles pendant trois ans.

Section II. — **Séances**

I. — *Siège des Conseils*

Les assemblées délibérantes doivent, pour prendre des délibérations, se réunir en un certain lieu. La loi leur fait-elle une obligation de se réunir en un lieu déterminé?

A la vérité, pour les conseils généraux de département il n'y a pas de texte qui fixe expressément le local où ils doivent siéger ; mais on doit déduire de plusieurs dispositions de lois anciennes que ce doit être une des salles de l'hôtel de la préfecture[1]. Aux colonies ces textes n'ont jamais été en vigueur et il n'en a jamais existé de semblables. Bien mieux, on doit remarquer que si certaines villes sont considérées comme chefs-lieux de colonies, aucune, à part Cayenne, n'est légalement déterminée ; même tandis que la loi du 4 brumaire an VI fixait le chef-lieu de la Guadeloupe à la Pointe-à-Pitre, celui-ci est en fait aujourd'hui, mais par quel transfert inexplicable, à la Basse-Terre[2].

Cet absence de chef-lieux légaux de colonies était une raison péremptoire pour empêcher d'assigner ces villes comme sièges des conseils généraux. Mais à défaut de chefs-lieux, les textes pouvaient déterminer telles localités pour la réunion des conseils ou prescrire d'une manière générale que celle-ci devrait se faire dans la ville siège du gouvernement. Les deux décrets relatifs à l'Inde et à la Cochinchine fixent seuls que les conseils se réuniront à Pondichéry et Saïgon.

Ailleurs rien n'empêche le gouverneur de convoquer le conseil dans la ville et le local qu'il lui plaira de désigner, aussi bien pour l'intérêt de la colonie, la sécurité de l'assemblée que de simples convenances personnelles[3]. Il est du reste certain que la désignation du lieu des séances par le gouverneur est obligatoire pour le conseil. Le conseil ne pourrait se prévaloir de l'absence de désignations formelles par les textes pour prétendre choisir lui-même le local de ses réunions. Si dans le cours d'une session légale il tenait séances ailleurs que dans le local où il a été convoqué par le gouverneur, la réunion aurait le caractère d'illégalité entraînant la nullité des délibérations et les pénalités prévues par la loi.

II. — *Nombre minimum nécessaire de membres présents*

Les délibérations des conseils généraux ne sont en principe valables que lorsque la moitié plus un au moins des membres dont le conseil doit être composé, sans tenir compte des vacances, sont présents. C'est la règle générale et parfaitement logique pour que les délibérations puissent être censées exprimer la volonté du conseil. Ce pourrait être sacrifier les intérêts de la colonie que de considérer comme acquis un vote obtenu grâce à l'absence de trop nombreux représentants, absence excusable parfois, inévitable peut-être par suite de la rapidité de la convocation.

Mais dans les colonies où la distinction des intérêts a été jugée suffi-

---

1. Cf. loi du 28 pluviôse an VIII, arrêté du 17 ventôse an VIII et loi Tréveneuc.
2. Cf. Dislère, n° 244, en note.
3. Cf. dépêche ministérielle, 25 février 1888, Guadeloupe.

sante pour nécessiter des représentations distinctes, n'y avait-il pas lieu de prévoir un nombre minimum de présents de chacune des catégories de représentants? Dans l'Inde, en Cochinchine cependant, les colonies à catégories sociales, les décrets ne contiennent aucune disposition relative à un minimum par catégorie. C'est au Sénégal seulement que la protection d'une circonscription territoriale a été organisée. Le décret du 4 février 1879 exige que dans le nombre minimum de conseillers présents se trouvent au moins deux représentants de la circonscription de Gorée.

Ce qui n'est qu'une mesure de protection pourrait devenir un instrument d'oppression si les absences, soit négligence, soit calcul, se prolongeaient. Les décrets du 1er août 1886 et 2 juillet 1887 ont étendu à toutes les colonies les dispositions de l'article 30 de la loi du 10 août 1871 complété par la loi du 31 mars 1886. Si au jour fixé par l'arrêté de convocation le conseil ne se réunit pas en nombre suffisant, la session est de plein droit renvoyée au lundi suivant. C'est un délai de grâce accordé aux retardataires; mais il faut remarquer que sa durée n'étant pas précisée, il peut être d'une brièveté extrême, le décret fixant le renvoi de la session à un lundi alors que le jour de la semaine choisi pour la première réunion n'est pas imposé au gouverneur. Quoiqu'il en soit, les délibérations seront alors valables quel que soit le nombre des membres présents. La durée légale de la session courra à partir du jour fixé pour la seconde réunion.

Lorsqu'au contraire c'est en cours de session que les membres présents ne forment pas la majorité du conseil, les délibérations sont renvoyées au surlendemain et elles sont valables quel que soit le nombre des votants. Dans les deux cas, les noms des absents sont inscrits au procès-verbal.

Quoique le décret ne contienne à ce sujet aucune indication, il est à présumer qu'au Sénégal, dans le cas d'absence des conseillers de la circonscription de Gorée, il faudrait suivre les règles ci-dessus exposées.

III. — *Bureau*

Depuis le décret du 12 mars 1881, qui vint faire cesser l'exception injustifiée du conseil colonial de Cochinchine, toutes les assemblées coloniales nomment elles-mêmes leur bureau. Aux termes de l'article 4 du décret du 3 décembre 1870, « à l'ouverture de chaque session du conseil général, le plus âgé des membres présents remplissant les fonctions de président, le plus jeune celles de secrétaire, il est immédiatement procédé à l'élection du président, du vice-président et du secrétaire. » Dans toutes les colonies où une semblable rédaction a été adoptée, il est nécessaire d'admettre que le conseil doit procéder à l'élection de son bureau au commencement des sessions tant extraordinaires qu'ordinaires. Au contraire, à la Réunion, où un décret du 30 avril 1892 a étendu l'application de l'article 24 de la loi de 1871, en Nouvelle-Calédonie et e. Océanie, les textes prescrivant que le conseil doit élire son bureau au commencement de la « session d'août, » il faut entendre qu'il y est procédé au commencement de la session ordinaire ou de la première session ordinaire, et que le bureau conserve ses fonctions jusqu'à la même session de l'année suivante.

L'élection du président, du ou des vice-présidents, du ou des secrétaires se fait en général au scrutin secret et à la majorité absolue. Cependant, dans de nombreuses colonies, les textes ont maintenu un scrutin particulier de ballotage pour le cas où, dans deux tours de scrutin, la majorité absolue n'a pas été atteinte. Il est alors procédé à un nouveau tour entre les deux candidats qui ont obtenu le plus de voix. L'élection est acquise à la majorité relative, et, en cas d'égalité de suffrages, le plus âgé est nommé.

IV. — *Publicité des séances*

Actuellement, les séances des conseils généraux sont partout publiques. Mais ce n'est pas en vertu de textes bien anciens. La publicité qu'avait rétablie la loi de 1871 fut introduite dans les colonies des Antilles et de la Réunion en 1877. Successivement les décrets fondamentaux des conseils généraux en admirent le principe pour quelques colonies. Mais ce n'est qu'en 1887, pour la Cochinchine, et en 1890, pour l'Inde, les deux colonies à représentation particulière des indigènes, que deux décrets vinrent achever l'uniformité de la législation sur ce point.

Comme dans la Métropole, les conseils généraux peuvent, lorsqu'ils le jugent utile, se constituer en comité secret. Le huis-clos peut être voté par assis et levé, sur la demande du président, du gouverneur ou de cinq, quelquefois trois, membres de l'assemblée.

V. — *Police des séances*

Les mêmes textes qui ont prescrit la publicité des séances ont étendu l'application des dispositions de la loi départementale sur la police de l'assemblée, comblant ainsi des lacunes vraiment embarrassantes.

Le président a la direction des débats, veille seul à la police des séances, à la sûreté intérieure et extérieure de l'assemblée. Il peut faire expulser ou arrêter tout individu qui trouble l'ordre, mais pas plus qu'en France il ne peut, en dehors de ce cas, exercer de réquisition directe de la force armée.

VI. — *Règlement*

Les décrets organiques ne pouvant prévoir tous les points de la procédure des séances des assemblées délibérantes, c'est au règlement intérieur de chaque assemblée de venir les compléter. Bien que les décrets ne disposent pas toujours le droit pour les conseils généraux de faire leur règlement, on ne saurait, pour cette seule raison, le leur méconnaître. En fait, tous les conseils se sont confectionnés un règlement.

Il est évident que le règlement, dont la raison est de compléter les textes organiques, ne saurait les abroger ni les modifier; mais même dans les latitudes de la législation, le règlement n'est qu'une règle qui n'oblige que son auteur, le conseil. Il ne pourrait nullement être opposé à des tiers, par exemple à l'administration, qui, dans ses rapports avec le conseil, n'est pas tenu de le connaître. Un conseil général ne peut prétendre, comme a essayé de le faire tel conseil d'Amérique, que le droit ou la charge de voter son règlement intérieur constitue pour lui un véritable pouvoir règlementaire par délégation. D'un autre côté, il est vrai, il ne nous semble pas que dans le cas d'une insuffisance de règlementation par la loi ou les décrets, ce doive être au règlement légalement voté par le conseil à s'incliner nécessairement, même devant une instruction ministérielle. Source évidente de conflits qui ne peuvent être évités que par des concessions mutuelles et l'habileté des administrateurs.

VII. — *Ordre du jour*

L'ordre du jour, ou liste arrêtée à l'avance des questions qui doivent être traitées dans la séance, est de tradition dans toutes les assemblées délibérantes. Les conseils coloniaux sont maîtres de l'arrêter eux-mêmes pendant les sessions ordinaires.

Pendant les sessions extraordinaires, en France, les conseils généraux de département ne peuvent délibérer que sur l'objet pour lequel ils sont convoqués. Pendant ces mêmes sessions extraordinaires, aux colonies, les conseils n'ont pas tous les mêmes pouvoirs. Tantôt les décrets portent que l'arrêté de convocation pris par le gouverneur fixe l'objet de la session, tantôt cette dernière prescription est absente. Il est clair que lorsqu'un texte porte que l'arrêté de convocation fixe l'objet de la session, si le conseil délibère sur des matières autres que celles qui lui ont été exclusivement soumises, il sort de ses attributions légales et sa délibération devra être déclarée nulle[1]. Mais lorsque les textes comme ceux relatifs aux anciennes colonies, et par extraordinaire à la Nouvelle-

---

1. Cf. D. du 12 octobre 1888.

Calédonie et à l'Océanie, ne contiennent pas la même prescription, on peut en conclure, les dispositions restrictives étant de droit étroit, que le conseil général, bénéficiant du silence des textes sur ce point, n'est pas lié par l'arrêté du gouverneur et peut faire porter ses délibérations sur toute matière comprise dans ses attributions ordinaires. C'est en ce sens que la section des finances du Conseil d'Etat s'est déterminée dans un avis du 16 décembre 1873.

VIII. — *Procès-verbaux. Comptes rendus*

Les conseils sont tenus de dresser un procès-verbal de chaque séance. Les procès-verbaux sont rédigés par le secrétaire, arrêtés au commencement de chaque séance et signés par le président et le secrétaire. Ils contiennent les rapports, les noms des membres qui ont pris part à la discussion et l'analyse de leurs opinions. Dans l'Inde, le décret précise que les procès-verbaux doivent être rédigés en français. Dans la Cochinchine, au contraire, tenant compte du petit nombre d'habitants qui parlent français, et de l'utilité d'informer les asiatiques des délibérations, les procès-verbaux doivent être publiés en français et en quoc-ngnu.

Aux anciennes colonies, le décret du 13 février 1877 a étendu l'application de l'article 32 de la loi de 1871 qui prescrit que tout électeur ou contribuable du département a le droit de demander communication sans déplacement et de prendre copie de toutes les délibérations du conseil ainsi que des procès-verbaux des séances publiques et de les reproduire par la voie de la presse. Mais à part la Nouvelle-Calédonie et l'Océanie les textes ne sont pas explicites sur ce point. Il faut remarquer, d'ailleurs, qu'en aucun cas il n'y a de délai prescrit pour publier ces procès-verbaux.

Les procès-verbaux sont plutôt destinés à faire foi des délibérations prises et à en conserver la trace aux archives. Le moyen de publicité le plus à la portée des électeurs est la reproduction des travaux du conseil par la voie de la presse. La plupart des conseils sont, par une disposition encore tirée de la loi de 1871, tenus d'établir jour par jour un compte rendu sommaire et officiel de leurs séances, mis à la disposition de tous les journaux de la colonie dans les quarante-huit heures qui suivent la séance. Les textes portaient que les journaux qui se livreraient à l'appréciation, à la discussion des délibérations des conseils, devraient reproduire en même temps la portion du compte rendu afférente à ces délibérations, toute contravention à cette disposition étant punie d'une amende de 50 à 500 francs. Bien que la loi sur la presse du 25 juillet 1881, abrogeant ces dispositions en ce qui concerne les conseils de département, ait été étendue aux colonies, elle n'a pu opérer la même abrogation pour les conseils coloniaux, l'article 68 visant très explicitement la seule loi du 10 août 1871. C'est à constater, bien qu'en pratique, aux colonies, ces dispositions restrictives de la liberté de la presse soient considérées comme lettre morte.

Section III. — Délibérations. Votations

Les délibérations doivent toujours avoir lieu en langue française. Dans les colonies de l'Inde et de la Cochinchine, où les assemblées contiennent des membres indigènes, les décrets le disposent expressément.

Les votations se font au scrutin public, au scrutin secret ou par assis et levé. Aux Antilles et à la Réunion le vote au scrutin public est la règle (décret du 26 juillet 1854). Les votes ne sont secrets que lorsque quatre des membres présents le demandent. Le scrutin public est encore de règle dans l'Inde. Le scrutin secret n'y est obligatoire que pour les nominations ou lorsque la majorité le décide.

Dans toutes les autres colonies, au contraire, le scrutin public n'est qu'exceptionnel et n'a lieu que lorsqu'il est réclamé par un certain nombre de membres, tantôt le quart, tantôt le sixième des membres présents. Le scrutin secret est partout obligatoire lorsqu'il s'agit de nominations.

Les délibérations pour être adoptées doivent réunir un certain nombre de voix que les textes ne fixent d'ailleurs pas, laissant aux règlements le soin de le faire. En fait, c'est partout la majorité absolue. Partout, en cas de partage, la voix du président est prépondérante.

Cependant, dans certaines colonies, il ne suffit pas que la proposition réunisse la majorité absolue des suffrages exprimés, il faut de plus un certain nombre de votants. Généralement, les décrets réclament pour que les conseils puissent valablement délibérer la présence de la moitié plus un au moins des membres dont le conseil doit être composé. Aux Antilles et à la Réunion, d'après l'article 11 du décret du 26 juillet 1854 et en Cochinchine, d'après le décret du 8 février 1880, il faut que ce nombre de membres au moins ait pris part au vote.

Section IV. — Rôle de l'Administration dans le fonctionnement des Conseils.

1. — *Ouverture de la session*

Aux termes de l'article 9 du décret du 26 juillet 1854, l'ouverture de chaque session du conseil général était faite par le gouverneur; les membres nouvellement élus prêtaient entre ses mains le serment politique prescrit par la constitution de l'Empire. Le serment politique est aujourd'hui supprimé, mais l'ouverture de la session des conseils de toutes les colonies est faite par le gouverneur. C'est généralement l'occasion d'un important discours sur l'état général de la colonie, sur les réformes réalisées, sur celles qui restent à accomplir. Cette séance solennelle et importante est en principe la seule où le gouverneur paraît à l'assemblée. Les travaux ne commencent qu'après le départ de ce haut fonctionnaire.

II. — *Présence de l'Administration*

La loi du 10 août 1871 qui donne aux préfets le droit d'assister aux séances des conseils n'en fait pas pour eux une obligation. Néanmoins, il est d'usage que les préfets par leur présence et leurs explications verbales facilitent la discussion des affaires et aident à la bonne gestion des intérêts départementaux.

Aux colonies, à cause de la situation exceptionnellement éminente que les ordonnances monarchiques, suivies par le sénatus-consulte de 1854, avaient voulu donner au gouverneur, le gouverneur devait être dispensé d'occupations assujettissantes et parfois dangereuses pour son prestige. C'était le directeur de l'intérieur, dont l'assimilation était bien mieux faite avec le préfet, qui comme le préfet avait entrée au conseil général et assistait aux délibérations. Tous les textes qui créèrent des conseils généraux aux colonies reproduisirent cette disposition du décret de 1854. Mais avec le temps, le gouverneur, perdant de plus en plus de ce prestige qui était sa garantie, de plus en plus découvert par la disparition successive des chefs de service, avait fini par être le véritable chef responsable, celui que l'on visait dans les critiques et que l'on atteignait. Le directeur de l'intérieur, devenu une autorité inutile, disparaissait enfin par le décret du 21 mai 1898, et toutes ses attributions étaient reportées au gouverneur.

Néanmoins ce ne fut pas le gouverneur qui vint prendre la place du préfet aux séances du conseil; c'est le secrétaire général de la colonie qui est chargé d'assister aux séances et de prendre la parole au nom de l'administration. On comprend que c'est pour le gouverneur une économie de temps et l'exonération de fonctions assujettissantes, mais il est douteux que la présence du secrétaire général, qui n'est qu'un délégué sans pouvoirs personnels, soit une protection contre les attaques plus haut dirigées.

Le secrétaire général a entrée au conseil; il est entendu quand il le demande, et on ne saurait lui refuser la parole en s'appuyant notamment sur des dispositions contraires du règlement intérieur. La présence d'un membre de l'administration aux séances du conseil n'a pas pour but de donner aux membres du conseil l'occasion d'adresser certaines questions qui deviennent parfois de véritables interpellations, entraînant la chute de fonctionnaires; elle a pour but de permettre à l'administration de défendre verbalement les projets qu'elle soumet au conseil, d'intervenir dans toutes les délibérations pour faire connaître son avis, de fournir à tout propos des éclaircissements, des renseignements précis sur l'état des affaires et des services.

Lorsque par la précision de certains renseignements le secrétaire général est insuffisant à les fournir lui-même au conseil, le gouverneur peut autoriser des chefs d'administration et de service à entrer au conseil pour y être entendus sur les matières qui rentrent dans leurs attributions respectives.

La présence ordinaire du secrétaire général aux séances, depuis le décret du 21 mai 1898, n'empêche pas le gouverneur lui-même, s'il le juge à propos, de venir en personne présenter au conseil des observations sur les délibérations particulièrement importantes. Mais cette intervention supérieure du chef de la colonie à la place de son délégué ordinaire doit rester, dans l'esprit du régime, toute exceptionnelle, et ne pas devenir l'occasion pour un fonctionnaire de se laisser aller à des penchants de combativité et d'abnégation.

III. — *Préparation des délibérations*

La loi du 10 août 1871, dans son article 3, porte : « le préfet est le représentant du pouvoir exécutif dans le département. Il est en outre chargé de l'instruction préalable des affaires qui intéressent le département ainsi que de l'exécution des décisions du conseil. »

Aux colonies, nulle part on ne peut trouver de disposition semblable à cet article de la loi départementale ; rien de relatif à l'instruction préparatoire des affaires par l'organe exécutif. Bien mieux, le texte du décret instituant le conseil général de la Nouvelle-Calédonie, et qui contient un article évidemment inspiré de la loi de 1871, peut être particulièrement matière à réflexion : « Le gouverneur de la Nouvelle-Calédonie est le dépositaire de l'autorité du gouvernement. Il est chargé de l'exécution des décisions du conseil général. » Et la disposition intermédiaire, relative à l'instruction préalable des affaires, est totalement omise. Est-ce à dire que les conseils des colonies, à la différence de ceux de la Métropole, ne sont pas tenus de renvoyer leurs affaires, pour instruction préalable, au représentant du pouvoir exécutif, au gouverneur comme au préfet ?

M. Dislère (*op. cit.* n° 487) écrit : « La création dans la plupart des colonies de conseils généraux dotés de pouvoirs parfois considérables a donné, dans certains cas, aux gouverneurs des attributions analogues à celles des préfets dans la Métropole. La loi du 10 août 1871 a chargé le préfet de l'instruction préalable des affaires qui intéressent le département... Ce principe, quoiqu'il ne soit pas explicitement rappelé dans le sénatus-consulte ou les décrets, n'en existe pas moins dans nos établissements d'outre-mer... L'instruction préalable des affaires appartient au gouverneur ; un conseil général ne pourrait sans outrepasser ses pouvoirs déléguer à la commission coloniale le droit d'instruire certaines catégories d'affaires (en note : Ces questions n'ont pas été traitées spécialement à propos des conseils généraux des colonies, mais les solutions relatives aux conseils généraux de la Métropole sont dans ce cas applicables à ceux des colonies. D. du 2 juillet 1874, C. G. Gard.); cette instruction préalable est d'ailleurs indispensable dans un certain nombre de cas, et dans ces circonstances le conseil général ne saurait statuer qu'après elle. » Le Conseil d'État consulté sur un projet de décret annulant une délibération d'un conseil général a émis l'avis suivant : « Considérant que si le sénatus-consulte de 1866 ne dit pas expressément que le gouverneur est chargé de l'instruction préalable des affaires intéressant la colonie, ce principe n'en est pas moins applicable dans les colonies où le gouverneur seul a le pouvoir exécutif et est investi à l'égard du conseil général des attributions dévolues au préfet dans la Métropole... Que ces modifications n'ont été l'objet d'aucune instruction préalable par l'administration qui ne les a connues que par la décision du conseil général, prises par suite sans que le gouverneur ait été appelé à examiner la question et à donner son avis, que dans ces conditions le conseil général de la Guadeloupe a excédé ses pouvoirs et commis une violation de la loi... » (Décret du 26 novembre 1897.) Plusieurs décrets reproduisant la même doctrine, presque dans les mêmes termes, ont annulé depuis quelques délibérations prises sans instruction préalable faite par le gouverneur[1].

Ainsi, ce n'est pas d'un principe général de droit administratif, par une déduction syllogistique, ou même par une induction en concluant d'un ensemble de cas particuliers au général, que l'on tire le droit du gouverneur de procéder à l'instruction préalable des affaires de la colonie. C'est que ce principe général, cet ensemble de cas, on ne saurait le formuler, l'énoncer. On ne saurait démontrer que l'instruction des affaires des assemblées délibérantes est en général confiée à l'organe exécutif : la plupart des assemblées ne sont justement pas tenues de renvoyer à l'organe exécutif. Seul, entre toutes les assemblées administratives, le conseil général de département est tenu de renvoyer au préfet pour l'instruction de toutes ses affaires, et cela en vertu d'un texte formel et unique dans la législation. On établit simplement une comparaison entre les fonctions de gouverneur et celles de préfet, puis de l'analogie que l'on y constate, on conclut à l'identité d'attributions. Malgré les décisions (consultatives non jurisprudentielles) de la haute assemblée, malgré l'opinion du très savant auteur, nous devons déclarer qu'une telle méthode nous paraît insuffisante et ses conséquences assez mal établies.

1. Cf. *Bulletin officiel des Colonies*, n° 5, 1898, Guyane. D. 3 février 1899.

L'analogie suppose par définition des ressemblances et des dissemblances ; pour qu'elle amène à une induction positive, à conclure de l'un à l'autre, il faut non seulement que les ressemblances paraissent l'emporter sur les dissemblances, mais qu'on ait été autorisé à penser que c'est des ressemblances, de telles ressemblances déterminées que la conséquence commune doit découler. Le gouverneur a bien dans la colonie des fonctions analogues à celles du préfet dans le département. Comme le préfet il détient seul le pouvoir exécutif. Parce que le préfet vis-à-vis du conseil général possède le droit d'instruction préalable, le gouverneur doit le posséder aussi ? Quelle audacieuse conclusion si l'on ne peut dire en vertu de quel principe, commun au gouverneur, le préfet possède ce droit ! Ce n'est pas en vertu d'une loi supérieure et générale, par sa qualité d'organe exécutif, puisqu'on sait que le préfet est justement la seule des autorités exécutives à posséder ce privilège. Alors en vertu de quelle particularité de l'organisme administratif départemental ; par quelle nécessité de constitution, commune à la colonie ? Abstraction faite de la disposition expresse de la loi de 1871, le conseil général de département serait-il tenu de renvoyer au préfet pour l'instruction préalable de toutes ses affaires ? De ce qu'il y ait certaines affaires ne pouvant être pratiquement instruites que par l'organe exécutif qui détient la direction des services et le moyen de procéder à certaines opérations utiles, s'ensuivrait-il que toutes les affaires dussent être soumises au même régime ? Ce peut être une obligation pratique et particulière, ce n'est pas une obligation théorique et générale. L'instruction préalable de l'exécutif n'est pas une nécessité essentielle de l'organisation des conseils généraux des départements. Comment veut-on scientifiquement la transporter aux conseils généraux des colonies, institution distincte, analogue, mais dont l'assimilation n'est nullement légitimée ?

D'autre part il semble difficile de s'appuyer sur le principe que les conseils généraux n'ont que les droits qui leur sont accordés par leurs textes constitutifs et que tout ce qui ne leur est pas permis leur est interdit. Ce principe ne saurait être absolu. Il doit supporter des exceptions, dont on trouve des exemples dans l'étude des attributions, et ne peut-être entendu comme ayant pour effet de priver le conseil de certains droits découlant naturellement de ses attributions, de son rôle, de sa constitution. Il nous semble impossible de ne pas reconnaître comme un droit naturel, en l'absence de dispositions contraires, le droit de procéder à la préparation des affaires sur lesquelles la loi donne le droit de délibération.

Notre conclusion est donc que si l'on peut très ardemment et très légitimement désirer que l'administration ne soit pas tenue dans l'ignorance des délibérations que l'assemblée va prendre, il ne faudrait pas prendre un désir ardent et légitime pour la réalité légale. L'administration peut avoir le plus grand intérêt à étudier préalablement les questions, pour les mettre au point, pour déterminer l'attitude qu'elle doit tenir dans la discussion, d'autant plus que parfois, sans droit de tutelle, elle n'aura plus d'action; mais l'on ne saurait, selon nous, découvrir, en l'état de la législation, de point d'appui pour obliger un conseil à attendre l'instruction préalable du gouverneur. C'est une lacune de plus dans la législation coloniale; on ne saurait la combler à son gré.

IV. — *Exécution des délibérations*

Si relativement à la préparation des délibérations, le silence des textes créait une lacune qu'il était impossible de combler, ici un même silence ne saurait avoir le même effet, quant à l'exécution des délibérations.

Le gouverneur seul ayant le pouvoir exécutif, à lui seul appartient l'exécution des décisions du conseil général. Que des textes explicites le rappellent ou non, ce principe ne supporte pas le moindre doute, parce que c'est un principe général et absolu. Un conseil général ne pourrait point déléguer un de ses membres pour l'exécution d'un de ses votes, passer un marché ou intenter une action au nom de la colonie, ni même transmettre à qui de droit un vœu émis par le conseil. La délibération à l'organe délibérant, l'exécution à l'organe exécutif. Et ce principe est rigoureusement applicable dans toutes ses conséquences. Le pouvoir délibérant est voisin du pouvoir législatif, les délibérations comme les lois doivent être des décisions de principe, avoir un objet général et règlementaire. Au pouvoir exécutif de procéder à l'exécution des décisions de l'organe délibérant et de prendre lui-même les décisions individuelles. Ainsi doit être appliquée en matière coloniale une règle qui s'est affirmée en matière départementale par de nombreuses décisions : c'est au gouverneur seul qu'appartient la répartition individuelle des fonds votés par le conseil général sous forme de libéralités, de subventions[1]. Les conseils généraux ne peuvent faire de libéralités nominatives, ils ne peuvent pas prendre de décisions, par exemple en matière de pensions, spéciales à un employé déterminé.

Mais si c'est à l'exécutif qu'appartient le droit de procéder à toutes les mesures d'exécution est-ce pour lui une obligation ? Pas plus dans le cas de décision exécutoire que dans les cas de simples délibérations consultative ou soumise à approbation (ou d'ailleurs l'administration peut avoir à procéder aussi, en quelque sorte, à une exécution dans l'examen de la délibération pour l'approuver ou la rejeter ou dans la transmission du vœu à qui de droit), en aucun cas il n'y a de sanction prévue par la loi. S'il y a une obligation pour l'organe exécutif, elle ne saurait être que morale. L'organe exécutif, juge du moment opportun, peut retarder indé-

---

1. Cf. avis du C. d'État du 18 février 1897.

finiment l'exécution, le conseil ne saurait trouver de recours contre cette inaction prolongée. Cette inaction prolongée n'autoriserait certainement pas le conseil à faire procéder lui-même à l'exécution de sa décision, comme M. Dislère admet (entorse à sa théorie) qu'une inaction l'autoriserait à faire procéder à l'instruction préparatoire. Il ne resterait au conseil qu'un recours gracieux au ministre et le moyen révolutionnaire du conflit. C'est ainsi que l'administration peut transformer entre ses mains un droit, qui est aussi une obligation, en un moyen de contrôle commode et énergique mais certainement irrégulier.

V. — *Dissolution. Suspension*

I. — Ce droit si considérable de mettre fin, par une simple mesure d'exécution, au fonctionnement et à l'existence même d'une assemblée élue, le législateur de 1871 a reconnu la nécessité de l'inscrire dans la loi départementale, son utilité étant manifeste comme solution définitive dans des cas d'incapacité, de rébellion de l'assemblée, de conflit avec l'administration; mais il a pris bien soin de mettre à son exercice des conditions particulières, une règlementation précise, de l'accorder uniquement au chef du pouvoir exécutif avec l'obligation d'en référer au pouvoir législatif, précautions qui, mises à l'exercice de ce droit, en éloignent l'abus. Aux colonies, le droit de dissoudre les assemblées locales devait avoir, en principe, au moins autant d'utilité; il devait, pour les mêmes raisons, être organisé. C'est au gouverneur, par un simple arrêté en conseil privé, qu'est attribué le droit de prononcer la dissolution des conseils coloniaux. Le gouverneur doit avertir immédiatement le ministre de la décision qu'il vient de prendre.

On peut apercevoir ici assez nettement, au lieu de l'appréhension véritable qu'éprouvait le législateur en organisant dans la Métropole ce droit de dissolution, l'indépendance d'esprit avec laquelle on le transporte aux colonies, sans juger à propos d'y joindre aucune de ces garanties dont on avait eu soin de l'entourer en France. On aperçoit encore une des caractéristiques de la législation coloniale en la déconcentration des pouvoirs du chef de l'État au représentant dans la colonie, et cette déconcentration, qui rapproche de l'assemblée locale l'exercice du contrôle, vient particulariser les rapports de l'assemblée et de l'administration par l'accroissement d'autorité que celle-ci en retire, par les garanties de liberté que celle-là y perd.

Cette déconcentration a deux causes : d'abord une nécessité géographique, résultant de l'éloignement, de la difficulté des communications, qui obligent à confier, en vue d'une simplification indispensable et de l'urgence de certains cas, au représentant local l'exercice plus étendu de la puissance publique. Elle a aussi une autre cause dans une considération qui prend une importance primordiale dans certaines parties de la législation

lation coloniale : la défiance du suffrage universel. On redoute, à tort ou à raison, ce n'est pas le lieu de l'apprécier ici, un recrutement imparfait des assemblées électives, mauvaises par la capacité ou les dispositions d'esprit ; on craint que l'entraînement de querelles intestines, les passions violentes des climats des tropiques, de déplorables malentendus de races, de couleurs n'aboutissent à des oppositions obstinées, des hostilités, des conflits que le représentant du pouvoir exécutif pour son prestige et sa sécurité personnelle doit pouvoir trancher avec ses propres armes.

La colonie privée de sa représentation par la décision du gouverneur doit être appelée à élire un nouveau conseil. C'est dans cette manifestation de la volonté des citoyens, et la période de lutte électorale qui la précède, que l'on peut avoir à redouter les excès, facilement déchaînés par le mécontentement de la mesure brutale qu'est la dissolution. Il y avait donc lieu, dans la fixation du maximum du délai pendant lequel doivent être réunis les collèges électoraux, de tenir compte de la nécessité de ne pas priver trop longtemps la colonie de sa représentation, mais aussi de la nécessité de laisser s'écouler un temps assez long pour permettre aux passions de s'apaiser et aux esprits d'envisager la situation avec le calme qui seul permet les solutions heureuses. C'est ainsi qu'un délai de trois mois fut généralement ouvert au gouverneur pour réunir les collèges électoraux. Cependant, en Nouvelle-Calédonie, c'est, sur le régime des départements, l'arrêté de dissolution qui doit convoquer lui-même les électeurs pour le quatrième dimanche qui suit sa date. En Océanie, les collèges doivent être réunis le huitième dimanche qui suit l'arrêté de dissolution. Dans ces deux colonies, les textes fixent, en outre, le jour où doivent se réunir de plein droit en session les conseils généraux nouvellement élus.

II. — La suspension comme la dissolution permet au pouvoir exécutif, pour la plus grande tranquilité des colonies, ou la meilleure marche des affaires, d'interrompre le fonctionnement normal des conseils ; mais à la différence de la dissolution, au lieu de mettre fin à l'existence même de l'assemblée et au mandat de conseiller général, la suspension interrompt simplement le fonctionnement, retarde provisoirement l'exercice du mandat.

Proposée tout d'abord, lors de la discusion de la loi de 1871, à la place de la dissolution que l'on considérait comme trop énergique, la suspension avait été écartée et remplacée par celle-ci, devant les arguments de M. Waddington qui en montra les dangers, parce qu'elle exaltait les esprits autant que la dissolution, et l'insuffisance parce qu'elle ne tranchait rien. Il est peu probable qu'aux colonies la suspension ait une valeur supérieure à celle qu'on lui attribuait pour la Métropole, mais on a dû penser qu'on ne saurait trop armer les gouverneurs des colonies !

Ce droit de suspension, comme le droit de dissolution, appartient au gouverneur en conseil privé. Les mêmes considérations de déconcentration nécessaire devaient amener cette identique organisation. Comme pour la dissolution, le seul tempérament apporté à cette prérogative exceptionnelle est l'obligation d'avertir le ministre. L'arrêté ne doit pas nécessairement être motivé. Quant à la durée même que la suspension ne peut dépasser, elle n'est en général pas fixée par les textes. En Calédonie et en Océanie, seulement, elle ne doit pas dépasser deux mois. Dans toutes les autres colonies, le silence des textes peut permettre de graves latitudes. Nous estimons cependant qu'on ne saurait priver indéfiniment une colonie de sa représentation élue en ne mettant pas un terme à une suspension. La suspension, qui n'est qu'une mesure provisoire, doit être d'une durée relativement courte; peut-être ne devrait-elle pas excéder les délais pendant lesquels la colonie peut se trouver privée de sa représentation par la mesure plus grave qu'est la dissolution; en faisant les hypothèses extrêmes, elle ne devrait certainement pas empêcher le conseil de tenir dans le cours de l'année la session que les textes lui accordent comme ordinaire.

TITRE II

Attributions des Conseils

CHAPITRE PRÉLIMINAIRE

Généralités

Actuellement, après le développement historique retracé dans la première partie de cette étude, c'est le sénatus-consulte du 4 juillet 1866 qui est la base de la législation des attributions des conseils. Il forme pour les anciennes colonies une véritable charte qu'il faut compléter sur quelques points par des dispositions tirées du sénatus-consulte du 3 mai 1854 et du décret du 26 juillet de la même année, par des textes postérieurs, le décret du 11 août 1866, tandis que la loi du 11 janvier 1892 et la loi de finances de 1900 viennent, au contraire, apporter des abrogations restrictives. Dans les autres colonies, les colonies à décrets, c'est des textes fondamentaux complétés par les lois de 1892 et de 1900 que l'on tire les dispositions relatives aux attributions. Mais dans ces colonies les décrets, en cette matière, malgré quelques différences nécessitées par les conditions d'application, ne sont qu'une copie, une reproduction bien approchée du sénatus-consulte de 1866.

Si maintenant l'on veut bien se rappeler que le sénatus-consulte du 4 juillet 1866 précédait de peu la loi départementale du 18 juillet 1866 qui réformait les attributions des conseils généraux de département, que ces deux œuvres législatives, élaborées de front, devaient emprunter le même esprit directeur, on pourra constater qu'à part les points qui constituent la particularité du régime colonial, c'est en effet à la loi du 18 juillet 1866, sur les attributions des assemblées départementales, que le régime du sénatus-consulte, et partant des décrets, peut être le mieux assimilé.

Et l'on peut de suite en tirer cette conséquence que, tant au point de vue de l'énergie qu'au point de vue de la matière des attributions, les conseils coloniaux vont présenter, avec les conseils de départements, les différences résultant de l'extension des pouvoirs qu'a réalisée pour ceux-ci la loi du 10 août 1871.

Les délibérations que peuvent prendre des assemblées délibérantes sont de trois sortes : des délibérations consultatives, des délibérations soumises à approbation, enfin des décisions entières.

Les conseils généraux des colonies, comme ceux des départements, sont dotés de ces trois sortes de délibérations. Mais la répartition des attributions entre ces différentes catégories de délibérations a été modifiée pour les départements par la loi de 1871 dans le sens d'un accroissement de pouvoirs. Les conseils des colonies n'auront pas bénéficié de cette évolution.

D'autre part, la loi de 1871, entre les décisions définitives et les délibérations soumises à approbation, place une catégorie intermédiaire de décisions qui deviennent exécutoires par elles-mêmes si dans un délai fixé à trois mois un décret motivé, mais qui peut être prononcé pour simple inopportunité de la mesure prise, n'en est pas venu suspendre indéfiniment l'exécution. C'est en somme une sorte de délibérations soumises à approbation, mais à approbation tacite, ce qui les rend plus énergiques puisqu'elles bénéficient de l'inaction même de l'administration. Cette espèce de décisions, la législation coloniale ne devait pas la connaître et l'on comprend que c'est la liste des simples délibérations qui est restée allongée de toutes les matières qui dans les départements devaient être soumises à ces décisions nouvelles.

Enfin la loi, pour si complète et si explicite qu'elle soit, ne peut énumérer toutes les attributions des assemblées délibérantes; elle prévoit que d'autres affaires pourront être soumises au conseil général, soit sur la proposition de l'administration, soit sur l'initiative des membres. Alors que la loi du 10 août 1871 porte que sur ces affaires le conseil général prend des décisions exécutoires trois mois après la clôture de la session, sur ces mêmes affaires le conseil colonial émet un simple avis ou un vœu. Au lieu de la décision, le droit commun des délibérations des conseils des colonies est la simple manifestation d'opinion.

De même et pour la même raison, au point de vue de la matière des attributions, on pourra constater entre les assemblées départementales et les assemblées coloniales des différences, celles-ci ayant des attributions moins nombreuses que celles-là. Mais, sur ce point, les différences résulteront, à vrai dire, moins de l'absence de quelques attributions secondaires que de l'octroi aux conseils coloniaux d'attributions qui prennent une importance en fait plus considérable à raison de l'objet auquel elles s'appliquent, du milieu dans lequel elles sont exercées, et, en second lieu, d'attributions que l'Etat n'abandonne pas aux asssemblées départementales, mais seulement aux assemblées coloniales, parce que la colonie, par sa nature physique et juridique, par la norme de son développement, peut et doit avoir plus de droits que le département. Nous voulons parler de droits qui, dépassant la nature administrative, réalisent plus que la décentralisation, mais l'autonomie. Le droit purement financier de fixer le montant de la taxe, de voter le subside, qui appartient à toutes les assemblées administratives, est en soi indépendant de la loi. Mais le droit de déterminer l'assiette et le mode de perception paraît bien être une forme du droit de légiférer. Les impôts votés par les assemblées administratives ont leur assiette déterminée d'avance par la loi. Pour les conseils généraux de département le principe est absolu, et pour les conseils municipaux la loi du 29 décembre 1897, sur la suppression des taxes d'octroi, est intéressante à consulter : elle détermine elle-même l'assiette pour certaines taxes de remplacement et réserve l'approbation législative pour les autres[1]. Les conseils généraux des colonies par la possession de ces attributions qui partout appartiennent au pouvoir législatif, se distinguent profondément des autres assemblées administratives.

Mais si ces attributions sont de nature législative, il doit être bien entendu que c'est au point de vue matériel seulement, car à ces attributions, comme aux autres, il manque ce qui fait véritablement la loi : le caractère souverain. Toutes les attributions des conseils généraux sont soumises à un certain contrôle de tutelle; toutes restent administratives en réalité. C'est seulement un déclassement de matières législatives en attributions administratives.

Les conseils des colonies n'ont aucune attribution politique, c'est-à-dire se rapportant à l'exercice du gouvernement de l'État. La loi du 15 février 1872, qui permet aux conseils généraux des départements de s'assembler d'urgence en cas de dissolution illégale des Chambres, ne pouvait s'appliquer aux colonies, à cause de leur éloignement, et n'y a pas été promulguée.

Les assemblées coloniales, comme les assemblées départementales, n'ont aucune attribution juridictionnelle.

*
* *

La législation coloniale, par ses sources, est multiple; elle est presque aussi variée. Cette législation des attributions des conseils, quoique basée sur le sénatus-consulte de 1866, est loin d'être uniforme et l'on rencontre nombre d'exceptions. Parfois, il est possible de trouver à ces exceptions des raisons parfaitement justes dans la nécessité de modalités différentes à une institution dans des conditions différentes de milieu[2], mais parfois aussi il est difficile de trouver d'autre explication que dans l'influence d'un esprit évoluant de tendances décentralisatrices à la centralisation tutélaire. Et les variations de la législation entre les colonies se mani-

1. Cf. HAURIOU, Droit administratif, 4ᵉ édition, p. 749.
2. On peut signaler parmi ces conditions celles qui doivent résulter de la superposition ou de l'infraposition de divisions administratives ayant ou non la personnalité, et inconnues ailleurs, les arrondissements de l'Inde et de la Cochinchine, et l'Union Indochinoise.

festent dans chacun des éléments de l'attribution, la matière et l'énergie.

Mais ce qui est intéressant, c'est de considérer des variations dans une même colonie, sur différentes parties territoriales ou sociales d'une colonie. Il semble, à première vue, que la compétence de l'assemblée, se superposant à la capacité de la colonie, doive être égale et totale sur la colonie, sans soustraction de fractions. Ce que la colonie a le droit de faire, elle doit pouvoir le faire sur tout son territoire et à l'endroit de tous ses habitants.

C'est logique, mais à une condition, c'est que la colonie soit une et homogène par l'égalité et la cohérence de toutes ses parties. Dès qu'un fractionnement territorial ou social se produit, créateur d'inégalités, dès qu'au point de vue de la représentation des groupes d'intérêts sont soustraits au régime commun, la porte est ouverte à des différenciations de capacité pour la colonie, de compétence pour l'assemblée.

Lorsque, par la soustraction de la représentation de certains intérêts territoriaux ou sociaux, une assemblée n'est plus que l'assemblée d'une fraction de la colonie, il paraît très rationnel que sa compétence n'ait pour étendue que les intérêts représentés. C'est là le principe fondamental, à la base de tout système représentatif, qu'une assemblée ne gère que les intérêts de ses mandants. D'ailleurs, à côté de toute considération scientifique ou juridique, il en existe une autre, de caractère pratique, mais essentielle. Si l'on a été amené à porter atteinte à l'universalité (ou à l'égalité) du droit de suffrage, ce n'est peut-être pas pour d'autres raisons que la nécessité d'assurer la protection de certains intérêts sacrifiés par la coalition d'autres catégories de la colonie, et la suppression partielle de la représentation permettait de mettre à l'abri de la gestion de l'assemblée les intérêts sacrifiés[1].

Depuis la création du conseil général des Etablissements d'Océanie, par le décret du 26 décembre 1885, la répartition des membres entre les différents archipels formant le territoire représenté avait donné lieu à de sévères critiques. Non seulement les archipels des Marquises, Tuamotu, Gambier, Tubuai et Rapa, ne disposant pas d'éléments aptes à faire partie d'une assemblée élue, devaient choisir leurs représentants parmi des habitants du chef-lieu, n'ayant pas une connaissance suffisante des intérêts dont ils avaient la charge ; mais la répartion du nombre des membres du conseil entre les diverses circonscriptions électorales, quoique improportionnelle déjà à la population, exposait les intérêts de ces archipels à être constamment sacrifiés devant ceux des circonscriptions du chef-lieu et de Tahiti, représentées au conseil par la majorité des voix.

---

1. Cette inexacte observation par l'assemblée des intérêts locaux en présence — qui est une des graves imperfections du régime — peut être telle qu'entre autres causes elle aboutisse à la suppression de l'assemblée tout entière, comme à Saint-Pierre et Miquelon (D. du 25 juin 1897).

Le décret du 10 août 1899, pour remédier à cette situation, réalisa la suppression de la représentation des circonscriptions sacrifiées, ce qui lui permettait de soustraire en même temps à la compétence du conseil les affaires concernant l'étendue de ces circonscriptions. Ainsi, sous la dénomination « d'Etablissements français de l'Océanie » il faut voir en réalité, sous l'autorité d'un même gouverneur, deux colonies parfaitement distinctes; l'une possédant une assemblée représentative exerçant ses droits, faisant valoir ses intérêts, l'autre absolument indépendante, autonome, pourrait-on dire, en précisant que, dépourvue de toute représentation élue, elle est soumise à l'administration directe du gouverneur. C'est le gouverneur, en conseil privé, qui en arrête les budgets des recettes et des dépenses; seuls sont exceptés les douanes et l'octroi de mer. Quand le conseil privé s'occupe des questions intéressant l'un des archipels non représentés au conseil général, il lui est adjoint un délégué de l'archipel intéressé, délégué nommé par décret sur la présentation du gouverneur! Ce sont là toutes les garanties représentatives de ces établissements.

La restriction de la compétence du conseil dans la mesure où la colonie a cessée d'être représentée, apparaît là comme pratique et rationnelle. Mais on peut concevoir des cas où la compétence de l'assemblée dépasserait les limites de la base de représentation. Là, des fractions privées de représentation sont administrées directement par le délégué de la personne administrative supérieure, l'Etat; mais on peut concevoir la colonie elle-même, les éléments actifs de la colonie, exerçant cette tutelle sur les fractions passives, les territoires régents sur les territoires soumis, les citoyens sur les sujets. Dans le régime démocratique, avec le suffrage universel, à côté du corps électoral se trouvent des incapables, ceux qui sont exclus de la jouissance du droit de vote, femmes, étrangers, indignes, et ceux qui ne réalisent pas les conditions d'exercice. Tous ces individus ne sont pas soustraits à la compétence de l'assemblée délibérante. Mais cela n'atteint pas l'essence du régime démocratique, parce que les intérêts de cette partie passive de la population ne sont pas gravement distincts de ceux de la partie active. Si au contraire les intérêts sont distincts et opposés et qu'une seule partie active soit compétente pour les gérer tous, le régime apparait alors comme créant une tutelle privilégiée d'une fraction sur une autre fraction, un régime d'allure aristocratique.

Aux colonies, à côté des individus qui, comme en France, forment la partie passive de la population, il est d'autres fractions territoriales ou sociales, très importantes, non représentées. Sur elles les attributions vont s'étendre indistinctement.

Ce sont d'abord les indigènes, sujets français soumis, par définition, à la souveraineté sans prendre part à son exercice. Il est des systèmes coloniaux, dont la constitution de la colonie anglaise du Natal, autonome, à gouvernement responsable, peut être le type, qui exceptent soigneusement l'administration des intérêts de la population indigène de la compétence de l'assemblée coloniale, de façon à soustraire cette population à l'oppression possible de la minorité européenne. La législation des conseils coloniaux français ne s'embarrasse pas de cette distinction et les indigènes, sans représentation, sans aucune institution protectrice, sont abandonnés aux décisions de l'assemblée locale. Les attributions de celle-ci ont la même énergie, qu'elles n'intéressent que la fraction représentée ou qu'elles atteignent la masse des indigènes. C'est la tutelle absolue de la colonie active sur des individus sujets. — L'on peut ajouter que, non plus, lorsque les indigènes ont au conseil une représentation spéciale mais improportionnelle, comme dans l'Inde et en Cochinchine, aucune différenciation n'est faite dans les attributions ou les pouvoirs, suivant les affaires qui intéressent ou non ces indigènes.

On vient de voir une compétence étendue sur des fractions sociales non représentées, on peut rencontrer une même compétence sur des fractions territoriales. Le décret du 28 décembre 1885 accordait au conseil général de l'Océanie une compétence sans restriction sur tous les établissements représentés au conseil ; le décret du 10 août 1899 ne changea rien à ce principe. Mais on sait que l'exercice du droit de vote ne devait être possible dans chaque circonscription qu'aux habitants des districts où l'état civil serait régulièrement organisé. Qu'est-ce donc sinon sur ces districts non représentés l'exercice d'une tutelle de territoires régents ?

Cette gestion de tutelle, au lieu d'être absolue, indivise, toute entière à la colonie active, peut être partagée entre deux personnes morales, l'État et la colonie. La division de la tutelle peut se faire par la matière des attributions, mais elle peut aussi se faire par l'énergie des attributions. La colonie du Sénégal comprend à côté de territoires vraiment français, des territoires annexés, des territoires protégés simplement. Le pays français, c'est-à-dire les territoires des communes constituées, est seul représenté au conseil général. Il eut été difficile de donner à cette assemblée de la partie française de la colonie une compétence absolue sur les territoires annexés, et de lui faire exercer ainsi une sorte de droit de souveraineté et de protection qui doit appartenir à l'État par l'intermédiaire de son représentant. Mais le contact immédiat, la pénétration intime des intérêts des diverses parties de la colonie faisaient valoir l'utilité de donner à l'assemblée un certain pouvoir de délibération sur toutes les affaires de la colonie. Pour le respect du principe de souveraineté et pour éviter l'oppression des intérêts non représentés, ces délibérations, lorsqu'elles s'appliquent aux affaires de la colonie entière, ne doivent pas avoir la même énergie que lorsqu'elles intéressent les seuls territoires représentés. En dehors des territoires représentés, jamais les délibérations ne contiennent de décision exécutoire par elle-même. Les mêmes délibérations qui ailleurs seraient des décisions définitives, là, ne dépassent pas la délibération soumise à l'approbation expresse de l'autorité supérieure, d'une autorité de l'État, du gouverneur,

CHAPITRE PREMIER

Force exécutoire et valeur juridique des délibérations.

Section I. — **Force exécutoire des délibérations**

I. — Des avis, des vœux, de toutes ces manifestations d'opinion que sont les simples délibérations consultatives, il n'y a rien à dire. Elles sont dénuées de toute force exécutoire. Prises sur des matières où la colonie n'a que des intérêts à faire valoir, pas de droits à exercer, il peut ne leur être donné aucune suite, ou mieux même une suite tout à fait contraire.

II. — Les délibérations soumises à approbation soulèvent, au contraire, des questions importantes. Les textes portent : « Le conseil général délibère sur... Les délibérations du conseil général sur les matières énoncées sont approuvées par... » Mais de la valeur même de cette délibération, des droits de l'assemblée vis-à-vis de ceux de l'autorité supérieure, aucune indication. C'est par le rapprochement avec les autres délibérations, consultatives et décisives, que la valeur propre des délibérations soumises à approbation se précise ; c'est de ce rapprochement que se dégage la valeur de demi-décision. Pour la différencier des deux autres, il faut à la délibération *stricto sensu* de la décision, mais pas toute la décision. Placée entre deux extrêmes, elle ressemble à la délibération consultative puisqu'il peut ne pas être donné suite à sa résolution, mais elle doit s'en distinguer et se rapprocher de la décisive, en contenant une certaine part de décision qui la met à l'abri de suites autres que celles qui ont été résolues. L'autorité compétente pour approuver la délibération peut refuser son approbation ; c'est dans la possibilité de ce rejet, exprès ou tacite (le silence de l'autorité supérieure doit être considéré comme une décision de rejet) que se trouve la réalité de ce pouvoir fractionné de décision. Mais si l'autorité qui approuve a certainement le droit de ne pas approuver, il apparait, aussi, qu'elle n'a nullement le droit de modifier la délibération, sans ratification postérieure de l'assemblée, de lui donner une exécution différente, ou même partielle, dénaturant ainsi la portée de la délibération. Car tous ces actes allant à l'encontre de l'intégrité de la délibération, méconnaitraient la part de décision qu'elle contient et rabaisseraient la délibération au rang de vulgaires délibérations consultatives. Confusions inéluctables qu'on ne peut vraisemblablement pas supposer dans l'intention du législateur.

Ces considérations nous mettent au regret de ne pas partager l'avis de M. Dislere lorsqu'au numéro 407 de son traité il écrit : « Il est évident que le législateur n'a pas eu en vue de créer une confusion de pouvoirs, qu'en accordant au pouvoir exécutif le droit d'approuver, ce qui implique la faculté de rejeter, il a eu l'intention de lui reconnaître celui d'amender; cependant, les termes qu'il a employés prêtent à l'équivoque, et c'est à la législation générale qu'il est nécessaire de se reporter pour rechercher, dans chaque cas particulier, la limite des attributions du pouvoir central et des pouvoirs locaux. » Oui, il nous paraît aussi évident que le législateur n'a pas eu en vue de créer une confusion de pouvoirs, pas plus que le Constituant de 1875 répartissant entre deux Chambres le pouvoir législatif de la France; mais nous ne voyons pas de confusion de pouvoirs dans un régime qui réclame simplement l'accord de deux volontés distinctes; si en cas de désaccord le dernier mot ne reste à personne, si le résultat est négatif (toutes considérations critiques mises de côté) en quoi cette hypothèse est-elle plus invraisemblable que celle de toute proposition en faveur de laquelle, dans une assemblée, une majorité ne se rencontre pas ? Ne pas admettre l'égalité des droits du pouvoir exécutif et du conseil, égalité qui doit permettre non de se vaincre mais de se neutraliser, vouloir que le dernier mot reste au pouvoir exécutif, que le pouvoir exécutif ait la faculté d'amender, de dénaturer la délibération de l'assemblée locale, c'est, nous n'apprécions pas, nous constatons, proclamer que la délibération soumise à approbation et la délibération consultative sont une seule et même chose[1].

Si, dans la théorie, il importe peu de savoir quelle autorité possède la moitié de ce pouvoir de décision dont le conseil possède l'autre moitié, dans la réalité contingente, c'est, au contraire, loin d'être sans influence que la remise du contrôle tiré de l'approbation des délibérations à une autorité plus ou moins haut située dans la hiérarchie administrative, plus ou moins éloignée du conseil lui-même. Si un contrôle haut et loin situé est, en principe, une garantie d'impartialité, ce n'est pas nécessairement pour le conseil une cause de plus d'indépendance. Plus conscient de son invulnérabilité, le contrôle peut être plus énergique; mais aussi, par la distance et l'insuffisance des connaissances, il peut être moins éclairé sur l'opportunité de la délibération. L'intérêt primordial de ne pas perdre en complications administratives un temps précieux dans les affaires coloniales devait faire partager entre le chef de l'État, tantôt par

---

1. La matière en laquelle la valeur de la délibération et l'étendue du droit d'approbation du pouvoir exécutif ont été le plus largement discutées, et où les droits du pouvoir exécutif, d'ailleurs, ont été interprétés dans le sens le plus exorbitant, est celle des dons et legs. Nous renvoyons à l'étude de l'objet des attributions pour l'exposé des arguments dont nous espérons faire justice.

décrets rendus en forme de règlements d'administration publique, tantôt par décrets simples, et le gouverneur en conseil privé l'approbation des délibérations du conseil général.

Les textes contiennent entre eux quelques différences qu'il est bien difficile de motiver. Le décret du 11 août 1866, réglant les conditions d'approbation des délibérations que le sénatus-consulte du 4 juillet reconnaissait aux conseils des trois anciennes colonies, organise les trois modes d'approbation que nous venons de dire. Les décrets qui, à partir de 1878, constituèrent des conseils aux différentes colonies, répartiront, probablement parce que ces colonies étaient soumises au régime des décrets simples en toute matière, les délibérations entre de simples décrets et des arrêtés du gouverneur. Mais dans les textes datant de 1885, à un moment où l'assimilation avec ses garanties administratives devenait plus intense, les décrets simples disparaissent au contraire et sont remplacés par les décrets toujours rendus en forme de règlements d'administration publique. S'il doit en résulter plus de garanties, il y en a certainement encore plus de complications et de lenteurs !

Les inconvénients provenant des lenteurs qui résultent de la nécessité de l'approbation de l'administration centrale peuvent être dans une certaine mesure évités par l'approbation provisoire et l'exécution que le gouverneur peut donner à certaines délibérations soumises à l'approbation définitive par décret. Mais c'est là une mesure dont les effets peuvent être regrettables dans le cas, heureusement assez rare grâce à la rapidité toujours croissante des communications, où l'approbation serait définitivement refusée. Mais il faut ajouter que pour certaines de ces délibérations, celles qui ont un caractère législatif, le conseil d'État ne considère pas que le refus d'approbation définitive d'une délibération rendue provisoirement exécutoire entraîne d'effet rétroactif; les perceptions, s'il s'agit de taxes et contributions effectuées en vertu de cette délibération, sont considérées comme légalement faites et non sujettes à restitution (C. d'État, 23 novembre 1888).

III. — Les délibérations contenant décision entière, définitive, exécutoire directement par elle-même, sont celles par lesquelles s'exercent les droits les plus hauts de la colonie.

De ce que ces décisions sont exécutoires par elles-mêmes, de ce que devant leur inopportunité évidente aucune autorité ne peut agir pour en arrêter les effets, s'ensuit-il qu'elles soient sans aucun contrôle, contrôle tendant à assurer, sinon leur opportunité, au moins leur légalité? C'est le principe de contrôle pour le respect de la loi, principe sur lequel repose toute société organisée, que consacre la législation coloniale.

Les décisions définitives, exécutoires par elles-mêmes, sont soumises à un certain contrôle, mais ce contrôle présente des caractères importants. D'abord, il n'est pas général; il ne porte pas sur l'opportunité de la décision : à ce point de vue, la décision est vraiment libre et définitive.

Il porte uniquement sur la régularité de la délibération. L'annulation ne peut être prononcée que pour cause déterminée : l'excès de pouvoir ou la violation d'une disposition de la loi, sortes d'ouvertures bien précises, qu'on ne saurait méconnaître ni élargir. Par violation de la loi, il faut entendre violation de la loi et de toutes les dispositions ayant force de loi, ce qui permet aux textes de faire des énumérations assez dissemblables de décrets réglementaires, décrets simples et arrêtés du gouverneur. L'excès de pouvoir, non spécifié, est laissé à l'interprétation jurisprudentielle.

Mais l'annulation ne peut être qu'assez rare, ou du moins exceptionnelle ; car l'une des principales causes d'excès de pouvoir, l'incompétence, est exceptée des cas d'annulation pour faire l'objet d'un contrôle spécial, du moins lorsqu'elle consiste en une délibération prise sur des matières absolument en dehors des attributions du conseil. Lorsqu'au contraire l'excès de pouvoir consiste en ce que le conseil, par erreur ou de propos délibéré, déclare statuer sur une matière où les textes ne lui donnent que le droit de délibérer ou d'émettre un avis, nous pensons, avec M. Dislère, contrairement à l'opinion qu'en pareil cas il appartient au ministre d'empêcher simplement ou d'autoriser l'exécution de la délibération, selon qu'il le juge convenable [1], nous pensons que la délibération prise par le conseil général doit devenir exécutoire en vertu de la forme qui lui a été donnée, et que, s'il y a eu erreur dans cette forme, c'est par une annulation pour excès de pouvoir qu'elle doit être corrigée.

Un autre caractère important de cette annulation est la forme même du recours. Ce n'est pas l'autorité supérieure, le représentant du pouvoir central qui par l'exercice d'un droit de tutelle peut annuler lui-même la délibération de l'assemblée ; le rôle du gouverneur consiste à intenter dans la forme du recours pour excès de pouvoir un recours en annulation de la délibération. L'annulation est prononcée par décret, rendu sur le rapport du ministre des colonies, en la forme de règlement d'administration publique. Ce contrôle, soumis à des formes, même on va le voir à des délais, et qui aboutit en définitive au conseil d'État, paraît bien plus juridictionnel qu'administratif. Le contrôle d'un juge au lieu de la surveillance directe de l'État est plus respectueux de l'autonomie de la personne administrative, c'est l'évolution nécessaire de la décentralisation. Mais, si c'est un progrès vers la justice, c'est au prix de la simplicité administrative, et l'administration coloniale, qui veut être rapide, ne pouvait s'embarrasser longtemps de ces complications. A part les trois anciennes colonies où la procédure est telle que nous venons de l'exposer, dans toutes les autres colonies le décret d'annulation n'est pas nécessairement rendu en conseil d'État. Cette disposition pratique des constitutions coloniales récentes ne diminue guère le caractère juridictionnel du contrôle de l'État mais elle va curieusement à l'encontre de l'évolution

---

[1]. C. d'État, avis 11 janvier 1872.

du droit administratif en renforçant le caractère de justice retenue du chef de l'État.

Le délai pendant lequel la demande en annulation peut être formée est d'un mois à dater de la clôture de la session. Il faut entendre naturellement que ce délai ne porte pas sur l'arrivée de la demande à l'administration centrale, mais sur l'envoi par le gouverneur et même, croyons-nous, quoique le sénatus-consulte de 1866, à la différence des décrets postérieurs, ne l'exige pas, sur la notification de la demande au président du conseil général et à celui de la commission coloniale. Le délai est un peu plus long que dans la loi de 1871, mais, ce qui est curieux, il est beaucoup plus bref que celui qu'édictait la loi du 18 juillet 1866, de deux mois.

Il peut être, dans certains cas, trop bref. Le délai court, comme dans la Métropole à partir de la clôture de la session. Or, l'on peut se rappeler qu'il n'existe pas dans toutes les colonies, notamment dans les anciennes colonies, l'obligation pour le conseil général d'établir dans les quarante-huit heures un compte rendu sommaire et officiel de ses séances, et que s'il doit être dressé un procès-verbal, aucun délai n'est prescrit pour sa publication. D'autre part, le gouverneur ne peut demander l'annulation d'une délibération que quand il est en possession d'un texte officiel[1]. Si donc, ce qui parfois ne manque pas d'arriver, le bureau d'un conseil fait attendre trop longtemps la remise des procès verbaux, le délai d'un mois écoulé, le gouverneur se trouvera désarmé et dans l'impossibilité de demander l'annulation. Une modification heureuse serait celle du point de départ du délai, fixé non à la clôture de la session, mais à la remise des procès-verbaux au gouverneur.

La loi du 10 août 1871 n'édicte pas seulement un délai pendant lequel le recours en annulation de délibération est recevable, elle fixe même un délai pendant lequel le décret d'annulation doit être rendu, sinon la délibération est de plein droit exécutoire. Le décret relatif à Saint-Pierre et Miquelon fixait un délai semblable de trois mois (au lieu de deux en France), à partir de la notification de la demande d'annulation. C'est une très grave différence entre le régime colonial et le régime métropolitain que la suppression de tout délai de ce genre. Actuellement, dans toutes les colonies, les délibérations des conseils généraux peuvent être indéfiniment suspendues par l'effet de demandes d'annulation, sans que la situation en soit définitivement réglée un jour.

Les effets de cette annulation doivent être les mêmes pour les délibérations des conseils coloniaux que pour celles des conseils départementaux, c'est-à-dire des effets semblables à ceux du recours pour excès de pouvoir. La décision ne peut que rejeter ou prononcer l'annulation de la délibé-

---

1. Voir notamment arrêt du 8 mars 1866, C. d'Etat, qui a décidé qu'une déclaration de nullité prononcée par le gouverneur sur un compte-rendu n'ayant pas un caractère légal, et dont le conseil général conteste l'exactitude, constitue un excès de pouvoir.

ration; elle ne peut ni la réformer, ni ordonner des mesures qui pourraient être la conséquence de l'annulation. Mais si elle ne peut ni modifier, ni amender la délibération, ce qui serait en méconnaître le caractère de décision définitive, le décret peut n'en prononcer qu'une annulation partielle. Car, si cette annulation partielle ressemble à une réformation, l'assemblée possède l'entier pouvoir (et c'est ce qui crée une différence avec l'approbation partielle d'une délibération soumise à approbation) de revenir librement sur sa décision antérieure. L'annulation produit ses effets *erga omnes*. Elle fait disparaître complètement la délibération. Mais il n'y a pas lieu de se préoccuper d'effets rétroactifs, car la demande d'annulation étant suspensive, il n'y a pas eu d'exécution.

La question doit se poser de savoir si le décret portant annulation d'une décision d'un conseil est susceptible de recours contentieux. Un recours formé par un conseil contre le décret annulant sa décision serait-il recevable ? Certainement la nature seule de décret en forme de règlement d'administration publique ne suffirait pas au Conseil d'État pour lui faire considérer le recours comme irrecevable. Mais d'abord, il pourrait opposer, comme l'a fait un arrêt du 2 avril 1897 pour les départements [1], qu'aucune disposition de loi ne donne aux conseils généraux le droit de se pourvoir au contentieux contre les décrets annulant leurs délibérations, ce que M. Laferrière motive en disant que si les conseils pouvaient se pourvoir contre ces décrets, le contrôle de leurs délibérations n'appartiendrait plus au gouvernement en conseil d'État, mais en réalité au conseil d'État statuant au contentieux [2]. Mais, surtout, ce que l'on doit très scientifiquement objecter, c'est que ces décrets d'annulation, décisions sur recours, quoique dits administratifs beaucoup plus contentieux, sont de véritables décisions de justice retenue ; que la conséquence en est que ces décisions doivent être définitives et ne peuvent être en aucun cas attaquées, même pour incompétence ou vice de forme. C'est là la plus scientifique interprétation de l'évolution historique du contentieux administratif [3].

Section II. — Valeur juridique des délibérations

§ 1. — Nullité juridique

La loi municipale de 1884 a organisé une nullité générale pour toute violation de la loi ou d'un règlement d'administration publique. Propo-

---

1. *Rev. gén. d'administration*, 97, 2, 157.
2. *Ibidem*.
3. Cf. Hauriou, Traité Droit adm., p. 859 ; *Répertoire Béquet*, V° Contentieux.

sable ou opposable, enfermée dans aucun délai, invoquée par tout intéressé, ou d'office par le préfet, on ne peut imaginer une nullité plus absolue. Une sanction aussi générale des conditions de validité des délibérations n'existe pas pour les conseils généraux des colonies. La législation coloniale comme celle des conseils des départements n'a règlementé que les deux seuls cas d'incompétence et de réunion illégale.

On sait que les réunions sont entachées d'illégalité non seulement quand elles sont tenues en dehors des sessions régulières, mais aussi hors du lieu ordinaire des séances. Toute délibération prise par le conseil dans une de ces réunions est nulle et de nul effet.

L'autre cas de nullité juridique est l'incompétence de l'assemblée. Tout acte, toute délibération du conseil, relatifs à des objets qui ne sont pas légalement compris dans ses attributions sont nuls et de nul effet

Relativement aux décisions définitives, cette nullité ne fait pas un double emploi au fond avec l'annulation déjà étudiée. L'annulation des décisions peut bien être prononcée pour incompétence, mais seulement lorsqu'il y a excès de pouvoir dans une délibération portant sur une matière comprise dans les attributions légales. Lorsque, au contraire, la délibération porte sur un objet qui n'est pas explicitement compris dans la liste des attributions, ce n'est pas l'annulation qui doit la frapper, mais la déclaration de nullité[1].

En France, pour les conseils généraux de département, c'est un décret rendu dans la forme de règlement d'administration publique qui prononce la nullité des délibérations prises hors des attributions légales; un arrêté du préfet suffit dans le cas de réunion illégale. On trouve la raison de cette différence dans l'urgence qu'il y a dans ce second cas à faire cesser immédiatement une sorte de rébellion de l'assemblée. Aux colonies, point de différence, et c'est dans les deux cas un arrêté du gouverneur en conseil privé qui prononce la nullité des délibérations. On comprend que là, à raison de l'éloignement et de l'intérêt qu'il peut y avoir dans tous les cas à ce qu'une délibération ne comporte pas d'effet, ce pouvoir considérable ait été reconnu au gouverneur qui pourra l'exercer sans tarder.

---

1. Par exemple dans le cas où un conseil général déclare qu'il lui appartient de voter le maximum des centimes additionnels que les communes sont autorisées à s'imposer, comme aucun texte ne donne compétence en cette matière au conseil général colonial qui s'immisce dans les pouvoirs du gouvernement et des conseils municipaux, ce n'est pas un décret d'annulation qui doit la frapper (comme l'a cependant fait le décret du 20 avril 1882, à tort), mais la délibération doit être simplement déclarée nulle et non avenue (D. 31 janvier 1872). A l'inverse, une délibération par laquelle un conseil général substitue pour l'entretien des routes l'entreprise à la régie, ne doit pas être déclarée nulle, mais le gouverneur peut en demander l'annulation dans le délai d'un mois et l'annulation être prononcée par décret règlementaire (D. 10 novembre 1882).

Les décrets relatifs à la Nouvelle-Calédonie et à l'Océanie ajoutent que la nullité peut encore être prononcée par décret du Président de la République. C'est là une disposition destinée à trancher des contestations qui auraient pu s'élever comme dans les autres colonies, mais qui ne modifie rien à la solution qui avait été généralement adoptée.

Un avis du Conseil d'Etat, dès le 16 janvier 1872, avait déclaré que cette nullité pouvait incontestablement être prononcée « par application de ce principe général que le gouvernement a pour devoir de maintenir les corps électifs dans le domaine légal de leurs attributions. » Le droit reconnu au gouverneur en conseil privé est une délégation faite en prévision des cas urgents et qui n'a pas dessaisi le gouvernement d'exercer lui-même le pouvoir[1]. Seulement, les actes prononçant cette nullité devront être au moins dans la même forme que les textes constituant actuellement le droit de déclaration au gouverneur. C'est dire que dans les trois anciennes colonies, où le décret règlementaire du 24 juillet 1854 est toujours en vigueur sur ce point, ce sera un décret en forme de règlement d'administration publique ; ailleurs, des décrets simples pourront suffire.

Cette nullité pour ces deux cas d'incompétence et de réunion illégale peut être prononcée soit d'office, par le gouverneur ou le gouvernement lui-même, soit sur réclamation des intéressés. Point capital, elle n'est enfermée dans aucun délai, elle peut être invoquée à toute époque. Aucun état définitif d'exécution de la décision ne peut empêcher cette nullité d'être prononcée. Il faut seulement, au contraire, que la délibération soit officielle, formulée par le conseil et constatée par le procès-verbal (C. d'Et., 8 mars 1866).

De cette nullité, quels sont les effets? Les mêmes que pour les délibérations des conseils de département. La délibération est effacée *erga omnes*. Mais non seulement la délibération, toutes ses conséquences avec elle sont supprimées. La déclaration de nullité n'agit pas seulement, comme l'annulation, du jour où elle est prononcée, mais du jour même de l'émission de la délibération. Quels que soient les actes qui aient pu suivre cette délibération, ils sont effacés rétroactivement.

Devant des effets aussi énergiques, parfois aussi désastreux pour les intéressés, on serait rassuré de savoir que la déclaration de nullité n'est pas faite en dernier ressort, ou sans contrôle, qu'elle est susceptible d'une sorte d'appel ou de recours. Et puisqu'il existe deux moyens de déclaration de nullité, l'un par un arrêté du gouverneur en conseil privé, l'autre par un décret règlementaire ou non, il y a lieu de diviser la question. Quant à la nullité prononcée par arrêté du gouverneur en conseil privé, il n'y a pas à se préoccuper du caractère juridictionnel ou administratif de l'acte ; il n'y a qu'à faire l'application de la règle, absolue en contentieux, que l'on peut recourir au Conseil d'Etat *omisso medio*.

---

1. D. 31 janvier 1872; 16 novembre 1884.

(D. du 8 mars 1866.) Mais dans le cas où la déclaration de nullité est prononcée directement par un acte du chef de l'Etat, on est en droit de se demander si, par leur nature, ces décrets prononçant nullité n'échappent pas à des recours contentieux, non point parce que ce seraient des actes de gouvernement, des actes discrétionnaires, mais parce que ce seraient de ces actes de justice retenue qui ont subsisté à travers l'évolution du contentieux administratif.

D'excellents auteurs attribuent le caractère d'acte de justice retenue à la nullité prononcée en vertu de l'article 33 de la loi de 1871, c'est-à-dire dans le cas d'incompétence, comme dans celui de l'article 47, c'est-à-dire l'annulation sur recours du préfet[1]. Devons-nous admettre la même opinion dans le cas similaire des conseils coloniaux? De la justice retenue peut se reconnaître dans le cas de certains recours aboutissant à des décrets en Conseil d'Etat, avec des formes consacrées se rapprochant des formes contentieuses. Or, il ne semble pas que cette déclaration de nullité pour les délibérations de conseils coloniaux puisse être considérée, à la différence de celle prononcée pour les cas plus haut cités de législation départementale, comme une décision statuant sur un véritable recours à forme contentieuse. De recours on en trouverait difficilement parfois, puisqu'il peut être statué d'office sur la nullité. Même lorsqu'il y a réclamation de partie intéressée, l'absence de toute forme, de toute condition d'exercice, de toute procédure ne suscite guère l'idée d'un recours. Cependant, ce qui pourrait donner le caractère de justice retenue ce serait que ce prétendu recours aboutit à une décision en Conseil d'Etat, décret rendu après des débats au caractère contentieux. Or, justement, cette nullité coloniale n'est pas essentiellement prononcée par décret en Conseil d'Etat. Elle l'est généralement par décret simple, sans aucune consultation de la haute juridiction administrative. Et lorsqu'il y a décret règlementaire, c'est uniquement par respect de la hiérarchie des textes antérieurs. Enfin comment pourrait-on parler de justice retenue, quand cette attribution est si peu retenue qu'elle n'est qu'une évocation exceptionnelle de l'attribution ordinaire d'un agent administratif, le gouverneur? Notre conclusion est qu'il n'y a aucune raison pour soustraire ces décisions administratives à la règle générale, et que ces déclarations de nullité prononcées par le gouvernement par décret règlementaire ou non, comme celles prononcées par arrêté du gouverneur en conseil privé, peuvent être soumises au recours pour excès de pouvoir.

Tels sont les deux seuls cas de nullité organisés aux colonies comme dans les départements. D'autres cas qui auraient pu être fort utiles, tels que la présence de conseillers intéressés à l'affaire, n'ont pas été empruntés à la loi municipale. Et la sanction de la légalité est ainsi loin d'être générale. Toutes les règles sur la composition de l'assemblée,

1. Cf. Hauriou, Traité, p. 839.

la procédure des séances, les délibérations, pourraient être méconnues sans qu'il y ait peut-être de moyens d'arrêter l'effet de délibérations irrégulières.

Mais s'il manque l'organisation d'une nullité générale capable de faire sanctionner par une simple déclaration toutes les violations de la légalité, d'excellents auteurs estiment que les nullités n'ont pas besoin d'être organisées pour être invoquées par voie d'exception par les intéressés, qu'elles existent de droit dans le cas d'illégalité, toutes les lois administratives étant d'ordre public[1]. Et cette théorie qui se fonde sur une interprétation d'arrêts du Conseil d'Etat relatifs à des délibérations de conseils municipaux prises avant la loi de 1884, qui a organisé la nullité générale[2], ne peut rencontrer d'obstacles dans une extension intégrale aux délibérations illégales des conseils généraux coloniaux.

§ 2. — Recours contentieux et particulièrement pour excès de pouvoir.

Tous les moyens de contrôler et de sanctionner la validité des délibérations rencontrés jusqu'ici s'appliquent à ces délibérations en tant que délibérations. Mais lorsque ces délibérations renferment une décision devenue exécutoire, alors, en qualité d'actes d'administration, elles sont soumises aux recours contentieux.

On sait qu'une des conditions de recevabilité du recours pour excès de pouvoir, est qu'il n'existe pas de recours parallèle permettant d'arriver par une autre voie à l'annulation de l'acte. Il faut donc constater le résultat de la coexistence de ces multiples moyens de contrôle. Or, comme il n'y a à se préoccuper que des délibérations contenant décision entière, et que les décisions définitives ne deviennent exécutoires qu'après l'expiration du délai pendant lequel le gouverneur peut demander l'annulation, il n'y a en réalité que la seule nullité juridique qui coexiste avec le recours contentieux pour excès de pouvoir.

Nous venons d'essayer d'établir dans le paragraphe précédent que cette nullité juridique ne peut être considérée comme un recours au sens exact du mot. On peut ajouter ici que même devant des réclamations des intéressés, rien ne pourrait obliger ni le gouverneur ni le gouvernement à rendre une décision sur une nullité au sujet de laquelle ils ont été sollicités. Pour ces raisons, il nous semble que cette voie d'annulation ne peut être considérée comme un recours parallèle entraînant irrecevabilité, et nous concluons que ce ne serait pas sans erreur et sans danger de créer un véritable déni de justice pour les intéressés qu'on générali-

---

1. Cf. HAURIOU, Traité, p. 396; JÈZE, Revue d'administration, 95-III, 40.
2. 9 mars 1883, Broët-Giraud; 24 février 1893, commune d'Orches.

serait, et qu'on étendrait aux colonies la jurisprudence innovée par l'arrêt du Conseil d'Etat du 1er avril 1898 (Pillon de Saint-Philbert), sur la nullité des délibérations des conseils municipaux.

S'il est malaisé de faire une distinction matérielle entre la loi et les actes d'administration, par suite du critérium formel qu'emploie uniquement notre droit public, on peut cependant établir que certaines attributions des conseils généraux des colonies dépassent la matière administrative et sont de véritables attributions législatives. Mais si l'on peut parmi les attributions des assemblées coloniales en distinguer certaines ayant le caractère législatif, c'est au point de vue interne, de la matière de l'attribution, et non au point de vue externe, de la forme, de son énergie, force exécutoire, contrôle, voie de recours, où rien ne pourrait la différencier des attributions administratives; justement parce que dans notre droit public la forme l'emporte sur le fond. Eh bien, c'est cette dernière affirmation qu'il faut rectifier ici en signalant une exception très intéressante. Les attributions des conseils coloniaux, en matière de mode d'assiette et de perception des contributions, contiennent une telle part de nature législative que le Conseil d'Etat, abandonnant la théorie formelle des actes, décide que les recours contentieux ne sont pas recevables contre ces délibérations ni les actes qui les ont approuvées[1].

1. C. d'Etat, 5 octobre 1870, 8 décembre 1888.

CHAPITRE II

Objets des délibérations

Section I. — **Droits de personne privée**

§ 1. — Domaine privé de la colonie

La loi du 10 août 1871, article 46, 1°, porte que les conseils généraux des départements statuent définitivement sur les acquisitions, aliénations, échanges des propriétés départementales mobilières et immobilières quand ces propriétés ne sont pas affectées à l'un des services énumérés au 4°. Tout autre est le système adopté pour les colonies. Le conseil général statue définitivement sur les acquisitions, aliénations, échanges des propriétés mobilières et immobilières de la colonie quand ces propriétés ne sont pas affectées à un service public. Au lieu d'une énumération limitative, la détermination d'un critérium général.

On sait que, suivant une opinion importante dans la doctrine[1], l'affectation d'une chose à l'utilité publique est le véritable critérium, et le seul, de la domanialité publique. Et l'affectation à l'utilité publique peut résulter soit de ce que la chose est affectée à l'usage direct du public, comme les rivages de la mer, les chemins et les routes, soit de ce qu'elle est affectée à un service public, comme les places de guerre, affectées au service de la guerre, mais non à l'usage direct du public. Or, il est incontestable que dans les textes coloniaux l'expression de propriétés affectées à un service public doit être interprétée comme une disposition plus compréhensive visant l'affectation à l'utilité publique et portant également sur les propriétés affectées à l'usage direct du public. Qu'est-ce, sinon exactement la distinction du domaine public et du domaine privé que les textes ont entendu consacrer pour organiser les pouvoirs des assemblées ? C'est, à la différence du département, sur la totalité du domaine privé de la colonie, et seulement du domaine privé, que portent les délibérations décisives des conseils.

Le domaine colonial a pris naissance, de façon analogue à celui du département, de l'abandon que l'Etat fit aux colonies, par des ordon-

---

1. Cf. Hauriou, Précis, 628.

nances du 26 janvier et du 17 août 1825, des « établissements publics de toute nature et des propriétés domaniales, » dans un but exclusivement budgétaire et pour se décharger sur elles des frais de réparation et d'entretien.

Aux Antilles et à la Réunion, par l'interprétation que les ordonnances reçurent, le domaine de l'État a été successivement restreint au profit du domaine colonial. Nous ne pouvons entrer dans la question de la légalité de cette interprétation, discutée encore aujourd'hui, et rechercher si l'État entendait abandonner aux colonies la totalité de son domaine, non seulement établissements publics et exploitations domaniales, mais aussi lais et relais, îlots dans le lit des rivières, terrains déclassés, bois, forêts, terres vacantes et sans maîtres, ou si, ses intentions étant beaucoup moins généreuses, il ne s'agissait en réalité que de ces deux premières catégories seules de propriétés. Aujourd'hui, la question, si elle n'est pas toujours identiquement résolue en doctrine, paraît, au moins en pratique, tranchée dans le sens de l'interprétation extensive des ordonnances de 1825, et le domaine colonial, dans les trois anciennes colonies, a englobé tout l'ancien domaine privé de l'État[1].

L'interprétation qui a triomphé aux anciennes colonies, fut dans les autres la base de la législation domaniale. C'est, en principe, le domaine colonial qui se substitue au domaine privé de l'État. Ce fut la législation première en Guyane, au Sénégal, par même interprétation des ordonnances de 1285 qui y avaient été étendues. En Cochinchine, les ordonnances de 1825 n'avaient pas été appliquées, mais une situation similaire s'y trouva sinon légalement établie, au moins reconnue pratiquement. L'État investi de la propriété des biens sans maîtres par succession aux droits de l'empereur d'Annam, faisait abandon à la colonie de tous ses droits, dans le décret du 20 janvier 1863, en versant au budget local les produits de la location, de la vente et de la concession des biens du domaine.

C'est encore en Nouvelle-Calédonie, cette absorption de presque tout le domaine de l'État par le domaine colonial dont l'histoire révèle au début les progrès. La déclaration de prise de possession réservait exclusivement à l'État le droit d'acheter toutes les terres occupées par les indigènes et la propriété de toutes les terres non occupées. Mais un arrêté local de 1862, dont la légalité peut être discutée, créa à côté du domaine de l'État un domaine de la colonie, comprenant les bois, les carrières et les eaux. Puis, à la suite d'un décret de 1874, sur le gouvernement de l'île, qui vint obscurcir la distinction posée, une série de mesures violant davantage le texte primordial, la colonie en arrive à s'attribuer complè-

---

[1]. Cf. DISLÈRE, Traité, nᵒˢ 883 et suivants; GARNIER, Législation domaniale aux colonies; PETIT, Organisation des colonies; GIRAULT, Traité; Bibliothèque coloniale internationale, 3ᵉ série, t. II; Arrêt du C. d'État, 21 mai 1886, Notes du commissaire du gouvernement.

tement le domaine de l'Etat, reconnaissant à peine à celui-ci la propriété des bâtiments affectés à un service public rétribué sur ses propres fonds. Un jour vint où, s'alarmant de cette situation, le département, dans un décret de 1884, relatif au territoire pénitentiaire, réserva pour l'avenir à l'Etat la propriété des terres alors occupées par les indigènes et qui deviendraient vacantes, gardant ainsi le silence sur les empiètements antérieurement effectués. Un changement d'opinion s'opérait donc sur l'attribution du domaine à l'Etat ou à la colonie. Ce revirement devait s'accentuer et avoir des conséquences plus précises. Le décret du 10 avril 1897 vint déterminer le domaine de l'Etat par le rappel pur et simple de la déclaration de 1855, qui avait donné à l'Etat sur le sol de la colonie « un droit fondamental et souverain, » droit qui subsistait toujours bien que la contradiction de certains textes ait pu paraître constituer à la colonie des titres contre ce droit.

Ce revirement que met en lumière l'histoire du domaine néo-calédonien ne devait pas être un fait isolé et spécial; c'est bien au contraire la manifestation d'une théorie générale. L'Etat revenant sur les errements suivis veut affirmer son droit de propriété dans les colonies et délimiter son domaine. A la fin de l'année 1896, une commission extra-parlementaire avait été nommée pour étudier la situation juridique du domaine de l'Etat aux colonies. Le 1er avril 1897, M. Léveillé faisait le dépôt à la Chambre d'une proposition de loi demandant qu'il soit dressé un inventaire des biens fonciers appartenant à l'Etat en dehors de la France continentale. Mais, à vrai dire, la question ne sera pas générale; elle ne sera posée que pour un élément du domaine, le plus important certainement, les terres vacantes et sans maîtres, ces immenses territoires d'une richesse considérable et dont le régime d'appropriation et d'exploitation est de la plus haute importance au point de vue de la colonisation.

Pour le maintien des terres vacantes à la colonie on pouvait évidemment faire valoir la situation de celle-ci qui semble devoir être le propriétaire naturel. On pouvait montrer la nécessité de la décentralisation en cette matière et exposer que la colonie étant la première intéressée doit avoir, avec la propriété du domaine et les ressources qui en découlent, le droit d'administrer et de disposer. L'Etat pouvait répondre que la colonisation dépasse les intérêts particuliers de la colonie, que c'est une question d'intérêt national et que c'est lui, l'Etat, qui a la capacité des intérêts généraux. D'ailleurs, si l'on se préoccupe de modifier l'état des choses, c'est que l'administration des assemblées est sujette à de sévères critiques. Elle est imprévoyante, hâtive, sans méthode rationnelle. Des rivalités intestines et un esprit de particularisme créent une ambiance peu favorable à des décisions aussi importantes. Et les pouvoirs des conseils sont sans contrôle, ce sont des décisions définitives.

Une concession célèbre octroyée par le conseil général de la Guyane, vint, en montrant la portée de ces critiques, déterminer de nouveau la modification de la législation[1]. Le but à poursuivre étant en somme de permettre à l'État d'agir pour un meilleur emploi du domaine, il aurait pu suffire, sans modifier l'interprétation qui avait été donnée aux ordonnances de 1825, de supprimer ou de réformer les pouvoirs de délibération du conseil pour les soumettre à un contrôle efficace[2]. La question de la propriété du domaine n'était que secondaire. Ce fut cependant sur ce point que le décret du 15 novembre 1898, sur le domaine à la Guyane, statua et, reproduisant les dispositions du décret du 10 avril 1897, il disposa que les terres vacantes et sans maîtres font partie du domaine de l'État, tout en laissant provisoirement au budget local les ressources qui en découlent.

Enfin un des décrets du 20 juillet 1900 relatifs au Sénégal, la dernière colonie où existent des terres vacantes et sans maîtres, est venu achever de généraliser ce nouveau régime des biens du domaine aux colonies en reconnaissant expressément la propriété de l'État.

A Tahiti et dans l'Inde, les terres qui ne sont pas appropriées, peu importantes, très certainement, constituent un domaine de distinct ou rentrent dans le domaine de l'État, et rien n'accroît la part de la colonie.

Les textes qui organisent les attributions des conseils, les déterminant sur l'étendue exacte du domaine privé de la colonie, les difficultés relatives à la détermination de ce domaine ont leur répercussion sur les attributions. Mais ces difficultés, si l'on admet pour la domanialité publique le critérium d'affectation à l'utilité publique, ne sauraient être très sérieuses[3].

1. Deux cent mille hectares octroyés en pleine propriété. « Toute la Guyane y passait et avec elle l'or des terrains accordés en pleine propriété et que rien n'exceptait de la concession. » Session de 1897, Guyane, Discours du Directeur de l'Intérieur.
2. Système qui fut l'objet d'un vœu voté par le Congrès colonial de 1900.
3. La question s'est posée pour un hôtel de direction de l'Intérieur, et le Conseil d'État, dans un avis du 11 janvier 1872, a conclu que le classement dans les dépenses obligatoires des frais de matériel de la direction de l'Intérieur permettait de regarder le logement du fonctionnaire placé à la tête de ce service comme affecté à un service public, et que par suite le conseil n'était pas compétent pour statuer définitivement sur l'aliénation de cet immeuble. Au contraire un immeuble destiné à servir de maison de campagne au gouverneur ne peut par une argumentation semblable être considéré comme affecté à un service public ; le classement dans les dépenses obligatoires de la colonie du loyer, de l'ameublement et de l'entretien du mobilier du gouverneur ne peut créer pour la colonie l'obligation de conserver au gouverneur une double résidence ; le conseil peut en ordonner la vente sans excéder ses pouvoirs (C. d'État, 8 janvier 1874). On doit donc considérer comme exceptionnel le cas de la Martinique où, en vertu d'une ordonnance du 19 mars 1826, le gouverneur ayant la jouissance des hôtels de Fort-de-France et de Bellevue, ces immeubles ont reçu une affectation particulière.

Les pouvoirs du conseil sur les biens du domaine privé sont aux colonies les mêmes que dans les départements et rentrent dans la catégorie des décisions définitives à moins d'annulation pour excès de pouvoir ou violation de la loi.

Les actes sont ceux qui se rattachent à l'administration et à la disposition de la propriété. Le conseil général statue sur l'acquisition, l'aliénation, l'échange des propriétés mobilières et immobilières de la colonie, le changement d'affectation et de destination de ces propriétés, le mode de gestion, les baux de biens donnés ou pris à ferme ou à louer quelle qu'en soit la durée, l'assurance des propriétés mobilières et immobilières. La rédaction adoptée est celle de la loi de 1871, et la même dans presque toutes les colonies.

Mais des règles particulières ont imposé des conditions spéciales aux diverses opérations que peut accomplir le conseil. Elles sont surtout relatives aux pouvoirs d'aliénation des terrains domaniaux sous forme de vente ou de concession, dans les pays où les terres vacantes appartenaient à la colonie [1]. C'est qu'en outre du danger des pouvoirs sans contrôle à l'assemblée locale sur des attributions aussi importantes, il y avait l'inconvénient des retards inévitables dans l'examen de ces affaires par une assemblée aux sessions rares et espacées. Pour éviter ces retards si préjudiciables à la colonisation, un décret du 6 octobre 1887, en Cochinchine, accorde au gouverneur, sauf ratification du conseil colonial, le droit de statuer sur la vente des biens domaniaux jusqu'à une certaine contenance, vente qui se fait aux enchères et avec publicité. Au conseil colonial subsiste le droit de statuer sur l'aliénation à titre gratuit ou de gré à gré.

L'assemblée est en général libre de fixer les conditions de la concession, gratuite ou onéreuse, définitive ou provisoire. Elle peut se réserver la faculté de refuser définitivement une concession après l'admission provisoire par le gouverneur, sans avoir à fournir d'indemnité. Mais elle doit se soumettre à certains principes généralement imposés. C'est en général, avec concurrence et publicité que doit se faire la vente des immeubles domaniaux. Plusieurs décrets en conseil d'Etat [2], ont annulé des délibérations de conseils qui avaient décidé la vente de gré à gré ou délégué à la commission coloniale le droit de statuer sur les offres d'achat sans concurrence ni publicité, violant ainsi les dispositions non abrogées des ordonnances organiques de 1827 et 1833.

De nombreuses dispositions ont été prises ces dernières années par l'Etat pour règlementer les attributions de concessions par les pouvoirs locaux. Le décret du 16 juillet 1898 a notamment institué au ministère des colonies une commission chargée d'examiner et de donner son avis

---

1. Cf. Bibliothèque coloniale internationale, 3ᵉ série, t. II.
2. 17 juillet 1890 ; 22 mai 1894.

sur les demandes de concession. Mais depuis la remise des terres vacantes à l'Etat, les concessions devant toujours être faites par l'Etat ou son représentant local, l'intérêt de ces dispositions ne touche plus aux assemblées coloniales.

Il faut remarquer que le conseil, en matière de propriété coloniale, ne peut statuer que sur les affaires dont il est saisi et non disposer par mesure règlementaire pour toute une catégorie d'affaires. C'est ainsi qu'ont été interprétés les droits du conseil par un avis du Conseil d'Etat du 28 janvier 1875.

§ 2. — Dons et legs

Antérieurement à la loi de 1871, le département ne faisait exception à la règle générale de la nécessité de l'autorisation pour l'acceptation de libéralités que sous la double condition que les dons et legs n'étaient pas l'objet de réclamations de la part des familles et qu'ils étaient sans charge ni affectation immobilière. La loi de 1871 a effacé cette seconde condition et laissé les conseils généraux libres d'accepter les libéralités faites au département dans tous les cas où elles ne donnent pas lieu à réclamation.

Aux colonies, le sénatus-consulte de 1866 étant conçu sur le modèle de la loi départementale du 18 juillet, c'est le régime de la double condition qu'il introduisit aux Antilles et à la Réunion. Depuis 1871 ce système, loin d'avoir été modifié, a été au contraire étendu par les décrets fondamentaux dans les autres colonies. Cependant les décrets de 1885 pour la Nouvelle-Calédonie et l'Océanie, davantage conçus dans un esprit assimilateur, introduisirent dans ces deux colonies le système de la loi de 1871. Mais le décret du 28 septembre 1888, qui régla les attributions du conseil colonial de Cochinchine, revint au système de la loi de 1866 et du sénatus-consulte.

Ainsi les conseils de la Nouvelle-Calédonie et de l'Océanie statuent sur l'acceptation des dons et legs faits à la colonie quand ils ne donnent pas lieu à réclamation et les conseils de toutes les autres colonies seulement lorsque ces dons et legs sont, en outre, sans charge ni affectation immobilière. Il n'y a pas lieu d'entrer dans des développements sur la nature de ces conditions, les règles de la Métropole devant recevoir aux colonies leur pleine application.

Quand une de ces conditions se réalise, quels sont alors les droits du conseil ? Le conseil ne peut décider seul ; il n'a plus que le pouvoir de prendre une délibération soumise à l'approbation de l'autorité supérieure ; approbation tantôt donnée par décret règlementaire comme aux Antilles et à la Réunion, en Nouvelle-Calédonie et en Océanie, tantôt par décret simple.

Dans ce cas, la colonie est mieux traitée que le département. En effet, l'on vient de voir que le conseil général, s'il ne statue pas définitivement sur l'acceptation, a toutefois le droit de délibérer; dans le département, au contraire, la loi de 1871 n'oblige nullement le gouvernement à soumettre l'acceptation de la libéralité à une semblable délibération du conseil et la liberté du chef de l'Etat est entière pour prendre telle décision qu'il lui plaira. Mais, en vérité, pour savoir si l'avantage de la colonie est bien réel, il faut être fixé sur la force exécutoire de la délibération du conseil. Que faut-il entendre exactement par pouvoir de délibérer et par droit d'approbation du gouvernement?

C'est là une question qui a été étudiée d'une façon générale dans la partie relative à la force exécutoire des délibérations. Un avis de la section des finances du Conseil d'Etat du 11 avril 1883 a reconnu au gouvernement le droit de passer outre à la délibération du conseil refusant la libéralité et de décider l'acceptation. En voici le dispositif : « Considérant que l'ordonnance du 30 septembre 1827, qui a fixé les règles à suivre dans les colonies pour l'acceptation des dons et legs en faveur d'établissements publics, n'a fait que reproduire, en les appropriant aux colonies, les dispositions des lois métropolitaines sur la matière; — Que si le sénatus-consulte de 1866 a transféré du gouverneur au conseil général le droit de délibérer sur l'acceptation des dons et legs, le même droit a été donné, par la loi du 10 août 1871, aux conseils généraux de la Métropole; — Que, par suite, la jurisprudence en vigueur dans la Métropole doit continuer à s'appliquer aux colonies, et qu'ainsi aucune délibération des conseils généraux des colonies sur les matières du deuxième paragraphe de l'article 3 du sénatus-consulte de 1866 n'est exécutoire sans l'approbation du chef de l'Etat (l'approbation d'une acceptation peut être totale ou partielle et, en cas de refus, le chef de l'Etat a le pouvoir de prendre, par un règlement d'administration publique, une décision en sens contraire; — arrêt du Conseil d'Etat du 14 avril 1864), mais qu'aucun texte de loi n'autorise le gouvernement à modifier autrement les dispositions adoptées par le conseil général... » Ce document appelle plusieurs remarques.

Mais, d'abord, il faut noter que, lorsque nous étudions les pouvoirs des conseils, nous nous basons sur les pouvoirs qui existent juridiquement d'après les textes en vigueur et sans considération des modifications que pourraient subir ces pouvoirs par des modifications aux textes fondamentaux du régime lui-même. C'est ainsi que, dans les colonies à décrets, nous n'envisageons nullement tout ce que le gouvernement est capable de faire par son pouvoir règlementaire, mais en portant atteinte à l'essence du régime actuel.

Ceci posé, il nous paraît impossible d'assimiler le régime du sénatus-consulte de 1866, ou des décrets qui l'ont copié, à celui de la loi de 1871, quant à l'acceptation ou au refus des libéralités sur lesquelles le conseil ne peut définitivement statuer : dans un cas, celui de la loi départementale, le texte est muet sur l'attribution du conseil général, tandis que dans l'autre il accorde explicitement le droit de « délibérer. » C'est là une première différence qui a sa valeur.

En second lieu, pourquoi l'avis se rapporte-t-il à un arrêt du Conseil d'Etat du 14 avril 1864; cet arrêt, rendu en matière municipale, ne pouvant pas créer une jurisprudence en matière de conseils généraux des colonies, la loi municipale contenant une rédaction et une disposition spéciales qui ne peuvent être étendues aux conseils généraux des colonies? Ce n'est qu'en cas de refus d'un conseil municipal que le chef de l'Etat a explicitement le pouvoir de prendre par un règlement d'administration publique une décision en sens contraire.

Mais, passant outre à ces considérants et arrivant au fond même de l'avis, il faut reconnaître qu'il fait une légitime application de l'interprétation du régime auquel celui des colonies pouvait être assimilé, le régime de la loi du 18 juillet 1866 et même de celle de 1838. Et il est exact que la jurisprudence et une forte partie de la doctrine se prononçaient pour la liberté absolue du gouvernement d'approuver ou de refuser les libéralités sans être aucunement lié par la délibération du conseil.

Seulement, c'est justement cette opinion que nous ne pouvons partager. La meilleure raison pour l'appuyer est celle que donne Dumesnil[1], de l'impossibilité, à cause des droits des tiers qui se trouvent engagés dans la question, de laisser la libéralité en suspens. On ne peut laisser le conseil général et le gouvernement en présence jusqu'à ce qu'ils tombent d'accord, il faut nécessairement que les dispositions faites au profit de la personne administrative soient acceptées ou refusées. Mais cette raison, qui serait à renvoyer au législateur et non au juge, ne paraît guère décisive. Pourquoi donc le legs ne pourrait-il ici rester sans effet, aussi bien que dans le cas où les positions respectives du conseil et du gouvernement sont exactement renversées?

L'argumentation qui consiste à dire que la loi de 1838, qui la première donna aux conseils généraux le droit de délibérer sur l'acceptation ou le refus, ayant maintenu au chef de l'Etat le droit d'autoriser par ordonnances royales l'acceptation ou le refus des dons et legs faits aux départements, n'a nullement porté atteinte à son droit de refuser ou d'accepter librement les libéralités faites aux établissements publics, cette argumentation nous semble simplement une pétition de principe, car c'est justement ce qu'il aurait fallu démontrer. Pourquoi donc *autoriser* l'acceptation voudrait-il dire *décider* l'acceptation? Quoiqu'on prenne la précaution d'avertir que ce cas exceptionnel, motivé par son côté pratique, doit rester unique et n'être nullement étendu[2], nous croyons que la délibération du conseil général, quand elle est expressément organisée, est un acte préliminaire indispensable qui n'autorise pas l'admi-

---

1. Les Conseils généraux, n° 350.
2. DUMESNIL; DUCROCQ.

nistration à passer outre à un refus, la délibération soumise à approbation ne devant pas être confondue avec le simple avis [1].

Notre conclusion est donc qu'aux colonies, sous l'empire du sénatus-consulte de 1866 et des décrets organiques qui tous l'ont copié sur ce point, s'il est certain que le gouvernement peut refuser une délibération du conseil portant acceptation d'une libéralité, il ne peut pas, contrairement à l'opinion générale [2] et à l'avis du conseil d'État du 11 avril 1883, passer outre à une délibération de refus et décider l'acceptation.

La décision du conseil ou du gouvernement rendue suivant les distinctions ci-dessus établies, c'est au gouverneur seul qu'il appartient de dresser et de signer l'acte qui constate l'acceptation ou le refus. Que les textes le disent ou non, il ne peut y avoir de doute sur ce point : c'est là un acte d'exécution qui ne peut appartenir qu'à l'organe exécutif, le gouverneur.

Mais il en est autrement d'une disposition particulière, introduite par la loi de 1838 et maintenue dans les textes relatifs aux conseils généraux des départements, absente, en général, dans les textes coloniaux. Nous voulons parler de l'acceptation provisoire au jour de laquelle rétroagit l'autorisation gouvernementale donnée postérieurement. Les décrets de 1885, pour la Nouvelle-Calédonie et l'Océanie, disposent que « le gouverneur peut toujours, à titre conservatoire, accepter les dons et legs. La décision du conseil général ou du gouvernement qui intervient ensuite à effet du jour de cette acceptation. » Cette disposition, copiée sur la législation métropolitaine, n'existe que dans ces deux colonies. Nous croyons qu'en son absence le bénéfice n'en peut malheureusement pas être étendu ailleurs, que le gouverneur n'a aucun moyen de faire une demande en délivrance pour donner cours aux fruits et aux intérêts, et que la caducité des legs pourra se réaliser.

§ 3. — Actions à intenter et à soutenir au nom de la colonie. Transactions.

Le conseil général statue définitivement sur les actions à intenter et à soutenir au nom de la colonie. Quelle que soit la juridiction saisie, judiciaire ou administrative, la nature de l'action, la cause du litige, c'est à l'assemblée locale de prendre une décision définitive qui lie l'administration exécutive.

Cependant, dans le cas d'urgence, dans l'intérêt même de la colonie, il fallait pouvoir se passer de cette délibération préalable. Le sénatus-consulte de 1866 donne au gouverneur, comme la loi départementale de la même année au préfet, le droit d'intenter les actions et d'y défendre sans

---

1. Cf. en ce sens DALLOZ, V° Organisation administrative, n° 712.
2. Cf. DISLÈRE, Traité, n° 408.

délibération préalable. Mais, bien que les textes ne le disent pas, ce doit être à charge de rendre compte à l'assemblée des motifs de sa détermination. D'ailleurs, le droit de l'assemblée doit rester entier et si au moment de la session le procès n'était pas terminé et que le conseil jugeât l'action inutilement intentée, une délibération devrait suffire pour qu'il n'y ait plus lieu à la suivre[1].

La loi du 10 août 1871, créant les commissions départementales, a remis à celles-ci, au lieu et place du préfet, le droit de statuer sur les actions à intenter et à soutenir. Les décrets qui ont étendu aux colonies l'institution des commissions coloniales étant en général muets sur l'attribution à ces commissions des droits exercés par les commissions départementales, c'est toujours au gouverneur de décider provisoirement en pareil cas (C. d'Etat, 21 mai 1886). Seules encore une fois, les deux colonies plus assimilées font exception; en Calédonie et en Océanie c'est la commission coloniale qui dans le cas d'urgence doit statuer à la place de conseil. Conformément à la législation métropolitaine il faudrait décider, d'ailleurs, que le conseil ne pourrait déléguer d'une manière générale à la commission coloniale le droit de statuer sur les affaires éventuelles.

Une fois la décision prise par le conseil, par la commission ou par le gouverneur, c'est le gouverneur seul qui a qualité pour intenter ou défendre, pour représenter la colonie en justice. Il fait tous les actes nécessités par la procédure ou la conservation des droits de la colonie.

Les lois relatives au département ont toujours prévu le cas de litige entre l'Etat et le département. L'Etat étant représenté par le préfet, c'était au doyen du conseil de préfecture autrefois, à un membre de la commission départementale aujourd'hui, de représenter le département. Aux colonies, le sénatus-consulte et la plupart des décrets n'ayant pas prévu ce cas, cela peut être une source de difficultés. A part les deux colonies assimilées sur ce point encore, la Nouvelle-Calédonie et l'Océanie, il est embarrassant de déterminer à qui doivent être confiés les intérêts coloniaux, dans le choix que l'on peut faire entre un membre de la commission coloniale, un membre du conseil général délégué à cet effet, bien qu'entre les sessions la mission du conseil soit inactive, un membre du conseil privé par analogie avec la disposition de la loi de 1838, ou enfin tout mandataire spécial.

De ce cas doit être rapproché celui où la colonie se pourvoit contre des actes du gouverneur. Dans le cas d'un recours pour excès de pouvoir, par exemple, depuis que l'arrêt du 8 mars 1866 a reconnu au conseil le droit de l'intenter, c'est encore à un mandataire spécial que l'action doit être confiée, au président du conseil généralement. Mais dans ce cas, comme dans le cas précédent, même s'il y a urgence, le mandataire spécial ne peut agir sans délibération spéciale. La délibération préalable du conseil est nécessaire (C. d'Etat, 10 novembre 1882).

---

1. Circulaire du 4 août 1866.

A part ces cas spéciaux, c'est au gouverneur seul qu'il appartient d'intenter les actions ou d'y défendre au nom de la colonie; ce droit n'appartient pas au ministre. La colonie aurait le droit de faire opposition à un arrêt du conseil d'Etat rendu sur un simple avis du ministre sans que le gouverneur ait exposé ses moyens de défense en vertu d'une délibération du conseil et par le ministère d'un avocat au conseil. (C. d'Et., 9 avril 1875.)

En matière de transactions sur les droits de la colonie, les pouvoirs des conseils sont naturellement les mêmes : ils statuent définitivement. Mais il faut noter que ce droit de transaction ne s'étend pas à toute matière. Les mesures à prendre concernant les contrevenants aux lois, décrets ou arrêtés coloniaux sur le commerce national et étranger et sur la perception de tous les impôts rentrent dans les attributions du directeur de l'Intérieur, aujourd'hui gouverneur[1]. Le décret du 17 juillet 1890 a justement annulé une délibération d'un conseil chargeant la commission coloniale d'examiner les demandes de remises ou de transactions présentées au sujet des condamnations ou amendes prononcées par suite de procès-verbaux de la régie et ce avec plein pouvoir d'accorder les dites remises et faire toutes les transactions.

§ 4. — Emprunts

La loi du 10 mai 1838 sur les conseils des départements n'autorisait les départements à contracter un emprunt qu'avec l'approbation du pouvoir législatif. La loi du 18 juillet 1866, réalisant sur ce point une importante décentralisation, remit aux conseils de département le droit de décision exécutoire sur les emprunts remboursables dans un délai de douze années sur les ressources ordinaires ou les centimes extraordinaires. La loi de 1871 porta le délai de remboursement à quinze années. Quant aux emprunts qui ne remplissent pas ces conditions, une loi continue à être nécessaire pour les autoriser.

Dans les colonies, malgré les dispositions de la loi du 18 juillet 1866, qui servit en général de modèle, point de distinction entre les divers emprunts suivant le délai de leur remboursement; le conseil délibère sur tous les emprunts à contracter au nom de la colonie, mais ses délibérations sont toujours soumises à l'approbation de l'autorité supérieure. Le conseil délibère sur les emprunts à contracter et les garanties pécuniaires à consentir, et le décret du 11 août 1866 prescrit que les délibérations sont approuvées par décret règlementaire. Depuis le décret simple du 20 août 1882 sur le régime financier des colonies, cette disposition est applicable à toutes les colonies.

1. Ordonnances et décrets organiques.

L'assemblée coloniale a donc ici des pouvoirs bien inférieurs à ceux qu'elle possède sur les autres actes de disposition et elle est sensiblement moins bien traitée que l'assemblée départementale. C'est qu'emprunter c'est faire un acte plus important que les autres actes qu'occasionne la vie administrative, c'est engager l'avenir. On a considéré que cela motivait un contrôle de tutelle d'autant plus nécessaire que la légèreté et l'imprévoyance sont plus grandes quand les charges sont seulement futures. Autant peut-être pour des raisons psychologiques, spécialement fortes aux colonies, que pour la considération que les colonies ayant leur autonomie financière ont de nombreux moyens de subvenir à leurs dépenses même extraordinaires autrement que par des emprunts qui doivent rester exceptionnels, les pouvoirs de l'assemblée sont restés restreints.

Toutefois, l'on doit reprocher à ce système d'approbation par décret règlementaire les lenteurs considérables qui accompagnent ces décisions gouvernementales, lenteurs dans lesquelles se trouvent la source de préjudices graves pour les colonies.

Il faut remarquer [1] que les emprunts ne doivent pas être nécessairement gagés comme ceux de l'État par une contribution spéciale. Les dettes de la colonie sont exigibles dès qu'elles ont été créées régulièrement et les textes les classent parmi les dépenses obligatoires. Le vote d'un conseil portant affectation spéciale à la garantie d'un emprunt n'a pas le caractère d'un engagement pris vis-à-vis des tiers, c'est une simple indication du conseil pour ses successeurs.

Section II. — Droits de puissance publique

§ 1. — Domaine public

Ce sont les ordonnances de 1825 qui ont créé, grâce à une interprétation dont nous ne pouvons examiner la légalité, au bénéfice de la colonie, un domaine public formé de la presque totalité des propriétés de l'État. Il est vrai que, comme pour le domaine privé, la question n'est pas sans controverse, et l'on s'est demandé si les ordonnances devaient porter seulement sur les établissements publics, c'est-à-dire les propriétés bâties affectées à un service public, ou devaient s'étendre à toutes les dépendances, même naturelles affectées à l'usage direct du public. Mais l'on reconnaît aujourd'hui, presque unanimement, comme conforme aux ordonnances cette dernière interprétation qui, en pratique, a triomphé [2]. Aujourd'hui

---

1. Cf. Dislère, Traité, n° 418.
2. Cf. Garnier, op. cit., p. 50; Dislère, n° 883-84.

le domaine colonial s'est augmenté de tout le domaine de l'Etat, sauf certaines réserves expressément faites, les ouvrages de défense, bâtiments militaires, les rivages de la mer et les cinquante pas géométriques.

Dans un second groupe de colonies où les ordonnances n'ont pas reçu d'application directe, la composition respective des deux domaines publics de l'Etat et de la colonie est à peu près la même. C'est que si l'Etat s'est conservé parfois en termes exprès, la propriété de certains immeubles, il s'est toujours placé au point de vue de la domanialité privée. A la faveur du silence des textes, on a procédé dans ces colonies comme dans celles où les ordonnances de 1825 ont été appliquées, on a étendu leurs dispositions par analogie et de même que dans celles-là les propriétés acquises depuis les ordonnances, ont été portées au domaine colonial, de même dans celles-ci s'est constitué un domaine public avec les biens que dans la Métropole comprend le domaine de l'Etat, ne laissant à celui-ci que les ouvrages militaires et de défense, les rivages de la mer et probablement, mais le point est discuté, les cinquante pas géométriques.

Mais le mouvement d'opinion qui aboutit, ces dernières années, à la remise générale des terres vacantes à l'Etat, devait avoir aussi une conséquence sur le domaine public. Un décret du 20 juillet 1900, sur le modèle d'un décret relatif au Congo, qui énumère pour le Sénégal les dépendances du domaine public, portant que les portions déclassées rentreront dans le domaine de l'Etat, il faut en conclure que ces dépendances font en réalité partie du domaine de l'Etat. Et cette situation nouvelle, quoique encore exceptionnelle, pourrait bien être le précédent d'une évolution importante et générale.

De cet abandon presque général des biens de l'Etat au profit de la colonie, particularité très grande de la législation domaniale aux colonies, résulte une composition exceptionnellement importante du domaine public de la colonie et comprenant des bâtiments affectés aux services publics, des dépendances artificielles affectées à l'usage direct du public, et même des dépendances naturelles, étangs, fleuves et rivières navigables et flottables. On sait enfin qu'il faut comprendre encore dans le domaine public de la colonie une sorte de choses qui ne sont pas considérées dans la Métropole comme des dépendances d'un quelconque domaine public, mais seulement comme de *res communes* insusceptibles d'occupation et dont l'usage est commun à tous, les cours d'eau non navigables ni flottables[1].

Un des principaux caractères des dépendances du domaine public est d'être inaliénables. Mais cette inaliénabilité qui n'existe qu'à raison de la destination d'utilité publique, qui n'est pas aussi absolue que si la chose était par sa nature hors du commerce, qui n'empêche nullement les actes qui ne portent pas atteinte à la destination de la chose à l'utilité publique,

---

1. Cf. Dislère, Traité, n° 896.

cette inaliénabilité ne dure qu'autant que dure l'affectation de la chose à l'utilité publique, autrement dit tant que celle-ci reste dépendance du domaine public.

Quels sont les droits du conseil sur l'affectation ou la désaffectation à l'utilité publique? La question n'a évidemment pas besoin d'être posée quant aux dépendances naturelles du domaine public, fleuves et cours d'eau, étangs, lais et relais, rivages de la mer dans les colonies où ils n'appartiennent pas à l'État : l'affectation et la désaffectation résultent d'un fait matériel, constaté par une mesure administrative, la délimitation, qui ne laisse pas de place à l'action de l'assemblée délibérante. Mais quant aux dépendances artificielles du domaine, il faut distinguer entre celles qui résultent de l'affectation à un service public et celles qui résultent de l'affectation à l'usage direct du public.

I. — A la différence des assemblées du département et de la commune, le conseil de la colonie n'est jamais compétent pour affecter définitivement des propriétés à un service public, même lorsque ces propriétés se trouvent déjà dans le domaine de la colonie. Qu'il s'agisse d'acquérir un immeuble en vue d'y établir un service public, qu'il s'agisse simplement de destiner à ce service une propriété coloniale, le conseil n'a que le droit de prendre une délibération soumise à l'approbation du gouverneur en conseil privé. En effet, alors que les conseils « statuent sur le changement de destination et d'affectation des propriétés de la colonie, lorsque ces propriétés ne sont pas affectées à un service public, » d'après par exemple l'article 27, § 6 du décret du 23 décembre 1878 à la Guyane, le conseil général « délibère sur l'acquisition... le changement des propriétés affectées à un service public, » et du rapprochement de ces deux dispositions il résulte que cette assemblée a le droit et n'a que le droit de délibérer sur l'affectation de propriétés à un service public. Il en est ainsi pour tous les conseils généraux des colonies soumises aux décrets, où des textes semblables à celui de la Guyane ont été appliqués.

Mais ce droit d'opposer, pour ce qu'ils croient être le bien de la colonie, leur volonté négative aux desseins de l'administration, ne doit-on pas le refuser aux conseils des trois anciennes colonies? Le sénatus-consulte passe entièrement sous silence les attributions des conseils sur les propriétés affectées à des services publics. N'est-ce pas le cas d'appliquer la formule qu'en matière d'attributions, tout ce qui n'est pas expressément permis est interdit? On pourrait essayer de soutenir qu'affecter une propriété coloniale à un service public c'est en somme réaliser pour la colonie une véritable privation par indisponibilité absolue. Le conseil général, qui est chargé de l'administration et de la disposition du domaine de la colonie, ne saurait être privé du droit sinon de décider, au moins de délibérer sur un acte d'affectation qui atteint si gravement le domaine. Mais une telle interprétation, malgré son libéralisme ou peut-être à cause de son libéralisme, n'aurait guère la faveur de la doctrine qui se prononce dans le sens de l'absence complète de toute attribution dans les trois anciennes colonies¹. Cette lacune regrettable du sénatus-consulte, que fait ressortir la comparaison avec la loi du 10 août 1871, laisse tout au plus au conseil la faculté d'exprimer son opinion par un simple avis ou un vœu, dont l'administration tiendra le compte qu'elle voudra.

L'immeuble affecté, devenu dépendance du domaine public, est indisponible. Tant que dure cette indisponibilité, il ne saurait être question de droits du conseil. Mais les textes à partir du décret du 23 décembre 1878, à la Guyane, disposent que « le conseil général délibère sur l'aliénation, l'échange, le changement de destination des immeubles affectés aux services publics. » C'est qu'en effet l'indisponibilité ne dure qu'autant que dure l'affectation au service public; pour que le conseil puisse faire ces actes de disposition il faut et il suffit que sa délibération puisse porter sur la désaffectation même. Organiser le droit de délibérer sur l'aliénation, l'échange, le changement de destination des immeubles affectés aux services publics, c'est donner au conseil le droit de délibérer sur la désaffectation. Et si cette désaffectation est opérée en fait par l'acte de disposition lui-même, il est cependant nécessaire de recourir à une fiction d'antériorité de la désaffectation sur la disposition.

La désaffectation prononcée, l'immeuble retombé dans le domaine privé, les pouvoirs des conseils devraient être ceux étudiés à la section précédente; mais l'acte de disposition étant opéré par l'acte même de désaffectation, ceci explique l'étendue des pouvoirs de l'assemblée coloniale. En général les personnes administratives n'étant pas plus capables pour désaffecter que pour affecter, le conseil ne peut prendre qu'une délibération soumise à approbation du gouverneur en conseil privé. Encore une fois la colonie a moins de droit que le département, la loi de 1871 accordant au conseil général le droit de statuer sur ces différents actes lorsqu'ils ne concernent pas les propriétés énumérées au paragraphe 4 de l'article 46, et même encore, dans le cas contraire, de prendre une décision exécutoire sauf suspension. Les textes des colonies à décrets contiennent entre eux certaines différences de rédaction; c'est ainsi que le décret du 28 septembre 1888 ne parle pas du droit du conseil colonial de Cochinchine de délibérer sur le changement d'affectation des propriétés; mais le conseil étant capable de délibérer sur l'affectation et sur la désaffectation dans le cas d'aliénation ou d'échange, on ne saurait lui refuser ce même droit dans le simple cas de changement d'affectation.

Aux anciennes colonies, le sénatus-consulte ne portant aucune disposition explicite sur ces actes qui contiennent désaffectation, il faut suppléer au silence du texte. Si tout à l'heure il n'était pas possible d'accorder aux conseils généraux le droit de délibérer sur l'affectation, *a fortiori* sur la désaffectation ne peut-on songer à le leur reconnaître. On ne peut cependant prétendre leur interdire le droit de manifester leur

1. Cf. Dislère, Dalloz, Garnier, *op. cit.*

opinion par un avis ou un vœu, car, ainsi que l'a déclaré un avis du Conseil d'État du 11 janvier 1872, l'immeuble affecté à un service public n'en appartient pas moins à la colonie, et « la destination de cet immeuble est évidemment un des objets sur lesquels le conseil général a le droit d'exprimer son opinion..., objet ressortissant à sa compétence naturelle... » Mais c'est ici qu'apparaît l'utilité de la distinction établie entre la désaffectation et l'acte de disposition, et l'importance de la fiction d'antériorité de la désaffectation sur l'acte de disposition. Si c'est à l'administration qu'il appartient de prendre sans partage la décision de désaffectation, il ne saurait lui appartenir de décider sur l'acte de disposition. L'absence de tout texte attributif pour le conseil ne saurait faire que la propriété désaffectée ne restât pas dans le domaine colonial au titre privé, dans ce domaine privé sur lequel le conseil possède le droit de décision. Voici donc les pouvoirs qu'en l'absence d'attribution expresse il faut cependant reconnaître au conseil général : s'il s'agit de désaffecter ou de changer d'affectation, le conseil peut tout au plus manifester son opinion; mais s'il s'agit, par un seul acte, d'aliéner ou d'échanger une propriété affectée à un service public, le conseil a le droit de prendre une délibération ayant une force exécutoire négative; ce ne sera pas une décision entière, puisqu'il y a les droits de l'administration sur la désaffectation, ce sera une décision soumise à approbation. C'est-à-dire que le consentement du conseil général sera toujours nécessaire à l'acte de disposition d'une propriété coloniale.

II. — En outre des propriétés affectées à un service public, le domaine public de la colonie contient des dépendances artificielles par l'affectation à l'usage direct du public. C'est dans cette catégorie que l'on peut faire rentrer : les voies de communication terrestres, routes, chemins de fer ou liquides, canaux et leurs accessoires, ouvrages d'art, outillage, puis des ouvrages publics généralement établis dans un but agricole, canaux d'irrigation et de desséchement, captation de sources, réservoirs, etc...

Relativement aux chemins et routes, les conseils des colonies ont les mêmes pouvoirs que ceux des départements. Ils statuent « sur le classement, la direction et le déclassement. » Les pouvoirs ont la même portée; non seulement ils décident les routes à construire ou à modifier, la direction à suivre, c'est-à-dire des travaux à exécuter, non seulement ils peuvent faire passer d'une catégorie inférieure dans une catégorie supérieure un chemin déjà classé, mais ils peuvent même créer, par une décision définitive, la domanialité publique, si le chemin est privé ou s'il est à construire. C'est donc, entre toutes les dépendances du domaine public, sur celles-ci que les pouvoirs des conseils sont les plus étendus. Il est bien entendu, d'ailleurs, que lorsqu'il y a pour la construction ou la modification des routes des terrains à acquérir, le classement du conseil n'est que le préliminaire de l'expropriation pour cause d'utilité publique prononcée suivant des procédures variant avec les colonies.

Une fois la route classée et livrée à la circulation, devenue dépendance du domaine public, le conseil a le pouvoir de la déclasser. Il peut, ou bien la faire passer dans une catégorie inférieure, par exemple la retirant du domaine public de la colonie la remettre à ceux des communes, ce qui aura pour résultat d'en placer l'entretien à la charge de celles-ci, ou en, réintégrant le terrain désaffecté dans le domaine privé, en décider l'aliénation suivant les conditions prescrites, auquel cas il y aurait lieu d'appliquer des dispositions analogues à celles de la loi du 24 mai 1842 sur la conservation d'un chemin d'exploitation si c'est utile, et le droit de préemption en droit soi des propriétaires riverains.

Le décret du 25 janvier 1879, article 28, paragraphe 7, porte que le conseil général de l'Inde délibère sur le classement et la direction des canaux d'irrigation et le classement des étangs servant à la culture. Il ne s'agit pas là seulement d'opérer un déplacement entre différents domaines publics, ni même de travaux à exécuter, il s'agit, dans l'intérêt supérieur de la culture coloniale, de mettre hors du commerce, par une affectation à l'usage public, certaines choses appropriées ou non, en en déclarant l'utilité générale. C'est un pouvoir certainement très motivé, mais considérable. Aussi les délibérations du conseil en cette matière ne contiennent pas décision définitive, et sont soumises à l'approbation du gouverneur en conseil privé; cela permet à l'administration un contrôle utile, en outre de la déclaration d'utilité publique si la procédure d'expropriation est nécessaire. Il faut remarquer enfin que ce conseil général de l'Inde, dont on verra les pouvoirs sur les autres travaux à exécuter, délibère seulement sur le classement et la direction des canaux d'irrigation.

§ 2. — Travaux publics

Il n'est pas nécessaire de faire valoir toute l'importance de cette question des travaux publics. Il sortirait du cadre de cette étude d'insister sur l'utilité primordiale, pour un pays, de son outillage économique dans les divers éléments dont il se compose. Rappelons seulement que nous sommes aux colonies, dans des pays neufs qu'il s'agit d'exploiter et de mettre en valeur, où cet outillage économique est encore rudimentaire, où tout est à créer et où, par suite, cette question des travaux publics prend une importance encore plus considérable, importance qui rejaillit toute entière sur l'autorité à laquelle est attribuée le droit de décider ces travaux.

Si l'intérêt des travaux à exécuter dans la colonie, au lieu de rester local, dépassait la colonie, devenait général, intérêt de la nation entière, et si cet intérêt général devait avoir pour résultat de saisir l'État lui-même, tandis que l'intérêt local laisserait les initiatives locales dans leur indépendance et avec leurs ressources propres, on pourrait énumérer[1] : 1° les travaux militaires ; 2° l'éclairage des côtes ; 3° les grands ports maritimes ; 4° les grandes voies de communication terrestres et navigables, qui devraient être normalement à la charge de l'Etat. Mais un tel système, avec sa classification procédant de l'état d'esprit assimilateur dont la base de raisonnement est la distinction entre l'intérêt général et l'intérêt local, ne serait peut-être heureux ni pour l'Etat, auquel il créerait des obligations considérables et dans une certaine mesure injustifiées, ni pour les colonies dont il paralyserait la liberté d'action. La question posée pour les rapports de la colonie avec l'Etat pourrait l'être d'ailleurs de la même manière pour les rapports de la colonie avec d'autres personnes administratives plus générales que la colonie, unions de colonies ou moins générales, circonscriptions, communes ou institutions en tenant lieu. Notre conclusion serait la même, c'est qu'il ne doit exister aucune catégorie spéciale de travaux attribués par nature à des personnes administratives déterminées. La vocation de ces personnes administratives pour les travaux publics est générale. Or, cette conclusion n'est autre que la réalité juridique. Rien ne limite, en droit administratif, les droits et les obligations respectives des différentes personnes administratives territoriales. L'exécution des travaux est au pouvoir de qui veut bien en prendre la charge. La colonie peut entreprendre tous les travaux qu'elle juge utiles et que ses moyens lui permettent d'exécuter. Et l'on peut remarquer que jusqu'ici l'Etat a peu entrepris lui-même en rejetant, par la théorie d'autonomie, les travaux généraux nécessaires aux colonies à la charge des budgets locaux.

Le conseil général statue sur les travaux à exécuter sur les fonds de la colonie ; il arrête les projets, les plans et les devis des travaux.

La délibération sur les travaux coloniaux rentre dans la catégorie des décisions définitives et exécutoires sauf annulation pour violation de la loi ou excès de pouvoir. Mais, outre le contrôle dont ces décisions sont susceptibles, il est un examen auquel elles sont soumises et où l'action du gouvernement peut se faire sentir de la manière la plus efficace. L'expropriation pour cause d'utilité publique, si elle n'est pas un élément essentiel de l'exécution de travaux publics, en est le préliminaire presque général. Dans la déclaration d'utilité publique qui est la base de cette procédure d'expropriation et qu'il appartient, aux termes du sénatus-consulte du 3 mai 1856, au gouverneur en conseil privé de prononcer, l'administration puise la faculté d'examiner la résolution du conseil et d'y opposer sa volonté aussi bien que si elle possédait le droit de rejet de la délibération pour simple inopportunité.

D'autre part, pour la Métropole, le décret du 16 août 1853 avait délimité la zone frontière dans l'intérieur de laquelle aucun ouvrage ne peut être entrepris qu'après l'approbation de la commission mixte des travaux

1. Avec M. Suais, ingénieur en chef des colonies, Cf. Petit, Organisation des colonies, II, 196.

publics. Cette disposition n'avait jamais reçue d'extension aux colonies. Le décret du 1er avril 1899 sur les points d'appui de la flotte aux colonies est venu en faire une sorte d'application. L'article 6 porte « les projets de travaux dont l'exécution, dans les points d'appui de la flotte et dans une zone déterminée autour de chaque place, peut intéresser à la fois la défense des points d'appui et les divers services coloniaux, sont soumis avant toute exécution à l'examen concerté des départements des colonies et de la marine. » Et l'article 7 dispose que des décrets détermineront les limites de la zone des travaux mixtes pour chaque point d'appui, l'organisation et les attributions d'une commission mixte des travaux publics des colonies chargée de l'examen et de la discussion des projets, et les formes de l'approbation.

Avec la décision des travaux coloniaux dans leurs principes, dans leurs formes et conditions, les conseils ont-ils aussi le pouvoir de fixer le mode d'exécution et de réception des travaux ?

Les travaux publics peuvent être exécutés en régie, par entreprise ou marché, par concession. Pour ce qui est des deux premiers modes d'exécution, les textes coloniaux, pas plus que les textes départementaux, ne contiennent de dispositions expresses, à part cependant le décret organique de l'Inde où le conseil statue définitivement sur « l'ordre et l'exécution des travaux. » Ailleurs, que faut-il décider? Un conseil général ayant décidé que l'entreprise serait substituée à la régie pour l'entretien des routes de la colonie, et la délibération ayant été annulée par le gouverneur en conseil privé comme prise hors des attributions légales, le Conseil d'Etat par un arrêt du 10 novembre 1882 annula l'arrêté du gouverneur, la délibération n'étant pas de celles dont le gouverneur pouvait prononcer la nullité. Depuis cette époque, un décret du 16 novembre 1884 est venu préciser les pouvoirs du conseil, en déclarant nulle et non avenue une délibération du conseil statuant sur le mode de réception des travaux. C'est l'interprétation admise en législation départementale. Si la loi de 1871 accorde aux conseils de département le droit de statuer sur les projets, plans et devis de tous travaux à exécuter sur les fonds départementaux et désignation des services auxquels ces travaux seront confiés, elle ne donne nullement le droit aux conseils de s'écarter des règles générales de l'administration des travaux, ni de se soustraire aux prescriptions réglementaires imposées pour lesdits travaux. Le paragraphe 9 de l'article 46 est le corollaire du paragraphe 6 par lequel les conseils ont reçu le droit de désigner à leur choix les ingénieurs des ponts et chaussées ou des agents spéciaux pour la direction des travaux des routes. Il n'a pas une portée plus considérable. Les conseils des colonies, pour lesquels d'ailleurs cette extension de pouvoir n'existe pas, ne sauraient revendiquer d'autre droit que celui, expressément accordé, d'examiner les projets, plans et devis, de les approuver ou de les modifier, mais non celui de statuer sur le mode d'exécution et de réception des travaux, appartenant exclusivement à l'administration depuis les ordonnances constitutionnelles des colonies, non modifiées sur ce point[1].

Sur le troisième mode d'exécution des travaux publics, la concession, tous les textes sont explicites ; ils organisent les pouvoirs de décision définitive sur la concession à des associations, à des compagnies, à des particuliers des travaux d'intérêt colonial. Il faut remarquer que, même dans le cas presque général où il y a lieu à déclaration d'utilité publique à cause d'expropriation, la concession intervenant après la déclaration d'utilité publique, les pouvoirs des conseils échappent au contrôle de l'administration. Mais cette attribution, il est rare que les conseils l'exercent d'une façon exclusive. La concession est un procédé précieux pour la colonie en lui permettant d'associer à son œuvre des capitaux privés ; mais ces capitaux il faut les trouver, les attirer, les retenir, il faut discuter avec eux les conditions d'exécution du travail, il peut y avoir des pourparlers délicats et urgents, toutes opérations qui rentreraient mal dans la compétence d'une assemblée délibérante ; aussi les conseils délèguent-ils presque toujours leurs pouvoirs, avec ou sans réserve de ratification ultérieure, au gouverneur ou au ministre.

Les textes organiques ne contiennent pas en général d'exception aux pouvoirs des assemblées de statuer sur les concessions de travaux d'intérêt colonial. Mais il est une colonie où ces pouvoirs reçoivent une limitation ; pour les entreprises des docks, bassins, formes de radoub et autres établissements analogues, qui dans la Métropole sont rattachés au domaine public de l'Etat, le conseil général des Etablissements d'Océanie ne peut qu'émettre un avis. C'est évidemment dans l'importance de ces établissements pour la défense nationale maritime, dans l'intérêt général de la nation à ce qu'un Etat étranger ou une compagnie subventionnée par lui ne vienne, à l'abri d'une concession imprudente, s'implanter en maître chez nous, que l'on doit trouver la raison de cette réduction exceptionnelle des pouvoirs. Mais pourquoi cette exception est-elle limitée à cette colonie, semblant une défiance sur la perspicacité, sinon, le patriotisme de ce conseil ?

Les colonies sont en général malheureusement trop pauvres pour pouvoir mener à bien par leurs propres forces financières les importants travaux dont elles auraient besoin. Elles sont obligées de faire appel à la bienveillance de particuliers ou d'autres personnes administratives et de recevoir avec reconnaissance les offres qu'on leur adresse. Ces offres de concours provenant, soit de particuliers, soit de personnes administratives et pouvant revêtir la forme de subventions en argent, de cession de terrains, de prêt de main-d'œuvre, d'avances remboursables, de garantie d'intérêt, doivent être acceptées par la colonie. Le conseil statue sur toutes offres de concours à la dépense des routes, chemins, ou tous autres travaux à la charge de la colonie.

---

1. Cf. DISLÈRE, Traité, n° 402.

Lorsqu'ainsi le travail au lieu d'être fait sur les seules ressources de la colonie, est accompli à plusieurs, il est évident que quoique le conseil conserve en principe ses entiers pouvoirs, la colonie, par le fait de cette offre de concours, peut être obligée de discuter les conditions qu'on lui impose. C'est là un moyen surtout employé par l'État pour conserver un droit d'intervention dans la décision de grands travaux exécutés aux colonies[1]. Mais si ce concours est avantageux pour la colonie, puisqu'il permet à celle-ci d'exécuter des travaux qu'elle n'aurait pu sans cela accomplir, il peut être aussi très préjudiciable à la colonie, par suite des lenteurs que les pouvoirs métropolitains apportent à l'instruction des projets. On pourrait citer en matière de chemins de fer, par exemple, de nombreux exemples d'un esprit de centralisation et de contrôle ayant eu les résultats les plus nuisibles.

A côté des travaux publics coloniaux, exécutés par la colonie, et qui s'incorporent au domaine colonial, il convient de placer quelques mots sur des travaux exécutés par d'autres personnes administratives et qui, sans être proprement coloniaux, intéressent la colonie plus ou moins directement.

L'idée première d'un concours de plusieurs personnes administratives à l'exécution de travaux d'utilité publique générale se trouve dans les articles 28 et 29 de la loi du 16 septembre 1807, qui, pour les cas qu'ils énumèrent, contraignirent les départements, les arrondissements et les communes à contribuer à la dépense dans des proportions fixées par des lois spéciales. Ces dispositions sont depuis longtemps tombées en désuétude. Toutefois, le principe posé par la loi de 1807 a été maintenu par la loi du 10 mai 1838. Le sénatus-consulte de 1866 on reproduisit la disposition, en portant que « le conseil général délibère sur le concours de la colonie dans la dépense des travaux qui intéressent la colonie et les communes. » Le pouvoir de délibération que le conseil possède ici, ne pouvant faire admettre que les propositions fixées par le conseil pourraient être modifiées, mais seulement qu'elles peuvent être simplement refusées, comme il n'existe pas dans la législation de texte permettant de contraindre la colonie, cette disposition est ainsi effectivement sans valeur. Aussi, les décrets de 1885, sur le modèle de la loi de 1871, en accordant aux conseils de Calédonie et d'Océanie le droit de statuer définitivement, ne font-ils que consacrer le principe des offres de concours bénévoles.

Beaucoup plus logique était l'autre disposition du sénatus-consulte, sur la part contributive de la colonie à la dépense des travaux à exécuter par l'État et qui intéressent la colonie. Le conseil général recevait le droit de statuer définitivement. Ces pouvoirs, tous les décrets les ont remis aux conseils des autres colonies, sauf ceux de Calédonie et

---

1. Cf. P. BOURDARIE, Création de l'outillage économique aux colonies, subvention ou souscription? *Revue politique et parlementaire*, 1988.

d'Océanie, où, adoptant la rédaction de la loi départementale, ils ne disposent que le droit de délibérer. Mais de cette rédaction défectueuse, on ne peut déduire, non plus que précédemment, le droit de modifier les propositions du conseil. Le décret à intervenir doit se borner à approuver ou à rejeter les offres de l'assemblée coloniale. Il ne peut imposer d'office à la colonie une dépense qui n'est pas comprise dans l'énumération des dépenses obligatoires ; l'État a la ressource, devant l'insuffisance du concours, de ne pas entreprendre le travail projeté.

Il faut ajouter que, pas plus que dans la Métropole, ces droits du conseil en matière de travaux ne peuvent s'exercer par voie règlementaire. Les conseils ne peuvent statuer que sur les affaires particulières qui leur sont soumises [1].

§ 3. — Droits de police

1. — *Services coloniaux*

C'est en matière de services publics coloniaux que les attributions des assemblées coloniales se différencient le plus de celles des assemblées départementales.

Les services locaux dont la gestion est expressément attribuée à l'assemblée coloniale par des textes sont restreints : ce sont les services d'assistance publique et d'aliénés, comme dans le département.

Les décrets de 1885 à la Nouvelle-Calédonie et en Océanie, assimilés sur ce point à la loi départementale, portent que « le conseil statue sur la création d'institutions coloniales d'assistance et le service de l'assistance publique dans les établissements coloniaux. » « Le conseil statue sur le service des enfants assistés. » Il statue « sur l'approbation des traités passés avec des établissements privés ou publics pour le traitement des aliénés de la colonie. » C'est là le régime de la Métropole ; mais son extension est limitée à ces deux colonies seules. Dans l'Inde, on ne trouve plus qu'un seul article, et les pouvoirs qu'il organise sont diminués. « Le conseil général délibère sur les matières qui concernent l'assistance publique. » A part ces exceptions, dans toutes les autres colonies, sur les services coloniaux d'aliénés et d'enfants assistés les textes sont muets. Les textes aux anciennes colonies, à la Guyane et au Sénégal, disposent seulement que « le conseil délibère sur le règlement d'admission dans un établissement public des aliénés dont l'état n'est pas compromettant pour l'ordre public et la sécurité des personnes. » Les conseils de ces mêmes colonies ont encore le pouvoir de « délibérer sur la part de dépenses des aliénés et des enfants assistés à mettre à la

---

1. Avis du Conseil d'Etat, 21 juillet 1885.

charge des communes et les bases de la répartition à faire entre elles, » où d'ailleurs ceux de Nouvelle-Calédonie et d'Océanie statuent; mais ce sont là des attributions de nature financière qui n'ont pas trait à l'organisation et à la direction des services.

Les conseils statuent, les textes sont explicites presque partout, sur l'établissement et l'organisation des caisses de retraite en faveur du personnel colonial.

Tels sont les seuls établissements ou services publics prévus par des textes exprès. Or, si l'on veut trouver le critérium du service local dans la mise de ce service à la charge du budget local, le principe de séparation financière, dont l'application sera ultérieurement délimitée dans l'étude du budget, doit avoir pour conséquence de faire reconnaître le caractère colonial à la plupart des services publics aux colonies.

Sur ces services publics coloniaux quelles sont les attributions des conseils ? Sur ces services coloniaux, dont le nombre n'est égalé que par l'importance, si les conseils généraux avaient des attributions étendues ce serait, non plus seulement une autonomie budgétaire, mais une décentralisation administrative poussée jusqu'à ses dernières conséquences. Telle n'est pas, il s'en faut, l'organisation actuelle. Les conseils n'ayant que les attributions qui leur sont explicitement accordées, et les textes étant muets sur les services publics coloniaux, les conseils ne pourront avoir d'autre action que celle que leur permettra la voie des délibérations budgétaires. Sur tous les services dont les dépenses seront classées à la section des dépenses obligatoires ce sera ainsi l'absence complète de pouvoirs.

Mais la liste des dépenses obligatoires, parfois longue, ne comprend pas tous les services publics importants, même essentiels à la vie d'une société civilisée. Ceux qui ne sont pas compris parmi les dépenses obligatoires sont entretenus par les crédits facultatifs des budgets locaux, et en conséquence soumis à une certaine action des conseils. Les conseils, une fois les dépenses obligatoires réglées, sont maîtres de leurs dépenses facultatives. C'est donc une initiative absolue, initiative presque généralement absolue pour créer et pour augmenter, initiative absolue pour diminuer et pour supprimer. Non seulement les conseils peuvent, en général, organiser les services publics qui leur paraissent nécessaires aux besoins locaux, mais les services créés semblent entièrement soumis à leurs décisions.

Cependant, la liberté des conseils est en réalité loin d'être aussi considérable, et, après des précisions, les pouvoirs paraîtront, au moins en droit, inférieurs à ceux des assemblées départementales. Cette initiative provenant uniquement d'attributions budgétaires, et tout ce qui n'est pas expressément permis étant interdit aux conseils, il s'ensuit que dans le silence des textes leur droit se borne à la simple détermination d'un crédit. Pour tout ce qui concerne l'organisation générale des services, la détermination des cadres, les conditions d'aptitude des candidats aux fonctions coloniales, l'accord de l'administration leur est nécessaire. La nomination et la révocation des fonctionnaires sont les attributions normales du pouvoir exécutif comme la répartition des gratifications et les décisions en matière de pensions.

Malgré ces limitations, les pouvoirs des assemblées coloniales sur les services locaux sont considérables ; quoique dépourvues d'attributions administratives, les assemblées peuvent trouver dans le simple vote des crédits les moyens d'action les plus énergiques, et en pratique elles savent les utiliser. Et ces pouvoirs prennent en fait une importance encore plus considérable par le caractère essentiel et nécessaire d'un grand nombre de ces services coloniaux facultatifs.

II. — *Règlementation de l'immigration*

Il est un certain nombre de colonies où par suite de l'insuffisance de la main-d'œuvre locale, les exploitations agricoles ou industrielles doivent avoirs recours à la main-d'œuvre étrangère. Laisser libre sur ce point l'initiative privée, sans règlementation et sans secours, on ne pouvait y songer. Les intérêts de l'entreprise, quoiqu'intérêts privés, sont tellement considérables, tellement essentiels à la vie de la colonie, qu'une règlementation devait les prendre en considération et chercher à faciliter par une main-d'œuvre sûre et bonne les conditions de leur prospérité; et cette mise directe de l'administration publique au service de certains intérêts privés est une des plus grandes particularités de l'administration coloniale. Il est vrai que les intérêts de l'entreprise ne doivent pas être seuls en considération. Il y a aussi ceux des travailleurs, de ces immigrants sans défense, dont on ne peut laisser réaliser une exploitation inhumaine et dont on doit régler les conditions de travail, d'existence, d'hygiène et le rapatriement à l'expiration de leurs engagements. Il y a enfin les intérêts de la société coloniale toute entière qu'il faut protéger contre l'envahissement possible de cet élément étranger qui n'apporte généralement pas avec lui l'exemple des plus solides vertus, et dont la concurrence pourrait être fatale à la main-d'œuvre locale.

Sur la règlementation de cette immigration qui présente un caractère de la plus haute importance, essentiel pour la vie du pays, l'assemblée coloniale devrait être appelée à délibérer. Malheureusement ces problèmes ardus et qui devraient rester uniquement sur le terrain économique, peuvent chavirer dans le domaine de la politique sociale et se dénaturer au contact des passions. L'importance et le danger de ces problèmes devaient faire prudemment restreindre les pouvoirs accordés aux assemblées. Les conseils généraux des trois anciennes colonies, de la Nouvelle-Calédonie, de l'Océanie et de la Guyane, délibèrent sur le mode de recrutement et de protection des immigrants. Les textes des deux colonies organisées en 1885 ajoutent « et de rapatriement; » mais les frais de rapatriement sont partout des dépenses obligatoires. Les délibérations des conseils sont approuvées par décrets en la forme de règlements d'administration publique. En Guyane le décret peut être simple.

Toutefois, les attributions des conseils n'ont pas en pratique une portée aussi générale que ces dispositions pourraient le laisser croire. Ces questions d'immigration présentent un intérêt politique et social qui dépasse celui d'une colonie particulière, un intérêt de politique internationale. Elles sont généralement l'objet de décisions plus hautes que celles d'un conseil général et des traités internationaux interviennent la plupart du temps. On comprend que dans ce cas un conseil général ne saurait prendre des délibérations qui leur seraient contraires. D'autre part, les pouvoirs des conseils sont limités par certains principes généraux du droit public. C'est un principe absolu que les conseils généraux ne peuvent prendre en aucun cas des décisions en matière de pénalités. De fréquents jugements, surtout en matière d'impôts, ont rappelé que si les conseils peuvent organiser des amendes qui ont un caractère de réparation fiscale, il ne sauraient statuer sur les peines proprement dites. Les termes « délibérer sur le mode de protection » ne peuvent donner aux conseils le droit de délibérer sur les pénalités en l'absence de disposition formelle, droit qui continuera à appartenir au gouverneur seul.

Enfin cette attribution des conseils coloniaux sur la règlementation de l'immigration n'est pas, remarque curieuse, exclusive des pouvoirs règlementaires des gouverneurs. Les gouverneurs étaient, aux termes de l'article 36 du décret du 27 mars 1852, investis du droit de pourvoir par des règlements spéciaux à toutes les mesures de protection que pouvaient réclamer la situation des immigrants. Il semblerait que les attributions contenues dans les textes organiques des conseils coloniaux effaçassent les pouvoirs des gouverneurs. Il n'en est rien et ce n'est pas ainsi que l'interprète la jurisprudence. Le gouverneur ne pourrait prendre de décision contraire à un règlement établi après délibération du conseil, mais, en l'absence d'une règlementation générale, il peut parfaitement encore exercer le droit que lui confère le décret de 1852 de faire des règlements spéciaux concernant les mesures de protection qu'exige la sécurité des immigrants[1].

III. — *Tutelle des communes*

Les communes, malgré la loi décentralisatrice de 1884, n'ayant pas une autonomie absolue, restent soumises à la tutelle d'autorités supé-

---

1. C. d'Etat, contentieux, aff. Chapp., 1877; Cf. Bibliothèque coloniale internationale, 1re série, t. I.

rieures. C'est l'Etat représenté en général par le préfet dans la Métropole, par le gouverneur dans la colonie, qui l'exerce en principe ; mais les autres personnes administratives, départements ou colonies, ont, par délégation de l'Etat, une partie de cette tutelle des communes qu'elles exercent par l'intermédiaire de leurs assemblées représentatives.

En cette matière, les attributions des conseils coloniaux sont moins étendues que celles des conseils de département. Les conseils de département arrêtent, souverainement et sans aucun contrôle, dans les limites fixées annuellement par la loi de finances, le maximum du nombre des centimes extraordinaires que les conseils municipaux sont autorisés à voter pour en affecter le produit à des dépenses extraordinaires d'utilité communale. Cette attribution des assemblées départementales a été textuellement — moins la limite de la loi de finances — transférée aux conseils de Calédonie et d'Océanie ; mais ailleurs que dans ces deux colonies, les conseils n'ont aucune attribution en matière de centimes additionnels, et toute délibération à ce sujet est nulle et non avenue [1].

Cependant, les assemblées coloniales ont possédé depuis le sénatus-consulte de 1866 des pouvoirs importants sur les finances coloniales par le vote d'une taxe destinée à alimenter les budgets communaux, l'octroi de mer. Mais l'histoire intéressante de cette taxe, intimement liée à celle des taxes douanières, engage à remettre l'étude de cette attribution à la partie consacrée aux modifications des attributions budgétaires depuis le sénatus-consulte.

La loi du 10 août 1871 a donné aux conseils généraux de département des pouvoirs nouveaux sur les territoires des communes et les sections électorales. « Les conseils statuent définitivement sur les changements à la circonscription des communes d'un même canton et à la désignation de leurs chefs-lieux lorsqu'il y a accord entre les conseils municipaux ». Et d'autre part « le conseil général, chaque année, dans sa session d'août, par un travail d'ensemble comprenant toutes les communes du département, procède à la révision des sections électorales et en dresse le tableau. » De la première de ces attributions, remises à l'assemblée départementale, il n'existe pour les conseils des colonies que le droit de donner un avis. Quant à la seconde, seuls les décrets de 1885 l'ont accordée aux conseils de Nouvelle-Calédonie et d'Océanie. Ces conseils procèdent aux sectionnements suivant les prescriptions des articles 11 et 15 de la loi du 5 avril 1884.

A côté des routes coloniales, d'intérêt colonial et à la charge de la la colonie, se constituent dans le domaine des communes, des chemins d'intérêt moins général, régional, et désignés sous le terme de chemins d'intérêt collectif. Les lois du 21 mai 1836 et 18 juillet 1866 avaient

---

1. Conseil d'Etat, 16 janvier 1872, 31 janvier, 20 avril 1882.

donné aux départements des attributions sur les chemins de grande communication, puis d'intérêt commun ; le sénatus-consulte les reproduisit, suivi par les décrets organiques. Les conseils statuent définitivement sur le classement, direction et déclassement des chemins d'intérêt collectif. Les décrets relatifs à la Nouvelle-Calédonie et à l'Océanie vont même jusqu'à reproduire littéralement l'article 44 de la loi de 1871. « Le conseil général opère la reconnaissance, détermine la largeur, et prescrit l'ouverture et le redressement des routes et chemins de grande communication. » Comme dans la Métropole, ce sont là des attributions souveraines, sans contrôle de tutelle. Mais les pouvoirs ne sont pas les mêmes ; les textes coloniaux ne font pas, comme la loi de 1871, le rappel de la loi de 1836 et ne donnent pas par conséquent aux décisions du conseil la portée d'une véritable expropriation pour cause d'utilité publique. L'utilité publique sera toujours prononcée dans la forme ordinaire par l'autorité exécutive.

En cette matière, comme dans la Métropole, les pouvoirs des conseils s'étendent à des attributions financières. Le conseil statue définitivement sur la désignation des communes qui doivent concourir à la construction et à l'entretien de ces chemins ; mais la désignation des communes est accompagnée dans la Métropole de la fixation du contingent annuel de chaque commune dans la dépense ; les deux seuls conseils de Nouvelle-Calédonie et d'Océanie peuvent statuer sur cette dernière attribution. les autres conseils, dans le silence des textes, doivent être considérés comme dénués de tout pouvoir sur ce point.

En compensation de la dépense imposée pour ces chemins, les communes peuvent recevoir des subventions. C'est le conseil qui statue sur les subventions qu'il y a lieu d'accorder aux chemins sur les fonds coloniaux.

Toutes ces délibérations des conseils sont décisives et exécutoires par elles-mêmes, mais elles ne peuvent pas être exercées *de plano* par les conseils. Les conseils ne doivent statuer sur toutes ces affaires qu'après avis des conseils municipaux intéressés ou des administrations qui en tiennent lieu.

Si les ressources ordinaires des communes ne suffisent pas aux dépenses de ces chemins, il y est pourvu à l'aide de ressources spéciales ou de l'impôt des prestations. L'attribution que possèdent les conseils de département de statuer sur le taux de la conversion en argent des journées de prestation a été accordée aux seuls conseils d'Océanie et de Calédonie.

§ 4. — Budget

ARTICLE I. — LE RÉGIME FINANCIER. CONSISTANCE DES BUDGETS LOCAUX. MODIFICATIONS AU SÉNATUS-CONSULTE DE 1866

I. — *Généralités*

Les dépenses occasionnées par le fonctionnement des services coloniaux seront-elles à la charge de la colonie qui gardera toutes ses ressources pour y faire face, ou bien les dépenses et en conséquence les recettes seront-elles partagées entre la colonie et d'autres personnes morales, l'État? C'est la question de l'unité du budget colonial. Cette grosse question du régime financier colonial peut être résolue de deux façons ou plutôt dans deux tendances différentes.

Dans la tendance assimilatrice, la colonie placée dans la situation d'un département, l'État prend à sa charge toutes les dépenses d'intérêt général et perçoit une partie des impôts de la colonie. Restent à la colonie pour former un budget local des dépenses n'ayant qu'un caractère local et les recettes, déduction faite de celles que l'État s'est réservées.

Mais rarement la théorie assimilatrice est poussée jusqu'à ces extrêmes conséquences. La distinction des dépenses d'intérêt général et d'intérêt local disparaît; les dépenses d'intérêt général restent à la charge de la colonie, et l'État ne soustrait plus au budget local que des dépenses dites de souveraineté, qui l'intéressent tout entier dans le développement de son commerce ou dans sa grandeur politique, des dépenses de protectorat et d'administration générale. La totalité des impôts est laissée à la colonie, mais l'État se fait remettre, en compensation des dépenses qui restent à sa charge, des contingents qui figurent à ses recettes.

Dans un régime tout opposé, imbu du pur esprit d'autonomie, la séparation des finances de la colonie et de celles de l'État est absolue. Les budgets sont indépendants; c'est l'unité du budget colonial. Toutes les dépenses engagées dans la colonie, et toutes les recettes perçues sur son territoire constituent le budget local, sans aucune distinction d'utilité locale ou générale. Les deux personnes administratives n'ont pas d'autres relations financières que celles créées par la sollicitude de la mère-patrie pour des colonies pauvres, sous formes d'aides pécuniaires, de subventions extraordinaires.

Cette consistance du budget local qui est modifiée par l'adoption de tel régime financier entre la colonie et l'État, l'est aussi par l'existence du budget d'une personne administrative intermédiaire entre la colonie et l'État, l'Union de colonies. Cette personne morale supérieure à la colonie, comprenant des intérêts plus généraux, peut comme l'Etat se prétendre qualifiée pour gérer certains services à charge d'en supporter les frais. En compensation de cette charge elle prélève sur les ressources de la colonie une certaine part, sous forme de produit d'impôts déterminés ou de l'inscription au budget de celle-ci d'une contribution obligatoire. C'est ainsi un budget très particulier que possède la Cochinchine depuis le décret du 31 juillet 1898 qui institue le budget général de l'Union indochinoise. La plupart des services généraux et un grand nombre de recettes ayant été versés au budget général, le budget local s'est trouvé diminué d'autant. C'est le budget général qui pourvoit aux dépenses de la justice française, des administrations des douanes et régies et des autres contributions indirectes, des travaux publics d'intérêt général, du service des postes et télégraphes, du service des forêts. Pour faire face à ces dépenses sont affectées les recettes des douanes et régies, des contributions indirectes et des forêts. Pour faire face aux dépenses locales qui subsistent il ne reste plus que les recettes des impôts directs et les subventions éventuelles du budget général.

Mais il est une autre cause que la superposition de personnes administratives pour modifier la consistance du budget colonial, c'est l'étendue territoriale du budget. Malgré l'unité de la colonie, il peut arriver que certaines portions du territoire de la colonie jouissent au point de vue financier tantôt d'une sorte d'autonomie, tantôt d'une sorte d'assujettissement.

Dans les Etablissements d'Océanie, au point de vue financier comme au point de vue administratif, la restriction des attributions du conseil général depuis le décret du 10 août 1899 est la même. Les îles Marquises, Tuamotu, Gambier, Tubuai et Rapa forment autant d'établissements français distincts placés sous l'autorité du gouverneur. Les budgets, recettes et dépenses de ces îles, sont arrêtés par le gouverneur en conseil privé.

Au Sénégal, au contraire, le conseil général bien que ne représentant qu'une fraction de la colonie, le territoire des trois communes constituées, possède des attributions s'étendant, mais avec une force exécutoire différente, sur tout le territoire de la colonie. Les attributions financières comme les attributions administratives jouissent de cette extension, et le budget colonial est un, malgré la différence de régime des territoires de la colonie. Mais les attributions financières du conseil général du Sénégal présentent une particularité d'une autre espèce. Le décret du 17 octobre 1899 est venu rattacher aux diverses colonies de l'Afrique occidentale française les portions de l'ancien Soudan démembré qui les avoisinaient. Sur les cercles annexés à la colonie du Sénégal quelles allaient être les attributions de l'assemblée coloniale ? En matière administrative, ce sont les mêmes que sur les territoires de la colonie autres que les communes constituées. Mais en matière financière, l'article 4 du décret contient des dispositions particulières. Les recettes et les dépenses des cercles ou résidences de l'ancienne colonie du Soudan français, rattachés au Sénégal, y compris ceux des territoires militaires, forment un budget autonome sous le titre de budget du Haut-Sénégal et Moyen-Niger, incorporé pour ordre au budget du Sénégal, arrêté par le gouverneur en conseil privé.

II. — *Régime financier de 1866*

Dans une première période historique, avec la loi du 26 janvier 1825, les ordonnances et plus tard la loi du 24 avril 1833, l'idée dominante est que les colonies doivent se suffire à elles-mêmes; c'est le régime de la séparation et de l'autonomie financières ou plutôt budgétaires, car si les budgets locaux subviennent à toutes les dépenses, moins celles de la guerre et de la marine, les subventions de l'État se trouvent encore trop faciles et trop fréquentes. Par réaction aux abus par lesquels se traduisent le développement de ce système et l'exagération des pouvoirs des autorités locales, la loi du 25 juin 1841 réalise l'incorporation et l'assimilation financières en répartissant entre les colonies et l'État les dépenses coloniales et les recettes qui doivent servir à les acquitter. A ce système ruineux par la dualité d'engagement des dépenses, le sénatus-consulte de 1854 croit pouvoir remédier, grâce à la faiblesse des pouvoirs des nouvelles assemblées, en revenant aux errements des systèmes antérieurs à la loi de 1841. Est abolie la distinction des dépenses d'intérêt général et de celles d'intérêt local; les colonies conservent le produit de tous leurs impôts. Cependant ce régime, moins libéral que le régime de la Restauration, n'était pas plus heureux que les précédents pour les finances de la Métropole. La division des dépenses en deux catégories, dont les unes restaient encore à la charge du budget général de l'État, les dépenses de « souveraineté et de protection, » faisait à la Métropole supporter des charges dont la raison d'être pouvait échapper et le poids paraître excessif. D'autre part, des contingents que le sénatus-consulte avait prévus, jamais aucun ne fut imposé, les dépenses locales ayant naturellement été en croissant avec les recettes. Enfin les subventions autorisées aux budgets locaux, allèrent en augmentant d'une façon rapide et atteignirent bientôt un chiffre considérable. Ce fut l'œuvre du sénatus-consulte du 4 juillet 1866 de chercher à affranchir le budget de l'État d'une partie des charges que lui imposait le sénatus-consulte de 1854 et de donner satisfaction dans une certaine mesure au désir exprimé par les colonies de régler elles-mêmes, suivant leurs besoins, leurs affaires locales et particulièrement leurs finances.

Le sénatus-consulte ne s'appliquait qu'aux Antilles et à la Réunion, mais les principes financiers qu'il contenait furent étendus à toutes les autres colonies par les différents décrets organiques des conseils.

Le principe de la division des dépenses y est conservé, mais on diminue sensiblement la nomenclature des dépenses à la charge du budget de l'Etat, des dépenses de souveraineté; longue et vague dans le sénatus-consulte de 1854, elle est courte et précise dans celui de 1866. Ces dépenses sont relatives : au traitement du gouverneur, au personnel de la justice et des cultes, au service du trésorier-payeur, aux services militaires.

Naturellement la totalité des recettes locales est maintenue aux budgets locaux plus lourdement chargés.

D'autre part, le principe des subventions est maintenu, mais il est décidé que leur quotité sera, au préalable, fixée chaque année par la loi de finances. Quant aux contingents qui peuvent être imposés aux colonies, il ne leur est fixé comme maximum que le montant des dépenses civiles maintenues au compte de l'Etat et les suppléments coloniaux de la gendarmerie et des troupes.

Le budget local des dépenses est divisé en deux sections comprenant : l'une, les dépenses facultatives, l'autre, des dépenses obligatoires. Ce régime est plus libéral que celui qui le précédait, en ce sens que la liste des dépenses obligatoires est sensiblement moins longue que celle du décret du 31 juillet 1855. D'autre part, il crée une sorte de garantie pour les assemblées locales. Le sénatus-consulte de 1854 avait laissé au gouvernement le soin de déterminer les dépenses obligatoires; celui de 1866 les énumère lui-même. Ceci ne doit s'entendre, naturellement, que des seules colonies où le sénatus-consulte est applicable et non des colonies à décrets, et l'énumération contenue dans le sénatus-consulte, lorsque celui-ci a perdu son caractère constitutionnel, peut être modifiée par mesure législative.

Mais si l'on fait au sujet des dépenses une comparaison entre les budgets coloniaux et les budgets départementaux on voit que la contrainte est bien plus étroite par le nombre des dépenses obligatoires dans les budgets coloniaux que dans les budgets départementaux. La raison en est, d'une part, dans le caractère de certaines dépenses d'intérêt général qui ne se retrouvent pas dans les budgets départementaux, et, d'autre part, dans la défiance que l'Etat a de tout temps, et particulièrement en matière financière, manifesté à l'égard des assemblées coloniales.

La deuxième section du budget local comprend les dépenses facultatives. Ce sont celles sur lesquelles le conseil général est entièrement libre après avoir pourvu aux dépenses obligatoires, libre quant à l'objet de la dépense, libre quant à sa fixation, n'étant limité que par les forces contributives de la colonie. Mais il faut remarquer que ces pouvoirs ne peuvent être considérés dans l'isolement de l'importance des dépenses obligatoires et qu'en réalité l'indépendance des dépenses facultatives est en raison inverse de la longueur de la liste des dépenses obligatoires.

En matière de recettes, les pouvoirs des conseils généraux sont étendus et beaucoup plus que ceux des conseils généraux des départements. Sur les tarifs des taxes les conseils possèdent la décision. L'article premier du sénatus-consulte porte que le conseil général vote les taxes et contributions de toute nature nécessaires pour l'acquittement des dépenses de la colonie, excepté en matière de douanes, où, à cause de l'importance pour le commerce national, ils délibèrent simplement sur les tarifs qui sont approuvés par décrets en conseil d'Etat. Mais outre la fixation du tarif des taxes, les conseils ont une attribution qui n'existe jamais pour les assemblées administratives de la Métropole, le choix de la matière imposable. Les conseils délibèrent sur les modes d'assiette et de perception des taxes et contributions. Mais ici ils n'ont plus le droit de décision, ils n'ont que la délibération soumise à approbation par décret.

Quant aux recettes extraordinaires, emprunts et libéralités, les conseils reçoivent les pouvoirs spéciaux qui ont été précédemment étudiés.

Le budget local ainsi délibéré par le conseil général sur la présentation du gouverneur, n'est pas définitivement arrêté. Il doit, pour être exécutoire, recevoir l'approbation du gouverneur en conseil privé, contrôle nécessaire pour la sanction des règles relatives à l'inscription des dépenses obligatoires.

Tel était, en traits rapides, le régime financier organisé par le sénatus-consulte de 1866 et qui fut copié par les décrets organiques. Or, de ce régime, successivement, des modifications sont venues altérer profondément l'essence.

III. — *Modifications au régime de 1866*

N° 1. — Douanes et octroi de mer

A. — Après l'abolition de l'esclavage qui éleva le prix de la main-d'œuvre, le développement des sucres de betterave et l'invasion du marché métropolitain par les produits étrangers, la violation progressive, au préjudice des colonies, du pacte colonial devait faire dénoncer ce contrat aux liens étouffants. La loi du 3 juillet 1861, les décrets du 24 décembre 1864 abolirent le pacte colonial.

Ce n'était pas une compensation suffisante aux dommages qui résultaient pour les colonies de l'admission en franchise dans la Métropole du sucre étranger et des progrès constants de la sucrerie indigène. On sait le régime qui fut appliqué par le sénatus-consulte de 1866. En même temps que la France se déchargeait sur les colonies d'une somme de dépenses s'élevant à plus d'un million, elle reconnaissait aux conseils généraux le droit de voter les droits de douane sur les produits étrangers importés dans la colonie, le gouvernement ne conservant que la faculté d'approuver ou de rejeter les délibérations en bloc et sans y rien changer; mais les produits coloniaux ne devaient plus bénéficier d'aucune détaxe en France.

Outre ces droits de douane, les conseils généraux recevaient le pouvoir de voter, et définitivement ceux-ci, les tarifs d'octroi de mer, taxes au profit des communes sur les marchandises de toute provenance y compris les produits français.

On conçoit l'empressement des colonies à user de leur initiative pour voter immédiatement la suppression des droits de douane sur les marchandises importées dans la colonie, en augmentant proportionnellement les tarifs d'octroi de mer qui atteignaient même les marchandises françaises. Malgré les protestations du département du commerce qui tenait en protection les intérêts des négociants français, le gouvernement dut s'incliner devant la légalité de ces actes et approuver les délibérations. Le résultat de ces mesures ne se fit pas attendre : le commerce de la France avec les colonies fléchit dans des proportions considérables au bénéfice des importations étrangères dans les colonies, et cela sans que la situation économique fût pour celles-ci sensiblement améliorée. Par la promesse d'une détaxe des droits sur les sucres coloniaux importés en France, par la menace du vote d'une proposition législative dangereuse pour les colonies, la suppression du concours de la Métropole dans les grands travaux publics, le gouvernement obtint enfin, en 1884, le rétablissement des droits de douane dans les colonies.

Mais le régime de 1866 avait montré sa valeur; il était condamné. Lors de l'institution du conseil général de la Guyane par le décret du 23 décembre 1878, le gouvernement, par oubli et par assimilation, avait transporté dans cette colonie le régime du sénatus-consulte. Il se garda de répéter cet oubli dans la suite. Tous les conseils organisés postérieurement, ceux de l'Inde, du Sénégal, de la Cochinchine, de la Nouvelle-Calédonie et de l'Océanie, reçurent en matière de douanes le droit de donner un simple avis; ceux de l'Inde et de la Cochinchine ne doivent même pas être obligatoirement consultés. Quant aux tarifs d'octroi de mer, les droits des conseils sont de même réduits en général à la délibération soumise à approbation.

L'expiration des traités de commerce avec l'étranger, en rendant possible la refonte générale de la législation douanière, vint permettre l'abrogation du régime du sénatus-consulte. Les producteurs français demandaient que les colonies fussent, pour les taxes douanières, assimilées à la Métropole. L'on a pensé que la France, qui s'est imposée des sacrifices considérables pour créer ou soutenir des établissements peu prospères, ne peut abandonner sans protection ses industries aux caprices des assemblées locales, mais peut légitimement chercher une compensation dans un régime lui assurant plus complètement le bénéfice des échanges avec ses colonies[1]. On est revenu au principe que le droit d'établir des tarifs douaniers doit être exclusivement réservé au Parlement métropolitain, principe même reconnu en Angleterre, le pays de

1. Rapport Thomson de la loi de 1892.

l'autonomie coloniale, puisque si les colonies font leurs règlements elles-mêmes, le Parlement conserve le droit théorique de rendre applicables les règlements édictés pour la Métropole. La loi du 11 janvier 1892 abroge le sénatus-consulte de 1866, quant aux tarifs de douane et à l'octroi de mer.

Tandis que les produits importés dans la Métropole des colonies françaises sont soumis à des droits fixés conformément à un tableau annexé à la loi, le législateur reprend le pouvoir de fixer lui-même les tarifs de douane dans les colonies et il étend d'une manière générale ceux qu'il édicte pour la Métropole (art. 3). C'est l'assimilation complète, mais en principe seulement ; car, d'une part, certaines marchandises peuvent être sans inconvénient soustraites à l'application du tarif métropolitain, tarif protecteur des industries françaises : aussi des décrets règlementaires, après avis des conseils généraux des colonies, pourront déterminer les produits qui seront l'objet d'une tarification spéciale ; d'autre part, « les conseils peuvent aussi prendre des délibérations pour demander des exceptions au tarif de la Métropole. Ces délibérations seront soumises au Conseil d'État et il sera statué sur elles dans la même forme que les règlements d'administration publique. » (Art. 4). Ce sont là les seuls droits des assemblées locales.

La loi n'est pas applicable à toutes les colonies. Elle laisse de côté tout un groupe de colonies à raison de conventions internationales, de configuration géographique, ou simplement d'éloignement, le Sénégal, l'Inde et l'Océanie. Ces établissements conservent donc le droit, que leur accordent leurs textes organiques, d'émettre un simple avis.

La loi du 11 janvier 1892 ne parlant expressément que « du droit de tarification, » la question s'est posée de savoir si les pouvoirs confiés aux assemblées locales par le sénatus-consulte et étendus par les décrets similaires pour l'établissement des règles de perception des droits de douane avaient été implicitement amoindris et même abrogés par la loi de 1892. Un avis du Conseil d'État du 17 janvier 1893 a établi que les assemblées locales ayant toujours moins de droit en matière de règles d'assiette et de perception que de tarification proprement dite, les conseils généraux de toutes les colonies se trouvaient dépossédés implicitement du droit qu'ils tenaient du sénatus-consulte ou des décrets.

B. — L'étude des attributions des conseils en matière d'octroi de mer aurait dû prendre place dans le paragraphe relatif au droit de tutelle de la colonie sur les communes. Mais le développement historique de ce droit fiscal, si intimement lié aux variations de la législation douanière, et, malgré son caractère de simple droit fiscal, l'influence que cet octroi de mer a toujours eu en matière commerciale, nous ont semblé des raisons suffisantes pour faire succéder l'étude de cette attribution des conseils à celle des attributions douanières.

L'octroi de mer, taxe spéciale à la législation coloniale, tient lieu de taxes d'octroi et de centimes additionnels et constitue, pour les budgets auxquels il est affecté, le plus clair des revenus. Les taxes d'octroi étant d'une levée presque impossible dans les communes des colonies, où l'agglomération est en général peu dense, les frais de perception se trouvant hors de proportion avec les recettes, les communes se partagent le produit d'un impôt perçu sur l'ensemble de la colonie. L'octroi de mer est perçu par le service des douanes, mais son affectation est purement municipale et son objet simplement fiscal. Il ne peut avoir un caractère protecteur pour les produits de la colonie et doit, en principe, frapper également les produits de toute provenance. La distinction du droit d'octroi de mer et du droit de douane s'accuse dans le sénatus-consulte de 1866, qui porte que le conseil « vote les tarifs d'octroi de mer sur les objets de toute provenance, ainsi que les tarifs de douane sur les produits étrangers naturels ou fabriqués importés dans la colonie. »

Mais ce texte, en raison des diverses interprétations qu'il peut permettre, a donné lieu à des difficultés. Si les mots « importés dans la colonie » s'appliquent aux objets soumis à l'octroi de mer, il faut en conclure que les objets d'origine locale échappent à la perception de la taxe. De même, les mots « de toute provenance » peuvent être interprétés comme conférant l'exonération de la taxe aux productions de la colonie. Les conseils généraux s'empressèrent d'accorder de la sorte une protection aux produits originaires de la colonie. Ces droits, sans avoir le caractère différentiel, propre aux droits de douane, entre les produits français et les produits étrangers importés dans la colonie, n'en présentaient pas moins un caractère protecteur vis-à-vis des produits locaux, tandis qu'il est de l'essence même des droits d'octroi de mer de se référer uniquement à la consommation locale, sans jamais tenir compte de l'origine des produits [1]. Les décrets de 1885 sur les conseils de Nouvelle-Calédonie, Océanie et Saint-Pierre et Miquelon, vinrent investir ces assemblées du droit de voter les tarifs d'octroi de mer sur « les objets de toute nature et de toute provenance introduits dans la colonie. » C'était la dérogation évidente à ces règles générales, reconnues par la jurisprudence invariable de la Cour de Cassation, mais les textes semblaient indiscutables et leur légalité n'était pas contestable. Un décret du 30 août 1893 approuva une délibération du conseil de Saint-Pierre et Miquelon ne frappant que les boissons alcooliques importées. Cependant, lorsque la question se présenta de nouveau, pour la Nouvelle-Calédonie, on se demanda si la définition de l'octroi de mer donnée par les décrets devait être maintenue. Le Conseil d'État, saisi par l'administration supérieure, émit l'avis que cette différence de rédaction était sans portée, que les règles de l'octroi de mer étaient générales, uniformes dans toutes les colonies, que ces colonies devaient être soumises au régime de l'octroi de mer en vigueur dans les autres possessions, et que là, comme

---

1. Cassation 7 mai 1831, 10 février 1868, 11 mars 1885, 8 juin 1880.

dans les autres, les objets de production locale devaient supporter les mêmes droits que les marchandises importées dans la colonie. Il est vrai que la loi du 11 janvier 1892 avait contribué à cette uniformité. (Avis du 3 juillet 1894).

Quant à la destination du produit de l'octroi de mer, elle est entièrement de pourvoir aux dépenses municipales. Aucune somme ne peut être distraite, autre que celle nécessaire pour couvrir les frais de perception; l'intégralité du produit appartient aux communes. Un avis du Conseil d'Etat du 10 juin 1890 est venu permettre au gouvernement de rappeler ce principe aux gouverneurs.

Le sénatus-consulte, en même temps qu'il émancipait les colonies au point de vue douanier, accordait aux conseils généraux le droit de voter définitivement les tarifs d'octroi de mer. On sait l'usage que les colonies s'empressèrent de faire du droit qu'elles venaient de recevoir: la suppression des taxes douanières et leur remplacement par des droits d'octroi. Les décrets organiques postérieurs au sénatus-consulte constituèrent cependant aux conseils les mêmes droits de décision définitive, sauf à celui du Sénégal, qui ne reçut que la délibération, et celui de la Cochinchine un simple avis.

Mais l'étendue des droits des conseils vint à être précisée. Les assemblées locales avaient reçu le droit de voter les tarifs d'octroi de mer; avaient-elles reçu celui de fixer les modes de perception, d'assiette et de répartition entre les communes? Le Conseil d'Etat, en 1889, consulté par le gouvernement, donna une interprétation infirmant la procédure suivie jusqu'à ce jour, en déclarant que le sénatus-consulte et les décrets n'avaient conféré aux conseils que le droit de voter les tarifs et que le gouvernement avait conservé le pouvoir qu'il tenait du sénatus-consulte de 1854 de statuer sur l'assiette et le mode de répartition (Avis du 13 mars 1889). En résumé, les conseils ne devaient voter les tarifs qu'après que les bases de perception de l'octroi avaient été arrêtées par décret.

Cette interprétation donnée par la haute assemblée aux textes, réduisait sensiblement les pouvoirs des assemblées locales. Que ce fût ou non la pensée du législateur de 1866, c'était dans tous les cas une modération très importante de l'application du sénatus-consulte. La loi du 11 janvier 1892 en cette matière, comme dans les douanes, vint apporter une solution définitive en consacrant cette interprétation. La règle est générale. « Le mode d'assiette, les règles de perception et le mode de répartition de l'octroi de mer seront établis par des délibérations des conseils généraux approuvées par décrets rendus en la forme de règlements d'administration publique. » Les conseils gagnent l'initiative qu'ils n'avaient plus depuis l'avis précité du Conseil d'Etat. Mais la délibération en matière d'octroi de mer est toujours soumise à approbation. « Les tarifs d'octroi de mer seront votés par les conseils généraux. Ils seront rendus exécutoires par décrets rendus sur le rapport du ministre du commerce, de l'industrie et des colonies. Ils peuvent provisoirement être mis à exécution en vertu d'arrêtés des gouverneurs. »

N° 2. — Le régime financier de 1901

Les dépenses de souveraineté avaient été réduites dans le sénatus-consulte de 1866. C'était un progrès sur le régime de 1854. Mais celles qui avaient été maintenues obligeaient la Métropole à des dépenses encore considérables. Et le principe même de ces dépenses pouvait être attaqué. Ces dépenses avaient pour raison qu'elles étaient faites surtout dans l'intérêt de la Métropole et pour assurer sa domination. Mais ces dépenses, dont l'inégalité entre certaines colonies constituait une iniquité évidente et diminuait singulièrement le principe, n'étaient pas moins utiles aux colonies elles-mêmes. Si celles-ci avaient constitué des États indépendants, autonomes, elles auraient été obligées de faire elles-mêmes ces dépenses. Il leur aurait fallu un gouvernement, une armée, des tribunaux. Ne serait-il pas juste qu'elles supportassent ces charges ?

Le sénatus-consulte de 1866, à la suite du sénatus-consulte de 1854, avait prévu que des contingents pourraient être imposés aux colonies en état de les supporter. Mais le résultat de ces contingents compensateurs se trouva loin d'être celui qu'on attendait. En fait, ces contingents furent bien rarement payés, et quand ils le furent c'était pour des chiffres extrêmement faibles. Les budgets coloniaux se trouvaient presque toujours en déficit et ce déficit provenait le plus souvent de l'exagération des dépenses locales, justement dans la crainte de ce contingent perpétuellement menaçant qui devait venir frapper toute colonie se permettant l'apparence de la prospérité. Et l'on comprend combien cette initiative de dépenses locales pouvait facilement se donner carrière quand, en cas de retour de fortune, la charge devenant trop forte pour les ressources locales, la colonie était presque en droit de compter sur la subvention de la Métropole, l'argent du contribuable métropolitain.

Les vices de ce système pouvaient donc être facilement constatés. Déjà d'ailleurs, quelques mois après l'application du sénatus-consulte, le publiciste J. Duval les avait clairement dévoilés[1]. Cependant, lorsque vint la nécessité d'apporter des modifications à ce régime pas plus heureux que les précédents, de répartir plus justement les dépenses coloniales, d'en faire davantage supporter la charge par les colonies et de soulager la Métropole, on maintint le principe des dépenses de souveraineté, mais on organisa la participation obligatoire des colonies aux charges générales de l'État, et cela encore par le système des contingents. Sur la demande du rapporteur du budget à la Chambre pour l'année 1893,

---

1. J. DUVAL, Algérie et Colonies, *passim*.

le Parlement affirma que les dépenses tant militaires que civiles que les colonies occasionnaient à l'Etat devaient être acquittées par les colonies qui contribueraient dans la mesure de leurs facultés aux charges générales de l'Etat par une contribution devant croître d'années en années et fixée chaque année par la loi de finances. Mais, la loi de finances de 1897, après la constatation de la médiocrité des résultats obtenus, du chiffre minime des contingents et au contraire de l'exagération des dépenses facultatives qui mettaient facilement les budget locaux en déficit, dut venir renforcer la mesure en augmentant la contribution pour chaque colonie du dixième des dépenses de souveraineté. C'était à la fois le maintien des dépenses de souveraineté et du système contradictoire des contingents compensateurs dans une rigueur de principe, appliqués même aux colonies auxquelles le budget métropolitain se trouve obligé d'accorder des subventions!

Le résultat du maintien, et même du renforcement de ce régime de dépenses de souveraineté et de contingents n'était pas difficile à prévoir. Il n'y avait pas de raison pour que rien ne fût changé à ce qui se passait depuis trente ans sous ce régime plusieurs fois condamné et toujours maintenu. Ce système avait d'abord le grave défaut d'être exclusif de l'ordre et de la clarté. Il était presque impossible de se rendre compte exactement de ce qu'une colonie coûte à l'Etat et au contribuable métropolitain[1] dans cet état de choses paradoxal de colonies recevant et payant, et recevant en définitive plus qu'elles ne payaient. Mais le plus grave défaut de ce régime était d'être dispendieux pour le budget métropolitain, d'être un encouragement au gaspillage. Par le fait des dépenses de souveraineté inscrites au budget de l'Etat, les colonies, voyant leurs services publics assurés aux frais du contribuable métropolitain et certaines, d'autre part, malgré le paiement de contingents en somme minimes que leurs déficits budgétaires seraient comblés par les subventions de la Métropole, se laissaient aller à des dépenses quelquefois peu utiles et difficilement justifiables. Les budgets locaux s'enflaient au delà des limites raisonnables. Ils étaient encombrés d'une foule de « prodigalités dont on a pu dire qu'elles avaient fréquemment le caractère de libéralités réciproques entre les conseillers généraux qui les votaient. » La conséquence en était que le budget colonial par les dépenses de souveraineté et les subventions aux colonies était arrivé au chiffre considérable de près de dix millions de francs, et que le contribuable métropolitain payait en plus des dépenses de la Métropole, qu'il est seul à supporter, 44 % des dépenses coloniales[2].

D'une commission nommée le 30 janvier 1899 au ministère des colo-

---

1. Rapport Doumergue, budget de 1900.

2. Cf. Rapport Piquié, *Journal officiel*, 28 juillet 1899; Boudenoot, rapporteur général du budget de 1900.

nies, chargée de l'examen des budgets locaux des colonies et des modifications à apporter au régime financier, le rapport fut remis au ministre le 23 juin 1899 par M. Piquié[1], inspecteur général des colonies. « Les colonies disposent de tous leurs revenus, elles supportent toutes leurs dépenses, » tel est le principe qui domine tout entier ce rapport.

Les colonies supportent toutes leurs dépenses. Mais il faut remarquer qu'une grande partie des dépenses militaires à l'extérieur sont faites dans un intérêt national et non colonial. Un départ serait donc nécessaire entre les dépenses militaires; mais comme l'utilité de ce départ n'est pas immédiate devant la situation financière des colonies qui ne leur permettra même pas d'acquitter dès à présent l'ensemble de leurs dépenses civiles, les dépenses militaires continuent à être provisoirement inscrites au budget de l'Etat. Mais c'est la disparition radicale des dépenses civiles de souveraineté.

Ces dépenses enlevées au budget de l'Etat et reportées aux budgets locaux ne sauraient être laissées à l'initiative des conseils. Elles doivent être inscrites dans la catégorie des dépenses obligatoires, et pour les imposer aux colonies soumises au sénatus-consulte de 1866 une mesure législative est nécessaire. Mais saisir le Parlement périodiquement, comprendre dans la loi de finances annuelle la nomenclature de ces dépenses était s'exposer à de sérieux inconvénients; le rapport estime que l'intervention du Conseil d'Etat présenterait pour les colonies une garantie suffisante. La nomenclature et le maximum des dépenses seraient arrêtés par décret après consultation de la haute assemblée. Le quantum des dépenses à inscrire à chaque budget local serait voté par le conseil général intéressé. Mais au cas où le conseil général et le gouverneur seraient en désaccord, la somme serait fixée par le ministre, dans les limites du maximum déterminé.

Les colonies étant astreintes à supporter toutes leurs dépenses, il est juste qu'elles disposent de tous leurs revenus et que les contingents qu'elles versaient au Trésor soient supprimés. Les conseils continueront à choisir la matière imposable et délibéreront sur l'assiette et les règles de perception de l'impôt (exception faite des taxes douanières). Les délibérations devront être approuvées par décrets en Conseil d'Etat. Les conseils généraux voteront les tarifs. Mais comme les plus graves abus se sont produits ici, que les conseils ont été loin de tenir toujours compte des forces contributives du pays, que « les tarifs sont devenus en de certaines mains une arme de guerre employée contre toute une catégorie d'industriels, » le Conseil d'Etat serait appelé à fixer un maximum dans la limite duquel les conseils généraux conserveraient la faculté de voter le tarif.

Ces conclusions de la commission furent adoptées presque en bloc par le gouvernement, et le rapport de M. Piquié aurait parfaitement pu servir

---

1. *Journal officiel*, 28 juillet 1899.

d'exposé des motifs au projet de loi de finances pour 1900, dans lequel les réformes furent introduites.

L'article 27 de la loi de finances dispose que le régime financier des colonies est modifié à partir du 1ᵉʳ janvier 1901 conformément aux dispositions suivantes : « Toutes les dépenses civiles et de la gendarmerie sont supportées en principe par les budgets des colonies. Des subventions peuvent être accordées aux colonies sur le budget de l'État. Des contingents peuvent être imposés à chaque colonie jusqu'à concurrence du montant des dépenses militaires qui y sont effectuées. » Ce premier paragraphe avait été adopté sans difficulté et sans réclamation par les députés des colonies qui s'inclinèrent généreusement devant cette mesure financière, visant en somme, mais par un principe directement opposé, au but déjà posé par la loi de 1893. C'est sur le moyen d'imposer ces dépenses de souveraineté aux budgets locaux que l'opposition de quelques représentants des colonies se manifesta et qu'une modification fut apportée au projet, en constituant entre les colonies une différence de régime des plus importantes.

La fixation de la nomenclature et d'un simple maximum des dépenses obligatoires par décret en Conseil d'État sembla aux représentants des vieilles colonies une déchéance rigoureuse après les garanties qu'elles tenaient du sénatus-consulte impérial. Ces colonies ne se seraient contentées que de l'inscription dans le sénatus-consulte, par une mesure législative, des anciennes dépenses de souveraineté. Leur exigence les perdit.

Les députés du Sénégal et de l'Inde, MM. d'Agoult et Henrique-Duluc, ayant mis en évidence le danger de l'accroissement des dépenses obligatoires dans le système proposé par le gouvernement, soutinrent un amendement qui, accepté par le gouvernement, s'incorpora à la loi. La loi énumère elle-même, limitativement, les dépenses qui seules auront le caractère obligatoire, et cette énumération est abrégée. Les colonies retrouveront ainsi un contrôle réel sur leurs dépenses. Mais en compensation, si les colonies veulent gagner cette garantie, elles doivent sacrifier une partie de leurs prérogatives et c'est le principe, absolu dans les constitutions coloniales anglaises des colonies de la Couronne comme des colonies à self-government, le principe de la réserve de l'initiative des dépenses au gouverneur, que l'amendement fait introduire dans la législation française. Les conseils pourront réduire les dépenses facultatives, mais non les augmenter. « Le système fonctionnerait donc ainsi : d'un côté la colonie aurait à s'entendre avec le gouverneur pour faire les dépenses, et de l'autre côté le gouverneur aurait à soumettre au contrôle des contribuables la plus grande partie des dépenses qu'il proposerait »[1].

Mais les colonies diffèrent entre elles si absolument qu'il ne pouvait être question d'imposer ce régime à tout le domaine colonial. Une seule colonie

---

1. D'Agoult, Chambre, 13 mars 1900.

ancienne, l'Inde, consentit à s'y soumettre et l'amendement d'Agoult fut applicable seulement aux colonies d'Océanie et des continents d'Afrique et d'Asie. Ainsi, les anciennes colonies, si rien n'était changé au point de vue de l'initiative des dépenses, restaient soumises au système proposé par le gouvernement : nomenclature et maximum fixés par décret en Conseil d'Etat et fixation du montant des dépenses obligatoires, dans la limite du maximum, par le ministre des colonies.

Les nouvelles dispositions du projet en matière de recettes furent, aussi, vivement critiquées par quelques représentants coloniaux. Mais le projet du gouvernement passa sans modification. La loi rendait nécessaire aussi bien pour les tarifs que pour les modes d'assiette et les règles de perception l'approbation des délibérations par décrets en Conseil d'Etat.

Telle est cette réforme inaugurée par la loi de finances de 1900, la dernière réforme apportée au régime financier du sénatus-consulte de 1866 et des décrets. La réforme ne devait entrer en vigueur que le 1er janvier 1901; la loi de finances de 1901, dans son article 33, ne fit que la rééditer après un débat absolument analogue à celui de l'année précédente.

Article II. — Les attributions des conseils sur les budgets coloniaux

I. — *Dépenses ordinaires*

N° 1. — Dépenses obligatoires

La nécessité d'assurer le fonctionnement des services d'intérêt général, sans parler de la défiance de tout temps manifestée à l'égard des assemblées coloniales et surtout après les abus légitimement constatés, devait faire donner à certaines dépenses locales le caractère obligatoire. Si le conseil vote ces dépenses, il ne saurait lui être permis de réduire le chiffre des dépenses obligatoires qui lui est imposé.

Le sénatus-consulte de 1866 énumérant lui-même les dépenses obligatoires, c'était pour les trois anciennes colonies une certaine garantie législative dans la nomenclature. Mais le chiffre était fixé souverainement par l'administration. Dans les colonies à décrets, la garantie législative de la nomenclature faisait naturellement défaut, la liste des dépenses obligatoires était à volonté allongée par simple décret et le chiffre fixé encore souverainement par l'administration.

La loi de finances de 1900 vint apporter en cette matière de profondes modifications. Elle divise les colonies en deux groupes. Les colonies d'Océanie et des continents d'Afrique et d'Asie (les colonies à décrets), en échange de leur droit d'initiative qu'elles consentent à abandonner, voient la nomenclature de leurs dépenses obligatoires fixée par la loi elle-même. Elles acquièrent ainsi une garantie précieuse dont elles avaient jusqu'à ce jour été privées. Les colonies d'Amérique et la Réunion (les colonies à sénatus-consultes, sauf la Guyane), dont la nomenclature des dépenses obligatoires était législative, sont au contraire soumises au régime des dépenses obligatoires fixées par décret en Conseil d'Etat.

Et la différence de régime se fait immédiatement sentir dans l'application; tandis que la nomenclature des dépenses du premier groupe est, malgré l'imposition des anciennes dépenses de souveraineté, courte et réduite à l'essentiel (article 27, § 2), la nomenclature des secondes ne subit aucune réduction, elle est longue et détaillée (Décret 24 août 1900).

La nomenclature des dépenses obligatoires n'est pas le seul élément à considérer. Le chiffre des dépenses et le mode de fixation de ce chiffre ont aussi un intérêt considérable. Le rapport Piquié proposait de laisser débattre ce chiffre par le conseil général et le gouverneur; mais au cas où ces deux autorités n'auraient pas été d'accord, le montant de la dépense obligatoire devait être fixé par le ministre dans la limite d'un maximum déterminé par décret en Conseil d'Etat. La loi de finances a consacré un système analogue. Pour les colonies d'Amérique et la Réunion, le décret règlementaire fixant la nomenclature des dépenses doit fixer aussi le maximum de ces dépenses. Puis le texte ajoute : « Dans la limite du maximum, le montant des dépenses obligatoires est fixé, s'il y a lieu, par le ministre des colonies. » Cette rédaction, rapprochée des termes du rapport Piquié, qui ont dû probablement l'inspirer, laisse prévoir un certain débat entre l'assemblée locale et le représentant du gouvernement pour se mettre d'accord.

Ces dispositions ne devant s'appliquer qu'au second groupe de colonies, dans celui des colonies d'Océanie, des continents d'Afrique et d'Asie le montant des dépenses obligatoires peut être fixé souverainement et sans maximum par l'administration.

L'effet juridique de ce caractère obligatoire est de faire voter les dépenses par l'assemblée locale telles qu'elles sont présentées. Le rôle du conseil est passif; il consiste à enregistrer sans refus possible. Toutefois, il faut le remarquer, le caractère obligatoire n'est relatif qu'à un minimum de dépenses. Si le conseil ne peut diminuer ou refuser les dépenses obligatoires, rien ne l'empêche d'allouer, pour les services auxquels ces dépenses sont afférentes, des crédits plus importants. Mais ces dépenses supplémentaires auraient un caractère essentiellement facultatif et seraient soumises aux règles des dépenses de la deuxième section du budget. D'autre part, une discussion portant sur une diminution des dépenses obligatoires est possible dans une certaine mesure; d'après les termes de la loi de finances rapprochés du rapport de la commission extraparlementaire, un certain débat peut s'établir entre l'assemblée locale et le gouverneur pour se mettre d'accord.

Quelle est la sanction du caractère obligatoire des dépenses? De quels pouvoirs est armée l'administration vis-à-vis d'un conseil qui se refuserait à inscrire une dépense obligatoire ou à allouer un crédit suffisant?

Peu importe que le conseil n'ait pas ou ait insuffisamment inscrit une dépense obligatoire; le gouverneur n'en tient aucun compte, et il pourvoit provisoirement à la dépense à l'aide du « fonds de dépenses diverses et imprévues. » Ce fonds de dépenses diverses et imprévues est un des chapitres des dépenses obligatoires imposées à la première section des budgets locaux. Le ministre en détermine chaque année le minimum et il est mis à la disposition du gouverneur. Un arrêté, pris en conseil privé, constate l'absence ou l'insuffisance des crédits pour les dépenses obligatoires et le chapitre des dépenses diverses et imprévues y subvient provisoirement.

Il peut arriver que ce chapitre n'ait lui-même pas été voté. Si le budget est voté au dernier moment, et si la colonie n'est pas reliée à la Métropole par le télégraphe, il semble que, pour assurer les services sans une violation de la loi, il serait nécessaire de prétendre que le budget formant un tout complet, l'absence d'un des chapitres obligatoires entraîne la nullité du budget tout entier et que l'on se trouve en présence d'un refus de voter le budget, cas qui sera étudié plus loin [1].

Mais en dehors de cette hypothèse, lorsque le fonds de dépenses diverses et imprévues est insuffisant pour permettre de pourvoir aux dépenses obligatoires omises ou trop peu dotées, le gouverneur en réfère au ministre qui inscrit d'office les dépenses omises, ou augmente les allocations. La résistance de l'assemblée est ainsi vaincue, mais reste à trouver les fonds pour l'acquittement de ces dépenses sans détruire l'équilibre du budget.

Le gouverneur statuant en conseil privé a trois moyens à sa disposition [2]. « Il est pourvu à l'acquittement des dépenses au moyen soit d'une réduction des dépenses facultatives, soit d'une imputation sur les fonds libres ou à défaut par une augmentation du tarif des taxes. » « Les dépenses votées par le conseil général à la deuxième section du budget ne peuvent être changées ni modifiées par le gouverneur, sauf le cas prévu à l'article précédent et à moins que les dépenses facultatives n'excèdent les ressources ordinaires de l'exercice après prélèvement des dépenses obligatoires. » (Art. 8 et 9 du S.-C. de 1866, reproduits dans les décrets). De ces textes il résulte que le choix par le gouverneur n'est pas libre, mais que ces trois moyens doivent être envisagés dans un ordre rigoureux. Les dépenses inscrites au budget par le ministre, doivent être d'abord imputées sur les fonds libres. A défaut, ou en cas d'insuffisance des fonds libres, on peut recourir à une réduction des

---

1. Cf. Dislère, op. cit., n° 420.

2. Mais il ne peut en user qu'après avoir épuisé le fonds de dépenses diverses et imprévues (30 janvier 1891, C. d'État).

dépenses facultatives sur quelque chapitre que ce soit[1]. Enfin, en dernier lieu, on peut procéder à une augmentation du tarif des taxes. Toutefois, l'ordre de ces deux derniers moyens ne doit pas être aussi rigoureux que les textes semblent le vouloir. On a fait remarquer que les dépenses facultatives comprennent de nombreuses dépenses indispensables, telles celles de la voirie, et on ne saurait admettre que le gouverneur dût les supprimer ou les réduire avant d'avoir recours à une élévation de taxes. M. Dislère propose de ces textes une interprétation ingénieuse, en disant que les mots « à défaut » doivent être entendus dans le sens de « à défaut de pouvoir réduire les dépenses facultatives. »

Les arrêtés du gouverneur portant, dans tous ces cas, modifications au budget doivent être pris en conseil privé. Lorsqu'il y a lieu de modifier les crédits pour dépenses facultatives, le ministre des colonies prononce définitivement.

Enfin, il y a lieu de signaler un autre moyen dont peut user le gouverneur pour subvenir à l'insuffisance des crédits des dépenses obligatoires, c'est la possibilité d'opérer des virements entre différents chapitres de dépenses obligatoires. Les virements sont des opérations en général interdites, mais deux dépêches ministérielles du 25 avril et du 7 mai 1808 et le décret de 1882 (art. 56) les autorisent en cette matière. Ces virements et l'emploi du fonds de dépenses diverses et imprévues sont deux moyens qui offrent l'avantage de permettre à l'administration, chargée de veiller à ce que les services ne restent pas en souffrance, de ne pas opérer de prélèvements sur les crédits prévus pour les dépenses facultatives et de ne détruire en rien l'équilibre du budget.

En terminant avec les dépenses obligatoires, il faut attirer l'attention sur un point qui peut présenter pour les tiers un grand intérêt. Quoique les dépenses soient obligatoires pour le conseil, le conseil peut, sauf la probabilité qu'elles seront rétablies par un des moyens plus haut étudiés, se refuser à les inscrire. Est-ce pour l'administration une obligation de les rétablir? Nullement. Il a été jugé que le ministre n'est pas tenu d'inscrire d'office les dépenses obligatoires omises par le conseil, par exemple une dette exigible de la colonie. Le sénatus-consulte confère au ministre un droit mais non une obligation. Le créancier de la colonie ne peut pas exiger du ministre l'inscription d'office et le refus du ministre n'est pas susceptible de recours contentieux au Conseil d'État (16 mai 1878).

N° 2. — Dépenses facultatives

Le conseil, une fois les dépenses obligatoires inscrites avec les crédits suffisants, est maître de régler toutes ses dépenses comme il lui convient.

---

1. Le gouverneur n'est pas tenu de faire porter la réduction sur le fonds des dépenses imprévues facultatives, plutôt que sur tout autre chapitre de la même section (C. d'État, 30 janvier 1891).

Sauf la restriction prévue pour le cas de dépenses obligatoires omises ou insuffisamment dotées, les dépenses facultatives ne peuvent être modifiées. C'est la liberté absolue en principe.

La liste des dépenses obligatoires est longue, trop longue peut-être, mais elle ne contient pas toutes les dépenses utiles ni même indispensables. A côté de cette liste, les conseils trouveront dans les dépenses qui restent soumises à leur vote un ample champ pour engager leur initiative et leur responsabilité. Toutes les dépenses relatives à l'encouragement de l'activité coloniale, agricole, commerciale, industrielle, les travaux publics, le développement de tous les moyens de communication, le service de la voirie, sont de nature à laisser s'exercer une importante activité administrative. Mais, comme tous les attributs de la décentralisation, d'ailleurs, cette précieuse indépendance financière suppose qu'il en sera fait un emploi utile, prudent, réfléchi. Un mauvais usage comporterait les plus graves conséquences !

Des abus nombreux et notamment des libéralités excessives, amenèrent lors de la réforme des attributions du conseil colonial de Cochinchine, deux précisions successives. Le décret du 6 octobre 1887 disposa que toute libéralité à titre gratuit (subventions, bourses, secours, gratifications), serait soumise à l'approbation du ministre sur la proposition du gouverneur. Puis le décret du 28 septembre 1888, article 34, vint renforcer cette disposition en édictant qu' « aucun avantage direct ou indirect sous quelque forme que ce soit ne pourra être accordé par le conseil colonial à un fonctionnaire ou à une catégorie de fonctionnaires, autrement que sur la proposition de l'administration. Tout vote du conseil colonial émis contrairement à la disposition qui précède sera nul et de nul effet. »

Mais le décret du 6 octobre 1887 a apporté une autre modification aux attributions du conseil colonial de Cochinchine, et celle-là bien plus importante. Ce n'est plus seulement une source de dépenses que l'on ferme au conseil, c'est le pouvoir de décision du conseil qui est atteint. Sous la réserve du cas des dépenses obligatoires omises ou insuffisamment dotées, les dépenses facultatives, en Cochinchine comme partout, étaient définitives et ne pouvaient être modifiées. L'article 40 du décret précité ajoute que les dépenses facultatives peuvent encore être modifiées « lorsque les projets se rapportant à ces dépenses ont paru au ministre exiger un complément d'étude ou une nouvelle délibération. » C'est l'ouverture à un contrôle permanent de l'administration sur toutes les dépenses facultatives par la suppression du pouvoir de décision.

Enfin, la loi de finances de 1900 est venue apporter la dernière mesure restrictive contre l'indépendance des conseils. Il fallait que cette indépendance ne s'exerçât pas toujours par une augmentation des dépenses, mais aussi par une diminution. Elle a trouvé le remède au gaspillage dans la suppression du droit d'initiative des conseils, compensée par une plus grande garantie en ce qui concerne les dépenses obligatoires. Dans les colonies d'Océanie et des continents d'Asie et d'Afrique, les dépenses obligatoires sont fixées par la loi, mais l'initiative des propositions de dépenses est réservée au gouverneur. Quant aux anciennes colonies et à la Guyane, elles ne consentirent pas à se soumettre à ce régime; elles préférèrent un système de dépenses obligatoires plus rigide et sans garantie à la perte de leur initiative financière. Les assemblées locales doivent donc être distinguées en deux groupes très différents, selon qu'elles possèdent ou non l'initiative des propositions de dépenses. D'un côté, l'administration est associée de la façon la plus intime à la gestion des finances coloniales et, par suite, de presque toutes les affaires; de l'autre, elle est maintenue dans l'isolement complet et n'aura peut-être aucune action sur les décisions prises.

Sur le vote de la dépense facultative les pouvoirs des conseils sont en général identiques; les décisions sont définitives et ne sont soumises à aucun contrôle. Pour pouvoir être modifiées il faudrait que des dépenses obligatoires aient été omises ou insuffisamment dotées, et qu'après prélèvement des dépenses obligatoires les dépenses facultatives excédassent les ressources ordinaires de l'exercice. Le ministre prononce définitivement sur les changements proposés par le gouverneur. Une seule colonie fait exception, profondément, et les décisions de son conseil perdent singulièrement de leur énergie, puisque, non seulement dans l'hypothèse ci-dessus, mais même quand les projets paraissent au ministre « exiger un complément d'étude ou une nouvelle délibération, » les dépenses votées par le conseil colonial de Cochinchine peuvent être modifiées par le lieutenant-gouverneur, sans d'ailleurs qu'une décision ultérieure du ministre vienne confirmer ces modifications.

Naturellement, ici, en matière de dépenses facultatives, et contrairement à la solution établie en matière de dépenses obligatoires, il faut admettre que les virements sont impossibles.

Il est un point sur lequel il faut arrêter un moment l'attention; c'est celui, déjà signalé plus haut, du partage des attributions entre l'assemblée délibérante et le représentant du pouvoir exécutif. Si le conseil général est maître d'employer les ressources de la colonie comme il l'entend, de voter des libéralités, de fixer le crédit, à l'autorité exécutive seule appartient la répartition individuelle des fonds votés. La loi du 10 août 1871 (art. 45) contient une exception pour les bourses entretenues sur les fonds du département, exception qui a été reproduite dans les textes relatifs aux conseils généraux de Nouvelle-Calédonie et d'Océanie. Dans ces deux colonies, le conseil général, sur l'avis motivé du directeur de l'Intérieur, nomme et révoque les titulaires des bourses. Le directeur de l'Intérieur (aujourd'hui gouverneur) peut prononcer la révocation dans les cas d'urgence. Il en donne immédiatement avis au président de la commission coloniale et en fait connaître les motifs. Mais cette disposition est exceptionnelle et, dans toutes les autres colonies, c'est un principe absolu, rappelé par un arrêt du Conseil d'État du 18 février 1897, qu'au gouverneur seul appartient la répartition individuelle.

Le même principe de partage des pouvoirs est applicable en matière de fixation de cadres et de traitements. S'il appartient à l'assemblée de déterminer l'importance qu'elle entend donner aux différents services, l'administration conserve le droit, en se renfermant dans la limite des allocations budgétaires, de fixer dans les formes prescrites par la législation, les cadres et les traitements des différents services. Le principe de séparation des pouvoirs, en matière administrative comme en matière politique, semble exiger, en effet, que l'administration responsable de l'exécution des services soit libre de les faire fonctionner comme elle le juge préférable. On comprend d'ailleurs quelle source de désorganisation pourrait être, en présence des sollicitations locales, le droit pour un conseil général de supprimer le traitement et par suite les fonctions d'un agent déterminé[1].

Un arrêt du Conseil d'État du 10 novembre 1882 avait semblé reconnaître en cette matière le droit absolu du conseil général ; il ne faisait cependant que déclarer que si le gouverneur peut se mouvoir dans la limite du crédit, il ne peut aller jusqu'à modifier le chiffre total affecté à un service. Mais les arrêts du Conseil d'État du 17 février 1882, du 7 juin 1889 et du 30 janvier 1891 ont affirmé clairement le principe. L'article 50 du décret du 20 novembre 1882 en contenait déjà d'ailleurs l'énoncé.

II. — *Recettes ordinaires*

Les recettes de la colonie comprennent les subventions qui peuvent être accordées par l'État et toutes les perceptions faites dans la colonie. Cependant il faut excepter de celles-ci le produit de la vente ou de la cession des objets payés sur les fonds généraux de l'État et les retenues sur les traitements inscrits au budget de l'État. Les fruits de la réserve des cinquante pas géométriques sont bien attribués à la caisse locale, mais le conseil n'a pas le droit d'établir ou de modifier les redevances à percevoir sur cette réserve ; ce droit appartient seul au gouvernement et par délégation au gouverneur[2]. Des perceptions faites sur le territoire de la colonie les plus importantes sont celles des contributions et taxes.

La séparation budgétaire et la reconnaissance d'une décentralisation étendue devaient entraîner l'octroi aux assemblées locales du droit de vote des impôts et non seulement dans la fixation du quantum des taxes, attribution administrative que toutes les assemblées possèdent, mais dans la détermination de la matière imposable, attribution législative. Le sénatus-consulte de 1866 avait cru devoir réaliser une distinction

---

1. Cf. DISLÈRE, *op. cit.*, 422.
2. Cf. Décret du 28 février 1878, *Bulletin Réunion*, 78, 263.

entre les pouvoirs, suivant l'importance différente et les dangers plus grands présentés par la détermination de l'assiette, que par la simple fixation du tarif. Malheureusement la prévoyance avait été insuffisante et les dangers des tarifs prouvèrent qu'ils étaient loin d'être négligeables. Déjà on avait dû restreindre les attributions douanières qui pourtant ne comportaient que la délibération soumise à approbation; le produit des douanes perçues sur le périmètre de la colonie reste versé au budget local, mais le seul droit que conserve le conseil est de formuler des vœux relatifs à la modification des tarifs fixés par le législateur. Mais les perceptions douanières mises à l'abri, restaient toutes les autres taxes et contributions que selon son bon plaisir le conseil pouvait fixer, augmenter et même supprimer, puisque ce n'est que les ramener à zéro.

La loi de finances de 1900, qui modifia le régime des dépenses, restreignit les prérogatives des conseils en matière de recettes. Le rapport de M. Piquié au nom de la commission extraparlementaire maintenait aux conseils généraux les délibérations sur l'assiette et les règles de perception. Le Conseil d'Etat, qui a mission d'approuver les délibérations, devait être appelé à fixer un tarif maximum, dans la limite duquel les conseils auraient conservé la faculté de voter le tarif à percevoir. Dans des circonstances exceptionnelles ceux-ci auraient pu demander au Conseil d'Etat l'autorisation d'excéder le tarif maximum. Ce système qui se rapprochait en somme de celui de la législation départementale, présentait le minimum de complications administratives, et tout en laissant une initiative et une liberté satisfaisante aux conseils généraux, offrait les garanties nécessaires. Les garanties ne furent probablement pas jugées suffisantes puisque le projet déposé par le gouvernement, et qui fut consacré par le vote du Parlement, adopta un système différent et plus sévère.
« Les conseils généraux des colonies délibèrent sur le mode d'assiette, les tarifs et les règles de perception des contributions et taxes autres que les droits de douane qui restent soumis aux dispositions de la loi du 11 janvier 1892. Ces délibérations ne seront applicables qu'après avoir été approuvées par des décrets en Conseil d'Etat. En cas de refus d'approbation par le Conseil d'Etat des tarifs ou taxes proposés par un conseil général de colonie, celui-ci est appelé à en délibérer de nouveau. Jusqu'à l'approbation du Conseil d'Etat la perception se fait sur les bases anciennes. »

La distinction faite par le sénatus-consulte entre les pouvoirs des conseils sur le choix de la matière imposable et sur la simple fixation des tarifs est donc abolie. Les conseils perdent le droit de vote souverain des tarifs, droit que les conseils généraux de département possèdent. Sur les deux attributions ils n'ont plus à prendre que des délibérations soumises à approbation.

Et, en réalité, ce ne sont pas seulement les pouvoirs des conseils qui se trouvent réduits. Autrefois l'approbation était nécessaire en matière de modes d'assiette et de perception; mais le gouverneur en conseil privé jouissait du droit de rendre provisoirement exécutoires les délibérations du conseil. Aujourd'hui ce droit d'exécution provisoire a disparu ; l'approbation du conseil d'Etat est toujours nécessaire ; jusqu'à cette approbation la perception se fait sur les bases anciennes.

On peut concevoir quelles protestations de la part des colonies devait soulever cette réforme jointe à celle des dépenses. Ces plaintes n'étaient en grande partie que motivées par la perte de la liberté décentralisatrice, expression de l'éternel conflit entre la Métropole et ses colonies. Mais entre toutes les critiques qu'on pouvait adresser à ce système il en est une d'un ordre particulier et dont la portée est sérieuse. Même étant admis qu'un contrôle soit toujours nécessaire sur tout établissement ou modification de taxes ou de tarifs, la manière dont est organisé ce contrôle est loin d'être inattaquable. Cette intervention abusive des autorités centrales, non pas même du ministre, mais du Conseil d'Etat, est vraiment le maximum des complications inutilement gênantes. Sous un tel système, avec les lenteurs habituelles de la procédure devant le Conseil d'Etat, ce sera pour la plus petite modification aux taxes l'impossibilité d'arrêter le budget en temps utile. Le gouverneur qui est le dépositaire de l'autorité du gouvernement, qui est censé posséder ses instructions, qui est le mieux renseigné, le plus capable d'apprécier les besoins et les intérêts de la colonie, le gouverneur était l'autorité toute indiquée pour exercer un contrôle efficace sans nuire à la marche des affaires. C'est un malencontreux effet du plus pur esprit centralisateur que de ne pas l'avoir reconnu.

Les délibérations des conseils en matière de tarifs, de modes d'assiette ou de perception des taxes et contributions sont donc approuvées ou rejetées après examen du Conseil d'Etat. Mais elles ne sauraient être modifiées sans être à nouveau soumises à l'examen du conseil général. C'est la règle générale en matière de délibérations soumises à approbation, règle dont l'application nous paraît des plus nécessaires, ici en matière d'impôts, pour sauvegarder le principe de droit public du vote des contributions par les contribuables.

Les taxes et tarifs votés et approuvés définitivement ne peuvent plus être modifiés sans le consentement ni l'initiative du conseil. Toutefois, il existe une exception, une seule, à cette règle. Pour assurer le paiement de dépenses obligatoires omises ou insuffisamment dotées, le gouverneur en conseil privé est autorisé à augmenter le tarif des taxes existantes, mais sans pouvoir jamais modifier l'assiette, et seulement après avoir imputé les dépenses sur le fonds de dépenses diverses et imprévues ou constater l'impossibilité de réduire, sans préjudice pour les affaires publiques, les dépenses facultatives.

Des taxes et contributions dont aucune sanction ne viendrait assurer l'application seraient d'une perception bien précaire. Le conseil ne peut sanctionner de l'emprisonnement la perception des contributions ; un texte formel serait nécessaire, d'après les principes généraux du droit public, pour donner au conseil le droit de prononcer une peine, et ce texte n'existe pas. Cependant, d'après la jurisprudence générale, le conseil peut fixer le chiffre d'amendes imposées en cas de contravention; les amendes en matière fiscale ayant un caractère mixte et devant être considérées moins comme une peine que comme la réparation du préjudice causé au Trésor par la fraude [1].

III. — *Dépenses et Recettes extraordinaires*

L'article 51 du décret du 20 novembre 1882, sur le régime financier des colonies, définit les dépenses extraordinaires « celles à l'acquittement desquelles il est pourvu au moyen des ressources spéciales énumérées dans l'article 51 du présent décret, » c'est-à-dire des dépenses nécessitées par des travaux ou des entreprises d'utilité publique. Mais, ce qui fait le caractère de ces dépenses ce n'est pas tant l'objet auquel elles sont affectées que la nature des ressources prévues pour les acquitter. Sur ces dépenses les attributions du conseil se trouvent déterminées, en outre des dispositions relatives aux dépenses ordinaires, qui leur sont communément applicables, par les pouvoirs des conseils en matière de recettes extraordinaires.

Des ressources extraordinaires l'article 51 du décret de 1882 donne l'énumération suivante : « les contributions extraordinaires, les prélèvements sur les fonds de réserve, le produit des emprunts et autres ressources extraordinaires spécialement affectées à des travaux ou entreprises d'utilité publique. »

Les emprunts ont déjà été étudiés parmi les attributions de personne privée. On sait qu'à la différence des conseils généraux des départements, ceux des colonies ne prennent jamais en cette matière que des délibérations soumises à approbation par décret en Conseil d'Etat. Les libéralités, dons et legs, ont aussi été étudiés déjà. L'autorisation gouvernementale est nécessaire pour l'acceptation de libéralités non seulement lorsqu'il y a réclamation de la part des héritiers mais aussi lorsqu'il y a charge ou affectation immobilière.

Les recettes extraordinaires qui présentent le caractère de taxes locales et qui sont comprises sous le nom de contributions extraordinaires sont « autorisées, votées, approuvées et perçues dans les formes, par les mêmes autorités et sous les mêmes conditions que les contributions ordinaires [2]. »

Mais le moyen auquel les conseils doivent avoir recours avant tout

---

1. C. d'Etat, finances, 28 mai 1891 ; 22 décembre 1899.
2. Article 52.

autre pour subvenir à l'insuffisance des recettes ou pour faire face aux dépenses que des évènements imprévus peuvent nécessiter est le prélèvement sur le fonds de réserve et de prévoyance. Ce « fonds de réserve et de prévoyance » est alimenté par les économies annuelles réalisées dans l'exécution du budget. Les excédents de recettes doivent être versés à la caisse de réserve jusqu'à concurrence d'un maximum fixé pour chaque colonie par le décret de 1882. C'est sur ce fonds que la colonie opère les prélèvements pour faire face soit à des déficits budgétaires, lorsque les recettes prévues ne se réalisent pas, soit à des dépenses extraordinaires. Les prélèvements sont faits par le conseil général avec les pouvoirs qu'il possède en matière de ressources ordinaires (Art. 48).

IV. — *Approbation du budget*

Le budget délibéré par le conseil dans la limite des attributions ci-dessus déterminées n'est pas encore exécutoire; il ne le devient qu'après avoir été « arrêté » par le gouverneur.

De même que pour les budgets départementaux l'approbation par décret, de même pour les budgets coloniaux l'approbation du gouverneur ne peut pas être refusée si le budget présenté est en équilibre et pourvoit à toutes les dépenses obligatoires. L'examen auquel se livre le représentant du pouvoir central n'a qu'un but, celui de permettre de voir si les dépenses obligatoires figurent régulièrement au budget. Dans ce cas, et lorsque l'équilibre est réalisé, l'arrêté du gouverneur est une simple formalité.

Antérieurement à la loi de finances de 1900, les conseils étaient donc bien en réalité maîtres de leurs budgets puisqu'ils étaient maîtres du tarif des taxes et, par suite, libres de donner aux dépenses facultatives le développement qui leur plaisait. Mais depuis la réforme apportée par la loi de finances leur liberté a été gravement rabaissée puisqu'à la différence des conseils de département qui, eux, sont limités seulement par un maximum que ne peuvent dépasser les recettes, ils sont maintenant soumis à une approbation nécessaire du gouvernement pour toute modification aux taxes.

Lorsque, par mauvais vouloir ou négligence, les dépenses obligatoires ont été irrégulièrement inscrites, c'est par cette approbation que le gouverneur trouve à appliquer la sanction. On sait quels sont, aux colonies, les moyens qui doivent être employés dans ce cas : imputation sur le fonds de dépenses diverses et imprévues; en cas d'insuffisance, inscription d'office par le ministre, et, comme voies et moyens, imputation sur les fonds libres, réduction des dépenses facultatives ou augmentation du tarif des taxes. On sait aussi dans quel ordre ces différents moyens peuvent être employés.

Dans le cas où le budget présenté par le conseil à son approbation serait en déficit, le gouverneur aurait exactement les mêmes attributions à exercer (article 9 du sénatus-consulte de 1866). C'est une différence avec le département puisque, dans ce cas, le décret du chef de l'Etat ne pourrait que rejeter le budget en bloc et le renvoyer au conseil général; il ne pourrait pas y apporter de modifications.

Mais tandis que ce cas est bien improbable en pratique, il pourrait fréquemment se présenter qu'un conseil, pour se procurer les ressources nécessaires pour faire face à des dépenses excessives, ait exagéré les prévisions de recettes. Il nous semble que le budget devrait être considéré comme n'étant pas en équilibre, les dépenses dépassant les ressources ordinaires de l'exercice. Il est vrai qu'un avis du Conseil d'Etat (finances, 12 janvier 1892) semble accorder au gouverneur seul le droit de fixer souverainement les prévisions de recettes, droit nécessaire « pour assurer l'équilibre du budget par voie d'arrêté. » Mais en attendant que la question soit tranchée par une décision contentieuse du Conseil d'Etat, nous continuerons à croire que cette attribution n'appartient pas du tout exclusivement au représentant de l'administration par les textes du sénatus-consulte ou des décrets, et que devant des prévisions de recettes supposées erronées le gouverneur n'aurait que les droits qu'il possède devant un budget en déficit. Seulement, la difficulté n'est malheureusement pas tranchée. Qu'est-ce que les « ressources ordinaires » de l'exercice, comme s'exprime l'article 9 du sénatus-consulte? Comment doivent-elles être calculées? Exclusivement d'après les moyennes des exercices antérieurs? N'est-il pas permis d'y faire entrer, pour une part, les recettes éventuelles qui peuvent résulter de circonstances particulières? Et en cas de modification de taxes ou de tarifs sur quelle base s'appuyer? Aussi, M. Isaac, qui posait ce problème dans son rapport au Congrès colonial de 1889, ajoutait-il : « La solution de ces questions paraît subordonnée au jugement bien ou mal fondé de l'autorité qui arrête le budget, et, par conséquent, il est vrai de dire que le droit de libre disposition accordée aux conseils généraux coloniaux en matière de dépenses facultatives risque d'être quelque peu illusoire. Les budgets départementaux ne sont pas exposés à ces éventualités parce qu'ils comprennent à peu près exclusivement des revenus comme les centimes dont le produit est exactement déterminé à l'avance et ne peut donner lieu à aucune appréciation arbitraire. »

Quelle que soit la cause de ces modifications et quelles que soient les modifications apportées, c'est au ministre qu'est réservé le droit d'arrêter définitivement tout budget remanié.

Mais avant l'approbation définitive par le ministre, le budget local peut être rendu provisoirement exécutoire par le gouverneur en conseil privé, comme cela résulte du rapprochement des articles 8 et 9 du sénatus-consulte. Naturellement, le budget qui doit être rendu provisoirement exécutoire c'est le budget rectifié en conseil privé et non le budget voté par le conseil, celui-là même auquel des modifications ont été jugées nécessaires. Outre que ce serait contraire aux dispositions du sénatus-consulte, cela présenterait des inconvénients sur lesquels il est inutile d'insister. C'est cependant ce qu'a été obligé de rappeler une circulaire du ministre du 28 juillet 1898, devant les pratiques irrégulières de certains administrateurs agissant dans le but d'éviter les conflits avec l'assemblée locale.

Le sénatus-consulte de 1866, article 10, dispose que : « si le conseil général ne se réunissait pas ou s'il se séparait sans avoir voté le budget, le ministre l'établirait d'office sur la proposition du gouverneur en conseil privé. » A ces deux cas il faut en assimiler un troisième, fréquent celui-là, où le conseil n'aurait pas complètement voté le budget dans les délais prescrits, c'est-à-dire avant le 31 décembre. A cette date si le budget est incomplètement voté, le conseil n'a nullement le droit d'être prorogé pour le terminer après le vote de douzièmes provisoires. Une telle pratique serait irrégulière et une circulaire ministérielle du 3 août 1887 la proscrit expressément. Les votes émis par le conseil en ce qui concerne le budget, jusqu'à la date fatale du 31 décembre, devraient être considérés comme nuls et de nul effet. Comme budgets incomplets doivent être pris tous budgets où le conseil se serait borné à arrêter soit les recettes, soit les dépenses, et à voter des douzièmes provisoires pour l'autre partie. Un budget forme un tout complet, indivisible ; les deux parties, recettes et dépenses, doivent exactement s'équilibrer.

Ainsi, dans ces trois cas, le conseil est entièrement déchu de ses attributions. Si l'on rapproche cette disposition des règles relatives aux sessions et à la fixation de leur date, on peut constater la situation particulière faite au conseil en cas de réunion tardive, le mettant dans l'obligation de voter le budget sans examen sérieux ou de se voir privé de ses attributions.

C'est à l'administration locale qu'il appartient d'établir le budget d'office. Le ministre l'arrête définitivement, mais le gouverneur seul a l'initiative. Le ministre ne peut qu'approuver ou rejeter en bloc les propositions du gouverneur. Sur l'étendue des droits de l'administration le sénatus-consulte n'est pas aussi précis que les décrets organiques des autres colonies, mais le système en est le même. Si pour la fixation des dépenses rien ne limite la liberté du ministre, celui-ci ne peut établir d'impôts nouveaux, ni modifier les tarifs votés par le conseil général pour le budget précédent. Il appartient en effet au conseil seul de voter les taxes et contributions, sauf le cas particulier de l'omission des dépenses obligatoires, cas qui ne se présenterait pas si le budget n'était pas voté, puisque les dépenses obligatoires seraient naturellement les premières rétablies [1].

Dans les circonstances exceptionnelles et si le ministre ne pouvait

---

1. Cf. DISLÈRE, *op. cit.*, n° 423.

être appelé à régler le budget au moment voulu, le gouverneur devrait procéder en conseil privé à l'ouverture de douzièmes provisoires en recettes et en dépenses. Il se conformerait d'ailleurs de la façon la plus rigoureuse aux fixations du budget précédent.

V. — *Crédits supplémentaires*

A l'étude du budget proprement dit il faut ajouter celle des crédits supplémentaires, crédits qui peuvent être reconnus nécessaires après fixation du budget. Dans le cas de crédits supplémentaires tout se passe en principe comme pour le budget, préparation par le gouverneur, vote par le conseil, approbation par le gouverneur. Mais l'article 49 du décret de 1882 ajoute qu'en cas d'urgence et si le conseil général ne peut être réuni en session extraordinaire, les crédits sont autorisés par le gouverneur en conseil privé et soumis au vote du conseil général dans sa plus prochaine session. Ce n'est plus seulement un droit de contrôle qui appartient au gouverneur, c'est un véritable droit d'initiative; le gouverneur se substitue pleinement au conseil auquel il ne reste qu'un droit inefficace d'approbation ou de critique.

Les voies et moyens affectés au paiement des dépenses ainsi autorisées sont fixés aussi, en principe, dans la même forme que pour le budget. En cas d'urgence, l'arrêté du gouverneur par lequel les crédits sont ouverts indique ces voies et moyens. La substitution du gouverneur au conseil est encore complète.

Les arrêtés pris par le gouverneur en cette matière doivent être immédiatement communiqués au ministre des colonies.

Les ressources qu'il pourrait être nécessaire de créer après fixation du budget, en cas de non réalisation des recettes prévues, sont déterminées dans la même forme que les recettes ordinaires. Mais on sait que la première à laquelle doit avoir recours le conseil est le prélèvement sur le fonds de réserve et de prévoyance que nous avons déjà étudié parmi les recettes extraordinaires.

VI. — *Comptes de la colonie*

L'emploi des crédits locaux est confié au directeur de l'Intérieur, aujourd'hui gouverneur, seul ordonnateur des dépenses civiles. Les crédits étant votés par chapitres, c'est-à-dire par ensembles de services corrélatifs, sont répartis entre les divers articles du budget. Dans l'intérieur d'un chapitre l'administration peut donc exercer son initiative, mais seulement dans l'intérieur d'un chapitre. Elle doit avoir recours aux crédits supplémentaires ou aux annulations de crédits en cas de dotations mal calculées. On sait cependant que comme la colonie doit supporter toutes les dépenses obligatoires, toute opération tendant à y pourvoir sans compromettre l'équilibre devient légitime et que, contrairement au principe général, les virements sont autorisés entre dépenses obligatoires. Ils doivent être autorisés par le gouverneur en conseil privé et régularisés par le conseil général (Article 56, D. de 1882).

Les opérations nécessitées par l'exécution du budget étant terminées, compte doit en être rendu à l'autorité qui a voté le budget. Le directeur de l'Intérieur, dans les trois mois qui suivent la clôture de l'exercice, doit dresser un compte administratif examiné par une commission de vérification prise dans le sein du conseil privé et qui déclare la conformité des comptes de l'ordonnateur et des comptes du comptable. Ces déclarations, jointes au compte d'exercice, sont présentées au conseil dans la session ordinaire. Malheureusement, et un document quasi-officiel le constate, le rapport Piquié, ces délais ne sont jamais observés et tous ces comptes sont produits tardivement. C'est là une pratique très fâcheuse, qui complique singulièrement l'étude des budgets locaux et amène à des situations irrationnelles de colonies possédant un certain actif à leurs caisses de réserve, alors qu'elles sont grevées de passifs considérables.

Le conseil général délibère sur le compte administratif et transmet ses observations au gouverneur qui arrête définitivement en conseil privé le règlement du compte de l'exercice en se conformant aux décisions du conseil général. Seulement, si l'arrêté, à la suite de la délibération du conseil, doit rejeter une dépense exécutée à tort, l'arrêté devra être soumis à l'approbation du ministre (Article 112, D. 1882).

Section III. — **Nominations. Manifestations d'opinion et attributions de contrôle.**

1. — *Nominations*

Le conseil général de la colonie comme celui du département a à procéder à un certain nombre de nominations. Il peut avoir à nommer une commission pour une conférence intercoloniale, à désigner des conseillers qui remplissent des fonctions individuelles, des enquêtes, à concourir à la formation des jurys d'expropriation, à nommer le bureau, des commissions d'étude... Mais la plus importante de ces nominations est celle de la commission coloniale, qui sera étudiée ci-après.

Comme en législation départementale on doit considérer que ces nominations ne constituent point des élections et ne donnent pas lieu à un contentieux électoral. N'étant pas comprises dans la liste des décisions définitives sauf annulation par décret, et étant exécutoires immédiatement, elles ne peuvent être attaquées qu'à titre de simples délibérations et arguées de nullité dans les deux cas prévus par les textes[1].

II. — *Manifestations d'opinion et attributions de contrôle*

Sur les différentes matières qui ont été classées pour ordre dans les sections précédentes, et sur « toutes les questions dont la connaissance lui est réservée par des règlements » le conseil doit être obligatoirement consulté par l'administration. C'est une faculté pour le gouverneur de lui demander son avis sur toute autre question d'intérêt colonial. Ces avis n'ont jamais aucune force exécutoire et l'administration est délivrée de toute obligation lorsque, quand elle y est tenue, elle a sollicité l'avis du conseil.

Les vœux et les réclamations se distinguent des avis en ce que la délibération en est prise non sur la proposition de l'administration, mais sur celle d'un membre de l'assemblée. L'article 12 du sénatus-consulte, reproduit par les décrets, dispose que le conseil peut adresser au ministre, directement par l'intermédiaire de son président, les réclamations qu'il aurait à présenter dans l'intérêt spécial de la colonie, ainsi que son opinion sur l'état et sur les besoins des différents services publics qui y fonctionnent. Ces observations peuvent revêtir naturellement la forme de vœux, mais il n'en résulte pas l'extension aux assemblées coloniales du droit, que les assemblées départementales tiennent de l'article 51 de la loi de 1871, d'émettre des vœux sur les questions économiques et d'administration générale. Les vœux qu'ils peuvent émettre sont absolument limités aux questions intéressant leur propre colonie. Exception doit être faite cependant pour les conseils de Nouvelle-Calédonie et d'Océanie, qui sont assimilés sur ce point encore aux conseils de département.

Naturellement, tous les vœux politiques, qu'ils aient la forme d'une réclamation directe au ministre ou d'une simple proclamation, sont formellement interdits.

Est-ce à dire que le conseil soit privé de tout droit de contrôle sur les actes de l'administration ? Nullement, et pour rendre efficace ce contrôle, les décrets de certains conseils ont, comme en France, disposé que le gouverneur est tenu de faire des comptes rendus au conseil sur la situation de la colonie et l'état des différents services publics, que les chefs d'administration et de service sont tenus de fournir tous les renseignements qui leur seraient réclamés par le conseil général sur les questions régulièrement soumises à ses délibérations, qu'enfin, le conseil général

---

1. Cf. HAURIOU, Droit administratif, note page 471.

peut charger un ou plusieurs de ses membres de recueillir sur les lieux les renseignements qui lui sont nécessaires pour statuer sur les affaires qui sont placées dans ses attributions; tout cela est sanctionné par le droit du conseil de correspondre avec le ministre par l'intermédiaire de son président.

A ce sujet, on peut regretter que les textes ne fassent pas une obligation aux conseils de remettre aux gouverneurs une copie des réclamations que leurs présidents adressent au ministre. Outre que ce serait plus convenable pour le prestige du chef de la colonie, ce serait utile et pratique en évitant des retards, puisque le ministre recevrait la défense de l'administration en même temps que la réclamation du conseil. La législation de Cochinchine évite, il est vrai, cette critique mais d'une façon peu heureuse; le droit de correspondre directement avec le ministre n'existe pas, les pétitions doivent toujours passer par le gouverneur.

APPENDICES

A LA TROISIÈME PARTIE

I. — *Commissions coloniales*

Le décret du 12 juin 1879 institua aux Antilles et à la Réunion, après les excellents résultats des commissions départementales, des commissions coloniales ayant des attributions analogues. Ce fut pour les conseils généraux des colonies une mesure pleine de conséquences importantes sur le rôle et les attributions de la représentation locale. Cette institution permanente, qui supplée le conseil général dans l'intervalle des sessions, qui maintient à côté de l'administration un contrôle constant et efficace, augmente singulièrement les garanties des administrés. On pouvait même craindre que par sa présence constante et par ses attributions assez mal définies, elle ne devint une entrave au fonctionnement des services. Mais c'est là une crainte qui ne s'est pas justifiée jusqu'à présent, et il est certain que la création de ces commissions a permis aux conseils généraux de déléguer une partie de leurs attributions, de réduire la durée de leurs sessions, de régler rapidement des affaires qui autrement ne pourraient l'être que l'année suivante ou exigeraient une session extraordinaire, et de se consacrer à des travaux plus utiles. Des décrets successifs pour les autres colonies ont étendu ces commissions coloniales à peu près partout; l'Inde et la Cochinchine, seules, en sont privées[1]. L'organisation et les attributions des commissions coloniales sont, sauf quelques différences, les mêmes que celles des commissions départementales.

La commission coloniale est élue par le conseil général chaque année à la fin de la session ordinaire; elle se compose de quatre à sept membres et comprend autant que possible un membre choisi parmi les conseillers de chaque arrondissement.

La commission se réunit au moins une fois par mois aux époques et pour le nombre de jours qu'elle détermine elle-même; mais elle ne

---

1. Décrets 28 avril 1882, Guyane; 12 août 1885, Sénégal, et décrets fondamentaux.

pourrait se constituer en permanence en décidant que sa session durera tout le mois. Elle peut être convoquée en session extraordinaire par son président et par le gouverneur.

Le gouverneur ou son représentant assistent aux séances de la commission; ils sont entendus quand ils le demandent. Dans le silence des textes, il faut décider que les séances ne sont pas publiques et que les procès-verbaux ne doivent pas être publiés. Les chefs de service sont tenus de fournir, verbalement ou par écrit, tous les renseignements qui leur seraient réclamés par la commission sur les affaires placées dans ses attributions. La commission peut charger un ou plusieurs de ses membres d'une mission relative à des objets compris dans ses attributions.

Les attributions de la commission coloniale sont, en premier lieu, des attributions déléguées par le conseil général. Elle règle les affaires qui lui sont renvoyées et dans la limite de la délégation qui lui est faite. Mais, comme il est de principe que la puissance publique ne se délègue pas, ces délégations ne peuvent être faites que sous certaines conditions : 1º elles doivent être faites pour des affaires spéciales, et non point pour toute une catégorie d'affaires [1]. Ainsi, le conseil ne pourrait déléguer à la commission le droit de statuer sur la liquidation des pensions de retraite des employés coloniaux, ou donner mandat à celle-ci de statuer sur les demandes de transaction en matière de contraventions de régie, etc.; 2º même pour des affaires spéciales, la délégation ne peut être faite si l'affaire est trop importante. C'est là uniquement une question d'appréciation. Si le conseil peut déléguer à la commission le soin de vérifier les comptes des années précédentes, de prendre tous les renseignements et de faire un rapport, il ne peut lui déléguer le soin de statuer sur les comptes. C'est là une attribution qui doit appartenir en propre au conseil.

Lorsque la commission coloniale statue par délégation, ses décisions ont la force exécutoire qu'auraient eue celles du conseil général sur les mêmes affaires, c'est-à-dire qu'elles peuvent être annulées pour excès de pouvoir, sur demande du gouverneur dans le délai d'un mois.

La commission coloniale a, en outre, des attributions propres qui lui sont données directement par les textes. Mais celles-ci, si on les compare aux attributions propres de la commission départementale, sont bien moins importantes, par suite de l'absence aux colonies du régime vicinal. La commission prend des délibérations qui contiennent des décisions, des avis, et elle fait des actes de contrôle. Les décisions de la commission sont exécutoires par elles-mêmes, immédiatement; seulement, le gouverneur, qui doit les exécuter, peut s'y refuser; il en résulte un désaccord ou un conflit, et l'affaire est portée devant le conseil général.

1. Avis C. d'Etat, 13 mars 1873.

La commission coloniale, après avoir entendu l'avis ou les propositions du directeur de l'Intérieur, détermine l'ordre de priorité des travaux à la charge de la colonie, lorsque cet ordre n'a pas été fixé par le conseil général; fixe l'époque de l'adjudication des travaux d'utilité coloniale; fixe le mode et l'époque d'adjudication ou de réalisation des emprunts coloniaux, lorsqu'ils n'ont pas été fixés par le conseil.

La commission donne son avis au gouverneur sur toutes les questions qu'il lui soumet ou sur lesquelles il croit devoir appeler son attention dans l'intérêt de la colonie.

Les délibérations de la commission étant des actes juridiques et pouvant en outre contenir des actes d'administration, sont susceptibles de recours. Celles qui contiennent décision exécutoire peuvent être attaquées par le recours pour excès de pouvoir, selon le droit commun. Mais le conseil d'Etat ayant admis que les articles 33 et 34 de la loi de 1871 s'appliquent à la commission départementale, il n'y aurait pas de raison de décider autrement pour les commissions coloniales et l'on doit admettre que les délibérations peuvent être déclarées nulles dans les cas de commission irrégulièrement tenue ou délibérant sur des objets pour lesquels elle est incompétente.

La commission coloniale possède, en outre, certaines attributions importantes de contrôle. Le gouverneur est tenu d'adresser à la commission, au commencement de chaque mois, l'état détaillé des distributions de crédit qu'il a reçues, et à la fin de chaque trimestre celui des mandats de paiement qu'il a délivrés durant cette période, concernant le budget local. A l'ouverture de la session ordinaire du conseil général, la commission fait un rapport sur l'ensemble de ses travaux et soumet au conseil toutes les propositions qu'elle croit utiles. Elle lui présente dans un rapport sommaire ses observations sur le budget proposé par l'administration. Ces rapports sont imprimés et distribués, à moins que la commission n'en décide autrement. La commission coloniale vérifie l'état des archives et celui du mobilier appartenant à la colonie.

En cas de désaccord entre la commission coloniale et l'administration, l'affaire peut être renvoyée à la plus prochaine session du conseil général qui statuera définitivement.

En cas de conflit entre la commission et l'administration, la distinction entre le désaccord et le conflit étant une question d'appréciation, comme aussi dans le cas où la commission aurait outrepassé ses droits, le conseil général sera immédiatement convoqué et statuera sur les faits qui lui auront été soumis. Le conseil pourra, s'il le juge convenable, procéder à la nomination d'une nouvelle commission.

II. — *Intérêts communs à plusieurs colonies*

Le décret du 12 juin 1879 a étendu aux conseils généraux des Antilles et de la Réunion, sur le principe des articles 89 et suivants de la loi du 10 août 1871, le droit de provoquer entre les conseils de ces différentes colonies une entente sur les objets d'utilité commune compris dans leurs attributions et concernant les relations postales et télégraphiques, les contrats financiers ayant pour objet le recrutement des travailleurs, la création d'établissements d'enseignement public, hospitaliers et pénitentiaires.

Les questions doivent être débattues par l'entremise des présidents de conseils, dûment accrédités à cet effet; ce qui constitue une dérogation au principe que le président n'a de fonctions que pendant les sessions du conseil. Mais les questions peuvent encore être débattues par des commissions spéciales nommées à cet effet. Dans ce dernier cas, les directeurs de l'Intérieur des colonies intéressées pourront assister aux conférences. Les décisions prises ne sont exécutoires qu'après avoir été ratifiées par les conseils généraux intéressés, dans la forme et sous les conditions prévues par les actes organiques qui les régissent. Si des questions autres que celles que prévoit le décret étaient mises en discussion, les gouverneurs mettraient immédiatement fin aux pourparlers et le gouverneur de la colonie où la conférence aurait eu lieu déclarerait la réunion dissoute; les délibérations prises après cette déclaration seraient nulles et de nul effet.

Les décrets organiques des autres colonies ne contiennent aucune disposition relative à ces conférences ou correspondances intercoloniales. Le peu d'intérêt que celles-ci présentent, n'ayant jamais été réalisées et ne devant l'être probablement que bien rarement, les a fait intentionnellement omettre.

QUATRIÈME PARTIE

Critiques et réformes

Au cours de l'étude de la constitution des conseils généraux et coloniaux des colonies, nombre de critiques ont dû être faites. D'abord des critiques juridiques. On a pu être frappé de ce que cette législation coloniale contient d'imperfections; similitudes et dissemblances entre les colonies, qu'aucun motif sérieux ne peut expliquer, contradictions, bizarreries et, ce qui est beaucoup plus grave pour le commentateur, obscurités et omissions bien embarrassantes. Nous avons essayé de les expliquer, de les éclaircir, d'y suppléer autant que possible.

Mais ce n'est pas seulement contre la législation, c'est aussi contre l'organisation qui en résulte que des critiques ont dû être relevées, chemin faisant. Ces critiques de détail se trouvaient convenablement placées, immédiatement à côté des points de l'organisation qui les suscitaient par leur défectuosité, insuffisance de décentralisation, imprévoyance, non conformité aux besoins locaux, excès de complications, etc.

Sur ces critiques-là il n'y a plus à insister. Maintenant, il faut, prenant l'institution des conseils des colonies dans son ensemble, en faire la critique générale, c'est-à-dire en apprécier la valeur politique. Il faut, observant cette institution dans son activité fonctionnelle, vérifier si elle répond aux conditions requises de la décentralisation aux colonies, aux divers *desiderata* exposés au début de cette étude et qui sont la cause finale de l'existence des conseils.

Mais avant d'entrer dans l'étude du fonctionnement des conseils, il n'est peut-être pas inutile de rappeler la valeur du suffrage universel dans les colonies, ce qui permettra d'apprécier la composition même de l'assemblée.

Or, il est malheureusement trop certain que les colonies ont mérité une triste célébrité par leurs élections tant locales que politiques. Si en cette matière il ne faut pas absolument généraliser parce que quelques colonies font une rare exception, et que les choses, là, ne se passent pas plus mal qu'ailleurs, les élections, par la présence d'électeurs d'une capacité intellectuelle et morale parfois insuffisante et les manœuvres d'individus sans scrupules, n'en ont que trop souvent pris l'apparence de véritables scandales. Certes, les manœuvres électorales les plus honteuses ne sont pas l'absolu privilège des colonies, mais elles n'atteignent généralement pas la même intensité. Les distributions préliminaires d'alcool pour mettre les électeurs dans un certain état... d'obéissance dégradant, la conduite aux bureaux de vote par charretés, l'introduction de force dans les salles avec un bulletin imposé, le bris des urnes, les violences de toutes sortes, de véritables émeutes, voilà de quoi s'accompagnent certaines élections[1]. Ailleurs, c'est dans l'établissement des listes électorales que se révèlent des irrégularités incroyables. Ne trouve-t-on pas certaines circonscriptions où il y a plus d'inscrits que d'habitants[2]? Ce qui fait d'ailleurs encourir à l'administration une bien grande part de responsabilité dans ces scandales. N'a-t-on pas vu un électeur venir voter et émarger au nom de l'évêque du diocèse[3]? De l'aveu d'un gouverneur, les procès-verbaux sont établis d'avance, d'avance les urnes sont remplies de bulletins, et lorsque quatorze électeurs seulement ont émargé le dépouillement révèle douze cents bulletins[4].

On comprend que de tels faits ne se passent pas sans troubles graves[5] aux plus déplorables conséquences pour le pays. Mais n'est-ce pas sur la composition même de l'assemblée que de semblables fraudes, qui devraient mener tant de gens devant la justice, auront un résultat désastreux ? Quel caractère de capacité et de vertu politique des assemblées élues de telles sortes pourront-elles présenter, sans parler de la légitimité avec laquelle elles pourront se prétendre la juste représentation du pays?

1. Décrets des 3 juin 1897, 27 février 1885.
2. *Quinzaine coloniale*, 10 janvier 1898.
3. *Ibidem*.
4. *Quinzaine coloniale*, 25 avril 1900; *Revue générale d'administration*, mai 1898, et généralement proposition d'Estournelles, Chambre, 1898, 9 et 11 juillet; Ch. Doc., 97-8; *Revue de Paris*, 1ᵉʳ janvier 1899.
5. *Quinzaine coloniale*, 10 décembre 1897; D., 12 décembre 1889.

CHAPITRE PREMIER

Appréciation de la valeur fonctionnelle et de la constitution des Conseils.

Section I. — Collaboration du Conseil et de l'Administration.

Pour procéder à l'observation de l'activité fonctionnelle des conseils généraux et à la vérification expérimentale de la valeur politique de l'institution, on peut se placer d'abord au point de vue de la marche de l'administration, de la collaboration à la gestion des affaires par la division des pouvoirs entre l'autorité locale délibérante et l'autorité centrale exécutive.

Évidemment, c'est le jeu normal d'une institution décentralisatrice, pouvoir modérateur de l'autorité centrale, de créer un certain équilibre par l'action de forces antagonistes, mais cette opposition née pour le bien des affaires doit rester sur un terrain où après une meilleure étude, plus approfondie, plus éclairée, l'entente, la conciliation deviendra facile. Est-ce là le cas des conseils des colonies?

Le conseil aussitôt installé a une tendance à se considérer en raison de son origine élective comme le représentant de la souveraineté populaire, le pouvoir auquel en toutes choses doit rester le dernier mot; il n'est plus une assemblée administrative, c'est un parlement prêt à s'attribuer tous les pouvoirs. « A peine née à la *vie parlementaire*, notre assemblée locale a su faire comprendre à nos dirigeants qu'elle entendait défendre contre toute entreprise adverse, contre les leurs au besoin, les intérêts de la population qui l'avait nommée[1]. »

A ce sentiment d'autorité intransigeante il faut ajouter cet esprit de particularisme qui fait considérer comme ennemi tout ce qui n'est pas originaire du sol colonial, il faut ajouter même parfois cette regrettable mésintelligence de couleur, et l'on peut concevoir de quelle manière doit être facilitée la marche de l'administration par la fréquence et l'acuité de conflits irréductibles.

Les relations sont des plus tendues; les irrégularités, les excès de

---

[1]. Conseil général de Tahiti, Mager, Cahiers coloniaux de 1889.

pouvoir, les marques de mauvais vouloir vis-à-vis de l'administration se succèdent; à la moindre alerte, le conseil susceptible et intransigeant entre en guerre. Ici, à la suite d'un vote que l'administration a cru devoir annuler, le conseil refuse de transmettre les procès-verbaux ; il se met en grève, refuse de siéger et il n'y a d'issue que dans la dissolution[1]. Là pour une raison identique, l'annulation d'un vote, le conseil démissionne en masse dans un accès de susceptibilité mal placée[2]. Ailleurs, les procès-verbaux ne sont authentiques que deux ou trois mois après la clôture de la session ; l'administration demande au conseil un peu plus de célérité et la copie des feuilles volantes sur un registre spécial : c'est une déclaration de guerre dont les conséquences ne sont évitées que par la capitulation de l'administration[3]. La présence du secrétaire général au sein du conseil est presque insupportable. Lorsque ce fonctionnaire demande la parole, on la lui refuse, en violation flagrante des textes organiques, ou bien ce sont de véritables interpellations sur des matières bien éloignées de rentrer dans les attributions du conseil, l'embauchage d'ouvriers par une société privée[4], et cela se termine par des votes de défiance comme en un parlement. D'ailleurs, telle colonie se vante, et ce n'est que la vérité, d'avoir renversé des fonctionnaires comme des ministères.

« Toujours ces assemblées ont été en lutte avec le gouverneur, homme étranger à la colonie, dont l'autorité leur était odieuse[5], » comme elles ont généralement aussi la haine du fonctionnaire métropolitain quel qu'il soit, non pas pour le faux prétexte qu'il ignore les véritables besoins du pays, mais parce qu'il prend une place qui devrait revenir de droit à un autochtone[6].

A un tel état de choses, que faire? Comment cette situation peut-elle se résoudre? Le gouverneur est-il suffisamment armé pour accepter la lutte? Il dispose des moyens les plus énergiques. Il peut résister. Et le gouverneur, scrupuleux, fidèle observateur de la légalité, résiste : c'est le conflit, c'est la stagnation, nuisible aux affaires, c'est l'impasse, car la dissolution ne sera pas une issue, ne mettra pas fin, au contraire, à la résistance et finalement le gouverneur, malgré ses armes puissantes, sera vaincu. « Pour se rendre compte de la situation, on n'a qu'à supputer, par exemple, combien la Martinique a usé de gouverneurs depuis dix ans. Sans être aussi pessimiste que M. Leroy-Beaulieu, qui prédit la séparation au bout de cette anarchie administrative,

---

1. *Quinzaine coloniale,* 25 août 1897.
2. *Quinzaine coloniale,* 10 septembre 1897.
3. Guyane, session 1896.
4. Guadeloupe, 24 novembre 1899.
5. GIRAULT, Législation coloniale.
6. DISLÈRE, Notes sur l'organisation, 40

on peut du moins prévoir qu'elle engendrera un jour ou l'autre de redoutables perturbations[1]. »

Si le gouverneur « hésitant, pusillanime, dont la faiblesse accroît les aspirations barbares de la majorité[2] » ou par la simple considération de sa tranquillité personnelle, ne fait pas l'emploi de ses pouvoirs énergiques mais inefficaces, c'est alors la libre pratique donnée à toutes les irrégularités, tous les abus,

En l'état actuel de cette organisation coloniale, il n'est de possibilité de gouvernement que si les fonctionnaires placés à la tête de la colonie possèdent un tact administratif et un esprit de conciliation à toute épreuve. Il est nécessaire de fermer les yeux sur une foule d'irrégularités journalières, de violer les règlements à tout instant, de montrer une tolérance aussi large que possible. Il faut éviter d'éveiller les susceptibilités par des abus d'autorité : on vit de concessions mutuelles et c'est seulement par cette diplomatie administrative que les choses peuvent fonctionner sans heurts.

Section II. — Gestion des intérêts généraux

D'un certain côté, on peut évidemment soutenir que toute décision, toute mesure affecte, plus ou moins directement, mais toujours, l'intérêt général, car l'intérêt général est que la colonie soit prospère, et toute décision a une valeur particulière relative à cette prospérité. Mais puisqu'il y a une question de quantité, on peut dire que certaines décisions affectent si peu l'intérêt général qu'elles sont surtout de nature locale, tandis que d'autres ont, au contraire, éminemment le caractère général. Celles-ci ont ceci de très particulier qu'elles peuvent prendre une valeur relative différente, suivant qu'on les considère au point de vue de l'intérêt local qu'elles comportent, car le bien d'une partie peut n'être pas joint à celui du tout, le bien de la colonie peut être fait au détriment de la nation. Lorsque cet antagonisme d'intérêt existe, quel est celui des deux intérêts qui doit être sacrifié, qui doit s'effacer devant l'autre ? Il est malaisé de le dire *a priori* et de trouver un autre critérium que celui-ci : aucune mesure ne doit être prise qui à l'opposé d'un certain avantage qu'elle réaliserait pour un intérêt, créerait pour l'autre intérêt un préjudice d'une étendue plus considérable. Il faudrait donc, pour apprécier justement toute décision affectant l'intérêt général, considérer à la fois les avantages et les préjudices qu'elle réalise respectivement pour les deux intérêts antagonistes ; mais il y a lieu de considérer seule-

---

1. Congrès colonial national 1889, p. 122.
2. Leroy-Beaulieu, Colonisation, p. 253.

ment, pour commencer, le résultat de l'usage de certaines attributions des conseils sur les intérêts généraux.

Pour montrer jusqu'à quel point peut être absolue la distinction de ces intérêts local et général ou mieux, parfois, métropolitain, et à quelle conséquence peut amener la méconnaissance systématique de l'intérêt métropolitain par l'assemblée locale, il n'y a qu'à rappeler la cause principale de la disparition du conseil général de Saint-Pierre et Miquelon.

La colonie de Saint-Pierre et Miquelon n'est pas une colonie de peuplement ni une colonie d'exploitation. La population locale, restreinte, s'accroît périodiquement pendant la saison de la pêche à la morue par l'arrivée des équipages de pêche venus de France, qui forment une population flottante notablement supérieure à la population sédentaire. De là l'existence dans la colonie de deux grands intérêts « également respectables mais souvent opposés, celui du commerce local et celui du commerce métropolitain. » Le conseil général, créé par le décret du 2 avril 1885, était composé de membres élus par les seuls habitants de la colonie. La prépondérance que le conseil général donnait aux seuls intérêts du commerce local était telle, que le problème consistant à assurer d'une façon équitable l'observation des intérêts du commerce métropolitain parut n'avoir de solution que dans la suppression du conseil général lui-même. Le décret du 25 juin 1897 est venu réaliser cette suppression [1].

La matière dans laquelle s'est manifesté le plus violemment l'antagonisme des intérêts locaux et généraux est certainement celle du commerce, dans la question essentielle du régime douanier. Il a été consacré plus haut assez de développements à cette histoire des rapports douaniers de la France et de ses possessions pour qu'il n'y ait pas à y revenir ici. On sait que cette méconnaissance excessive de l'intérêt du commerce métropolitain s'est terminée par la suppression à peu près complète des attributions des assemblées locales en matière de douanes. Depuis la loi du 11 janvier 1892 les atteintes au commerce métropolitain ont-elles pour cela cessé? Malheureusement pas, et c'est sous la forme de protection illégale du commerce local par le moyen de tarifs locaux différentiels que l'esprit de particularisme colonial s'est fréquemment manifesté. Nombreuses sont les décisions qui ont dû rejeter des délibérations entachées de ce caractère d'illégalité [2].

C'est surtout par des effets pécuniaires que se traduisent les atteintes à un intérêt; rien d'étonnant à ce que les attributions financières aient été une source abondante de préjudices à l'intérêt général. On sait que c'était par deux causes principales que se faisait sentir la répercussion

---

1. La cause exposée au texte était la cause principale, mais non la seule; il faut, pour être exact, rappeler la difficulté de concilier les intérêts des diverses agglomérations de la colonie, et ajouter la mauvaise gestion, surtout financière, du conseil.

2. D. 16 novembre 1894; Cassation, 5 juillet 1895, 15 mars 1898.

de la gestion financière des conseils sur l'intérêt général : par une séparation insuffisante des budgets locaux et du budget colonial et par des pouvoirs trop étendus aux assemblées locales. L'exagération des budgets locaux encombrés de dépenses inutiles et improductives obligeait la Métropole à fournir des subventions élevées et à ne percevoir aucun des contingents prévus. Les pouvoirs en matière de recettes, fixation de tarifs et vote des modes d'assiette et de perception, pouvaient, d'autre part, être du plus désastreux résultat. Le régime financier inauguré le 1er janvier 1901, et qui s'est inspiré en majeure partie des constitutions coloniales anglaises, est venu réaliser un amoindrissement des attributions budgétaires et une séparation financière complète. Malgré qu'on ait omis la disposition bien utile de la législation anglaise, qui impose à toutes les subventions aux budgets locaux le caractère d'avances remboursables au gré de la Métropole, on peut attendre de ce régime, au point de vue du respect des finances métropolitaines, d'heureux résultats, et, de ce fait, une des sources des critiques les plus importantes adressées contre les conseils généraux disparaît.

Annihilé aussi, au moins pour quelques colonies, le moyen de nuire à la colonisation entière par une gestion imprévoyante du domaine. Les colonies où ce danger avait été le plus redoutable sont dépossédées par l'État des biens vacants et sans maîtres, ces immenses territoires dont elles avaient fait parfois un si mauvais usage.

Les moyens les plus graves d'attenter à l'intérêt général par le régime douanier, par les finances, par la colonisation ont ainsi disparu successivement. Cependant, les conseils n'ont point par là perdu toute occasion de faire souffrir l'intérêt général. Avec toutes les attributions qu'ils possèdent sur la gestion des services locaux ou l'exercice des droits de la colonie, ils peuvent encore l'affecter redoutablement. Les plus importants des services locaux sont, il est vrai, soustraits à leur direction, leurs dépenses étant obligatoires. Mais restent les services facultatifs, encore nombreux et dont l'importance est parfois primordiale ; les troubles apportés au fonctionnement des services des ports, immigration, postes et télégraphes, ponts-et-chaussées, voirie, etc., doivent certainement retentir au dehors de la colonie.

Seulement, en toutes ces matières, il est difficile de distinguer l'intérêt général de l'intérêt local ou du moins d'opposer l'un à l'autre ; au lieu d'un antagonisme, c'est ici plutôt une corrélation que l'on constate ; si l'intérêt général est affecté, c'est que l'intérêt local lui-même est compromis. Il y a donc lieu d'entrer dans l'étude de la gestion des intérêts locaux et dans l'étude de cette gestion on ne doit pas oublier que le retentissement des différentes mesures dépasse l'intérêt local.

On peut encore remarquer ici l'influence de l'esprit de particularisme en opposition avec l'intérêt de généralité, dans l'antagonisme d'un conseil colonial lorsqu'il s'agit des intérêts non plus de la Métropole ou de la nation, mais d'une généralité plus haute que la colonie, l'Union de colonies. A la création de l'Union Indo-chinoise, le conseil colonial de Cochinchine s'est opposé avec la même intransigeance qu'il avait apportée à tous les projets généraux des colonies indo-chinoises, ceux des chemins de fer par exemple, ce qui était aussi à vrai dire une erreur d'appréciation sur les véritables intérêts de la colonie. Et cet antagonisme intransigeant fut une des meilleures causes de la création du budget général de l'Union [1].

Section III. — Gestion des intérêts locaux

Au point de vue de l'observation des intérêts locaux la gestion des conseils n'est malheureusement pas exempte de toute critique.

Il n'y a pas à revenir sur l'esprit de particularisme de certains conseils, si ce n'est pour rappeler qu'il peut être aussi préjudiciable à l'intérêt local qu'à l'intérêt général et pour montrer à quelles conséquences il peut amener, lorsque par exemple il fait proposer une surtaxe à la patente à tout étranger qui voudrait faire l'exercice du commerce dans la colonie [2]. Sous le vain prétexte que les fonctionnaires non originaires de la colonie ne connaîtraient pas les véritables intérêts du pays, la guerre qui leur est faite décèle le même esprit et ces conflits, créés trop fréquemment avec l'administration, ne sont pas, on peut le concevoir, à l'avantage de la bonne gestion des affaires. Mais c'est peut être lorsqu'il s'attaque à des fonctionnaires des services locaux que cet esprit doit avoir les plus graves conséquences. Les assemblées n'ont pas, malgré toutes les tentatives qu'elles fassent pour se les attribuer, de pouvoirs directs sur les fonctionnaires. Mais à elles appartient le vote souverain des crédits des services facultatifs et si un fonctionnaire déplait à la majorité, elle n'hésitera pas à supprimer le crédit pour supprimer l'emploi. L'administration, malgré tout son zèle, devra assister impuissante à la désorganisation des services.

C'est qu'en effet, ce qui semble être la caractéristique des populations coloniales, c'est l'absence complète de la notion de l'intérêt public. Ces populations sont très vivantes, très généreuses, très sensibles, très passionnées; elles ont une intelligence vive et ouverte, mais elles n'ont pas de sens pratique, pas d'idée de suite; elles n'ont pas conscience d'un besoin de régularité. Avec de tels caractères, les questions secondaires, les questions de personne doivent tout dominer. La politique, comme on l'entend en France sur des principes de gouvernement, est inconnue là-bas; les colonies sont d'ailleurs depuis longtemps fermement

---

1. Cf. Doumer, Rapport 1902, p. 11 et 12.
2. *Bulletin officiel des Colonies*, 88, p. 108.

républicaines; mais la lutte, et malheureusement elle n'est pas moins violente pour cela, se circonscrit entre des factions réunies sous la bannière d'un chef, des clientèles de patrons, des clans formés sur des affinités morales ou sociales, et non sur des questions de principe. Le bien général, l'intérêt public, le meilleur fonctionnement des services, l'avenir de la colonisation, la prospérité de la colonie, tout cela c'est si vague, si imprécis, si lointain, si difficile à suivre qu'on ne s'en préoccupe pas, ou, lorsqu'on s'en préoccupe, on le distingue si mal qu'on le méconnaît; mais ce qu'on voit nettement, car c'est là tout au premier plan, et cela efface tout, cela se confond avec l'intérêt public, c'est le fonctionnaire qu'il faut faire destituer, c'est le candidat qu'il faut faire parvenir, c'est la concession qu'il faut octroyer, c'est la subvention, la gratification, la bourse, le secours qu'il faut accorder, l'industrie qu'il faut protéger ou anéantir, le quartier, la commune qui doivent recevoir toutes les faveurs. L'intérêt particulier de personnes, de groupes, de partis prime tout, absorbe tout, c'est lui le pivot de toutes les affaires.

Si les assemblées ne craignent pas, et la législation leur permet toujours de le faire, de désorganiser des services essentiels pour de simples considérations de personne, elles ne doivent pas redouter de concéder en pleine propriété à un postulant, pour la seule raison de la sympathie qu'il avait su inspirer, deux cent mille hectares des plus riches territoires de la colonie. Toute la colonie y passait, et avec elle l'or des terrains accordés et que rien n'exceptait de la concession. La colonie dut être dépossédée de ses propriétés foncières au bénéfice de l'État. Mais dans cet acte apparaît, outre l'influence de considérations de personne, l'importance du caractère de générosité imprévoyante, de prodigalité des assemblées coloniales. Car c'est encore ce caractère que revêt presque toujours la gestion des affaires coloniales, méconnaissance absolue de la valeur de l'argent, de ce que coûte le fonctionnement de la chose publique, absence de l'esprit d'économie et de prévoyance que doivent posséder les autorités publiques. Et cela se traduit, soit par des dépenses exagérées, soit par des privations de recettes.

Ici, c'est l'abolition pure et simple de la régie sur les spiritueux, pour avoir le « tafia à six sous, » importante plate-forme électorale; et, pour combler le déficit, — on n'a pas d'argent pour indemniser les employés congédiés, mais on accorde une remise de 16.000 francs pour une amende à un fraudeur condamné; — on majore faussement les frais de perception de l'octroi de mer, on supprime les crédits destinés au rapatriement des immigrants[1]. Là, on exonère du droit de patente un établissement financier[2]. Ailleurs, c'est avec insistance qu'on vote une détaxe sur des produits fabriqués dans la colonie, en dehors de certains territoires[3].

---

1. Sénat, 19 mai 1890.
2. *Bulletin officiel*, 90, 255.
3. *Bulletin officiel*, D. 22 juin 1889.

Mais c'est surtout par des subventions positives que se traduit cette protection des intérêts particuliers et les libéralités distribuées avec un esprit si peu ménager des deniers publics atteignent une véritable fureur de gaspillage. On vote sous forme de secours à des industriels une indemnité équivalente au montant des droits de douane sur les marchandises qu'ils importent[1]. Aux particuliers, c'est une pluie abondante de secours distribués pour les motifs les plus bizarres et les moins décisifs. Ce sont encore des bourses d'enseignement accordées sans mesure et qui grèvent les budgets de sommes considérables atteignant près de cent mille francs. Ce sont des gratifications à des fonctionnaires, rentes viagères, subventions, indemnités de logement, de vivres, de séjour, de déplacement, dont le conseil s'attribue d'ailleurs sa part. Ce sont des subventions aux communes aux taux exagérés atteignant parfois vingt pour cent des dépenses, d'autant plus graves qu'elles sont comme des primes à l'imprévoyance et aux excès, par l'irresponsabilité financière qu'elles instituent. Le décret du 5 octobre 1897 avait dû venir fixer un taux maximum de cinq pour cent.

Évidemment, toutes ces libéralités sont en principe défendables; elles ont leur place légitime dans un budget bien ordonné, et l'on fait bien valoir leur caractère de charité, pour les subventions et les secours, et de vraie politique démocratique pour les bourses d'enseignement. Mais tout est dans une question de mesure, et la mesure est, par malheur, loin d'avoir été toujours observée. D'ailleurs, si l'on va au fond des choses, on peut vite s'apercevoir que la générosité excessive des assemblées coloniales peut avoir une autre cause que la charité et l'esprit démocratique puisqu'elle sert si bien les intérêts des élus du suffrage universel. Le suffrage universel s'accommode trop facilement de cette manne électorale, et il est si difficile pour une assemblée élective de résister aux sollicitations des électeurs ! N'est-il pas curieux de voir une assemblée, élue par un corps électoral presque entièrement composé de fonctionnaires, être si généreuse en gratifications qu'un décret doit dorénavant interdire toute libéralité sous quelque forme que ce soit[2]. Il y avait une garantie contre ce danger des libéralités nominatives, c'était l'application du principe de la répartition par l'organe exécutif. L'avis du Conseil d'État de 1897 vint faire prescrire son application rigoureuse. Il faut voir par quelles protestations la circulaire s'y référant fut accueillie, par quelles déclarations de résistance, allant jusqu'à la réclamation de l'autonomie ! On doit croire que c'était un pouvoir bien précieux que les assemblées perdaient et juger du prix qu'elles y attachaient. Et la résistance est toujours telle que trop souvent elle force la main à l'administration qui pour éviter des conflits plus graves doit s'incliner devant des désignations dont elle ne saurait légalement tenir compte.

1. Cochinchine, arrêté local du 7 septembre 1897.
2. Cf. Doumer, Rapport, p. 11.

L'esprit de prodigalité et l'ignorance de l'intérêt public se traduisent encore par des dotations exagérées de crédits, tantôt à peu près indistinctement sur tous les chapitres du budget, c'est la folie de largesse, tantôt et le plus fréquemment sur des dépenses plus particulièrement charitables mais improductives et sans grande utilité pour le progrès de la colonie, celles des services d'assistance par exemple. Mais dans les travaux publics même ou dans l'administration des propriétés coloniales on pourrait trouver de nombreux exemples de gaspillage ; certains travaux de port, d'adduction d'eau, de construction de palais de justice ont été des expériences coûteuses pour les fonds de certaine colonie; ailleurs, ce sont des constructions aussi coûteuses que somptueuses d'hôtel de gouvernement, de théâtre même, sans parler des subventions nécessaires à l'entretien de la troupe théâtrale et que l'on trouve en rognant le budget des routes !.

Les conséquences de cet esprit de gaspillage et de la méconnaissance de l'intérêt public devaient être en premier lieu l'exagération des budgets locaux. On n'a qu'à consulter quelques-uns de ces budgets pour voir combien ils sont démesurés et si l'on fait une statistique comparative avec le chiffre de la population on arrive à constater qu'ils donnent aux colonies à conseils généraux une triste supériorité[1] et que certains sont arrivés à être proportionnellement plus lourds que celui de la France, malgré le poids énorme de sa Dette et des budgets militaires[2]. Les dépenses d'administration, s'y l'on y comprend les budgets communaux dont le chiffre total monte à la moitié du budget local, arrivent dans une autre colonie à 50 % de sa production[3]. Pour faire face à de telles dépenses il faut des impôts très lourds, ce qui est déjà en soi bien dangereux, mais cela amène à des prévisions exagérées de recettes, les impôts ne rentrent pas, c'est le déficit. On prélève sur la caisse de réserve qui est vite épuisée, il n'y a de ressource, — si cela en est une — que dans l'emprunt, à moins que le salut ne vienne sous la forme de subventions de la Métropole.

La Métropole, fatiguée de jouer ce rôle de sauveur et de donner ses finances que d'autres ont l'avantage de distribuer, a enfin résolu de mettre un terme à cette exagération croissante de budgets locaux et d'arrêter la répercussion sur ses finances. Le régime financier inauguré le 1er janvier 1901 compte y arriver en reportant sur les colonies des charges nouvelles, les dépenses que la Métropole supportait autrefois, et en retirant à certains conseils généraux leur droit d'initiative en matière de dépenses. Là, évidemment, le procédé sera efficace car il est probable

---

1. *Quinzaine coloniale*, 10 octobre 1899; Rapport Doumergue, budget de 1900 à la Chambre.

2. Guyane, session 1898, Discours du gouverneur.

3. Chambre d'Agriculture de la Pointe-à-Pitre ; *Quinzaine coloniale*, 10 mai 1899.

que les budgets établis par l'administration ne porteront pas trace des fautes que l'on y constatait. Mais, dans les autres colonies, celles où les garanties ne doivent se trouver que dans la diminution des droits en matière de recettes et l'imposition de charges nouvelles comme dépenses obligatoires, l'efficacité en sera-t-elle aussi sûre? Y a-t-il lieu de compter que l'esprit d'économie se forme sous l'aggravation des charges, par la constatation de tous les frais qu'entraîne l'administration d'un territoire? Cela dépendra plutôt de la fermeté que mettra l'autorité à maintenir les taxes à un chiffre minimum, de la rigueur que la Métropole opposera à toute demande de subvention et de la justesse avec laquelle seront fixées les prévisions de recettes.

Mais l'exagération des budgets n'est pas la seule conséquence de cette prodigalité, traduite par des dépenses improductives, inutiles ou électorales. Pour trouver l'argent nécessaire, rien n'empêche de réduire les dépenses utiles, productives, nécessaires à des pays qui ont besoin de développer leur outillage économique, les institutions favorisant l'agriculture, l'industrie, les voies de communication, les travaux d'assainissement... Et malheureusement ce n'est pas la connaissance de l'intérêt public qui retiendra les assemblées dans cette voie. Ce sera la dotation insuffisante des chapitres les plus utiles, ceux des travaux publics par exemple, ce sera la réduction du crédit pour les routes; la suppression de la station agronomique[1], la suppression du lycée ou ce qui est la même chose l'élévation telle du prix de rétribution qu'elle écarte les élèves[2], la désorganisation de tous les services pour trouver quelques milliers de francs.

A ce danger, le plus grave de tous, le système de la loi de finances pare-t-il? Dans certaines colonies, les conseils étant privés du droit d'initiative, s'ils ne peuvent pas augmenter les crédits, ils peuvent les réduire. Evidemment, dans la voie de réductions abusives de crédits, ces assemblées seront retenues par la considération puissante que les économies qu'elles pourraient réaliser sur certains chapitres ne pourraient être reportées par elles en augmentation d'autres crédits; les réductions seraient donc uniquement suscitées par un désir absolu d'économie. Mais si cet esprit nouveau allait, tout à coup, les posséder, est-on certain que les réductions seraient effectuées avec perspicacité? C'est compter sur une exacte appréciation de l'intérêt public et malheureusement le passé des assemblées ne flatte guère cette espérance.

L'imposition du caractère obligatoire aux dépenses les plus utiles à l'intérêt public est évidemment le moyen le plus sûr d'empêcher les erreurs d'appréciation de l'assemblée. C'est ce système, d'une liste de dépenses obligatoires considérable, qui est celui du second groupe des colonies. Mais, puisqu'il subsiste des dépenses et des services facultatifs,

1. Guadeloupe, 1898.
2. *Ibidem.*

les dangers subsistent dans la mesure où ils leur sont relatifs, ils sont même aggravés d'autant que la liste des dépenses obligatoires étant plus longue, le budget est plus incompressible et que les services qu'on a laissés facultatifs ont été considérés comme invulnérables à cause de leur importance même. Mais, d'ailleurs, dans ce système, la liste des dépenses obligatoires serait-elle suffisamment longue pour empêcher la désorganisation de tous les services importants, la fixation du budget sans décentralisation et probablement sans progrès serait un remède pire que le mal.

* * *

Ce que doivent devenir les résultats de cette méconnaissance de l'intérêt public et de cet esprit de particularisme lorsque les colonies ne sont pas homogènes, lorsque les populations diffèrent par l'origine, l'éducation, les tendances, et que sur ces différences se greffent des oppositions apparentes d'intérêts de classes, on peut le concevoir aisément. L'assemblée est viciée dans son principe. Ayant vu le jour au milieu de luttes violentes déformant tous les intérêts qui s'y trouvent engagés, elle est née avec une composition qui représente peut-être la majorité du pays, mais qui est d'autant moins disposée à tenir compte des intérêts de la collectivité qu'elle conserve la rancune des difficultés de son origine. Cette majorité, quelle qu'elle soit, qu'elle ait au cœur un mépris inexcusable pour des races qu'elle considère comme inférieures, ou qu'elle soit grisée par la haine et le désir de vengeance contre ceux qui l'ont trop longtemps opprimée, n'a qu'un but, qu'une pensée, user de son pouvoir pour protéger ses intérêts et pour sacrifier tous les autres.

L'antagonisme de races ou de classes, — la précision importe peu car les divisions sont généralement concordantes — dans certaines colonies est malheureusement trop réel, de tristes événements viennent trop souvent en rappeler l'existence, et cet antagonisme se traduisant par l'oppression de la minorité est non seulement déplorable pour la justice et la fraternité, mais d'autant plus regrettable que cette minorité quelle qu'elle soit, représente des intérêts importants, des intérêts vitaux pour la prospérité du pays.

Les exemples de l'influence de cet antagonisme de races ou de classes sont nombreux dans la gestion des assemblées locales; on pourrait presque dire qu'il n'est pas une décision des conseils des colonies où la population n'est pas homogène qui n'en offre le caractère plus ou moins prononcé. Nous en rappellerons d'abord deux, particulièrement typiques, parce qu'ils montrent bien les préoccupations sociales et politiques qui s'imposent sans considération pour le préjudice apporté aux intérêts d'une minorité, cependant considérable, les intérêts de la colonisation. D'abord cette question de la main-d'œuvre [1], question essentielle pour

---

1. Cf. VIGNON, Colonies françaises; M. C. N., *Annales sciences politiq.*, mars 1900.

l'existence même d'une agriculture, d'une industrie coloniale, résolue par l'abolition pure et simple de l'immigration et l'opposition intransigeante à sa reprise ; et il ne faut pas croire que ce soit par une ignorance du préjudice que les colons supportent, par une erreur involontaire d'appréciation : si les élections se font au programme de « Pas d'Indiens » c'est parce que « lorsque les derniers immigrants auront disparu, les anciens esclaves forts de leur puissance de citoyens se partageront pour y vivre en les cultivant, les terres de leurs anciens maîtres[1]. » L'autre exemple, c'est, dans une autre colonie, celui de ces fameux droits de sortie sur les sucres[2]. Votés aussi sur des considérations du plus pur socialisme, qui ne devraient pas se présenter encore dans l'état de développement des colonies, ils devaient permettre, en abaissant les droits de consommation qui portent sur les pauvres, de « frapper plus fort sur ce qui fait la richesse des grands, sans avantage pour le prolétaire, » mais ils consommaient la ruine certaine d'une industrie déjà chancelante et qui est pourtant encore la seule ressource vitale du pays.

Des mesures comme celles-là sont évidemment regrettables. Nous ne voulons certes pas laisser entendre que les assemblées dans leur administration doivent inflexiblement résister aux mouvements de justice et d'humanité que peut leur inspirer l'observation d'un état social trop souvent basé sur l'accaparement et l'exploitation, mais elles ne devraient certainement pas se servir de la puissance que leur donne la prépondérance du nombre avec l'égalité politique pour assouvir leur rancune et leur haine en compromettant l'existence même de la colonie. Est-ce que la prédiction sinistre de M. Leroy-Beaulieu, d'un retour à l'histoire de Saint-Domingue et d'une rechute dans la barbarie, serait près de se réaliser ? Tout en se refusant à le croire, on est obligé de constater que parfois les colons sont dans la nécessité de fuir devant une partialité inique et menaçante[3] et que les blancs sont à leur tour « traités en nègres », suivant l'étrange et inquiétante expression de M. de Saussure[4].

Mais l'oppression d'intérêts particuliers n'est pas moins regrettable lorsque c'est la majorité du nombre, au lieu de la prépondérance des intérêts, qui est sacrifiée par suite d'une représentation insuffisante dans un système de classes, ou surtout par l'absence complète de représentation. En Cochinchine, où les intérêts des asiatiques n'ont que la minorité au sein du conseil, la poignée de blancs, parmi lesquels les fonctionnaires dominent, n'a-t-elle jamais été tentée de mésuser de sa puissance contre

---

1. *Annales sciences politiques*, 1900.
2. Boudenoot, *Revue politique et parlementaire*, 10 février 1899 ; *Annales sciences politiques*, 1900.
3. *Quinzaine coloniale*, 10 juin 1899, Lettre de la Guadeloupe.
4. *Op. cit.*, 189.

une population d'Annamites de deux millions[1] ? D'ailleurs, les véritables intérêts du pays sont-ils bien représentés à cette assemblée dont le corps électoral français est presque entièrement composé de fonctionnaires ?

Mais dans les pays où les indigènes n'ont aucune représentation à l'assemblée locale le danger de leur oppression ne s'est-il pas réalisé ? Si l'oppression, l'extermination même des indigènes n'est pas toujours ainsi considérée comme un danger, mais par d'aucuns comme indifférente, possible, souhaitable même parfois[2], nous tenons à affirmer cependant, au risque de mériter l'épithète, pleine de mépris, d' « ennemi de la colonisation, » qu'une telle polique nous paraîtrait toujours un crime indigne d'une nation civilisée et un mensonge odieux à sa mission colonisatrice. Mais une telle politique serait encore non seulement mauvaise pour la colonisation par son imprévoyance économique mais dangereuse pour la tranquillité, la sécurité et l'avenir du pays. Des événements, malheureusement fréquents, viennent montrer les résultats d'une administration trop souvent d'exploitation et d'inhumanité[3].

« J'estime que pour rendre ces colonies prospères, écrit M. de Lanessan, et pour nous y attirer les sympathies et la confiance des populations, nous devrions nous préoccuper avant tout de protéger celles-ci contre les tendances que les Européens ont à les exploiter[4]. » Ce que sont les assemblées locales pour les populations indigènes, le voici, d'après encore la plume autorisée de M. de Lanessan : « Nous avons introduit dans les colonies comme la Cochinchine et le Sénégal, où les populations autochtones sont nombreuses et tout à fait distinctes des races européennes, par les mœurs, par la religion, etc..., une organisation dont tous les rouages semblent avoir été combinés de manière à broyer l'indigène, à le triturer, à le réduire en une pâtée dont les Européens n'auront qu'à se repaître. Qu'est-ce que les conseils coloniaux du Sénégal et de la Cochinchine avec la prédominance qu'y détiennent les membres européens et les pouvoirs considérables dont ils sont doués au point de vue de l'établissement des charges fiscales et de la répartition des dépenses, si ce n'est des organes d'exploitation de l'indigène. Ceux-ci n'ont qu'un droit : payer. »

Ici et comme dans les colonies de plantation, où l'esprit d'intérêts particuliers était redoutablement aggravé par l'antagonisme de races ou de classes, les dangers de cette oppression doivent être atténués, sinon effacés, par la restriction des attributions financières. Qu'ils soient atté-

---

1. Cf. Doumer, Rapport 1902, p. 11, 96.
2. Lebon, Annales sciences politiques, 1897.
3. Sur l'exploitation des indigènes Cf. Leroy-Beaulieu, Colonisation; Débats, 26 novembre 1897; De Lanessan, Principes de Colonisation; Dislère, Notes sur l'organisation; Discours du gouverneur Feillet, Nouvelle-Calédonie, session 1901; Congrès national et international 1889; Congrès de sociologie coloniale 1900.
4. Op. cit., p. 149.

nués, c'est possible, parce que cette oppression se traduit en général par des mesures financières, par des taxes injustes ou excessives[1]. Mais les conseils possèdent nombre d'autres attributions qui peuvent devenir une arme redoutable, et l'on peut légitimement craindre que cette oppression ne soit pas effacée à jamais.

Section IV. — Mise au point des critiques. Les insuffisances de la Constitution.

Après avoir envisagé d'une façon générale la gestion des conseils des colonies, et montré de quels défauts elle est empreinte, il est nécessaire, pour être précis et juste, d'ajouter que ces observations ne doivent pas s'appliquer dans la même mesure à chaque assemblée coloniale. Si quelques-unes de ces assemblées se distinguent par une triste supériorité d'imprévoyance et de maladresse, il en est heureusement d'autres qui méritent une appréciation plus flatteuse parce que leur gestion ne supporte que des critiques isolées, et qu'elles fournissent même parfois un fonctionnement presque satisfaisant.

D'une façon générale, d'ailleurs, on peut constater un progrès continuel réel quoique lent. Au point de vue financier, par exemple, les budgets locaux sont de mieux en mieux établis. Quelques conseils sont entrés résolument dans la voie des économies, les budgets se soldent par des excédents de recettes sur les dépenses, des sommes importantes sont versées aux caisses de réserve dont quelques-unes même ont atteint le maximum règlementaire.

Mais il est utile de noter l'assemblée qui, entre toutes, donne les meilleurs résultats, celle qui encourt le moins de critiques, et à laquelle semble donc convenir le mieux l'organisation actuelle, l'assemblée de la Nouvelle-Calédonie. Devant la prospérité croissante de la colonie, la progression continue des recettes, un budget parfaitement équilibré à trois millions, les grands travaux accomplis, ceux en cours d'exécution, le gouverneur pouvait s'écrier déjà en 1898 : « Messieurs les conseillers généraux, vous pouvez être fiers de l'œuvre accomplie. » Sans tenir compte de la part qui revient à l'administration dans ces résultats, on peut légitimement les attribuer à la composition particulièrement bonne de l'assemblée provenant d'un corps électoral offrant les meilleures conditions, nombreux, éclairé, homogène.

Ailleurs, les intentions sont quelquefois aussi très louables et l'on pourrait signaler d'excellentes délibérations à l'avantage de presque toutes les assemblées. Mais ce n'est pas cette contrepartie de la critique

---

1. Voir notamment les impôts de capitation et leurs chiffres.

de la gestion des assemblées qu'il serait intéressant de parcourir. Après avoir constaté que l'organisation administrative est mauvaise pour la seule raison qu'elle autorise une si défectueuse gestion, après l'avoir appréciée ainsi du point de vue positif en ce qu'elle permet d'accomplir, il y a lieu de se placer au point de vue négatif et de voir si cette organisation est imparfaite en empêchant les conseils de prendre à l'administration toute la part avantageuse pour le bien de la colonie. Le but de la décentralisation est de réaliser une meilleure gestion des intérêts locaux; or, si cette organisation en entraîne une mauvaise, a-t-elle au moins l'avantage de permettre à de bonnes assemblées, aptes à faire un bon usage de leurs pouvoirs — c'est une hypothèse autorisée — une gestion parfaitement avantageuse des intérêts locaux? Répond-elle à tous les besoins de la colonie? Les droits de la colonie sont-ils suffisamment sauvegardés?

Or, ces pouvoirs des conseils qui paraissent déjà trop étendus si l'on en juge par l'usage qui en est fait, sont en réalité restreints. « Si puissants qu'ils soient en apparence, les conseils ne statuent directement que sur quelques objets comme le vote des crédits, le maintien ou la modification des tarifs (avant la réforme financière). Cela suffit pour mettre en éveil leur bonne volonté, leur besoin d'action, mais non pour leur permettre d'entreprendre, avec quelque espérance de succès, une œuvre d'organisation quelconque. Pour de pareilles choses, ils se bornent à former des vœux ou à exprimer des propositions que les gouverneurs transmettent consciencieusement au ministre[1]. » Voilà comment s'exprimait M. le sénateur Isaac, un des apôtres de l'assimilation. C'est, en somme, bien peu pour des pays où la décentralisation est plus que partout utile, unanimement reconnue nécessaire, pour la colonie qui « pouvant avoir une autonomie plus grande que le département peut être appelée à diriger et à payer un nombre de services plus considérables[2]. »

La plupart des colonies n'ont pas de représentation au Parlement, et, dans l'envoi du délégué au Conseil supérieur des colonies, trouvent une satisfaction bien insuffisante aux aspirations représentatives[3]. Mais tous leurs souhaits à ce point de vue seraient-ils exaucés, qu'on pourrait mettre encore grandement en doute la valeur et les avantages de cette représentation comme compensation à l'insuffisance de la décentralisation. Aussi la restriction des attributions des assemblées locales dans les

---

1. Isaac, Constitutions et sénatus-consultes, p. 78.
2. Dislère, Notes, 64.
3. Outre que ce conseil ne possède pas d'attributions précises et n'est que consultatif, il n'est presque jamais réuni. Le décret du 1ᵉʳ juin 1899 admet les délégués élus des colonies dans la commission permanente du conseil; c'est encore une assez faible satisfaction.

matières qui touchent à la fois aux intérêts de la Métropole et à ceux de la colonie parait-elle excessive.

En matière commerciale et douanière, si, dans un conflit des deux intérêts local et métropolitain, c'est celui qui sera le moins atteint qui doit être sacrifié, il n'y a pas de raison pour que les intérêts de la Métropole l'emportent toujours sur ceux de la colonie. Peut-être même devrait-ce être le contraire, car l'oppression des intérêts locaux doit être extrêmement préjudiciable à la colonie dont les industries sont peu nombreuses et peu variées, et l'intérêt bien compris de la Métropole serait parfois de ne point regarder à l'importance de son sacrifice pour la prospérité de ses possessions. Or, dans ce conflit, pour que la colonie soit respectée, qui donc fera valoir ses intérêts? Le conseil général n'a plus que le simple droit de formuler un vœu, dont la valeur pourra bien être méconnue. La loi de 1892 nous paraît avoir dépassé la mesure. Ce n'est pas la critique du régime douanier qu'il y a lieu de faire, cela sortirait de ce cadre et il y aurait trop à dire sur les avantages très hypothétiques pour la Métropole, sur les préjudices causés aux colonies, sur la nomenclature malheureuse des objets soumis aux droits, sur la ruine de certaines industries coloniales; ce qu'il faut seulement signaler, c'est l'impuissance dans laquelle se trouve l'assemblée chargée des intérêts locaux d'atténuer les effets désastreux pour la colonie d'un régime oppressif et de se prémunir contre la funeste incertitude d'une instabilité possible [1].

Les conseils généraux, sous le régime du sénatus-consulte, s'ils n'avaient pas des attributions très nombreuses, avaient des pouvoirs importants par leurs attributions financières. Le nouveau régime financier a, pour certaines colonies, réduit celles-ci par l'imposition d'une liste considérable de dépenses obligatoires. C'est là un amoindrissement, au point de vue où nous nous plaçons maintenant, très regrettable. Le système des dépenses obligatoires est de la pure centralisation; c'est le budget établi par l'administration, selon son bon plaisir et, par suite, avec fixité, sans progrès, sans économies, peut-être même l'imposition de dépenses injustifiées, indues. C'est l'envahissement du fonctionnarisme et l'augmentation des dépenses avec les modifications aux cadres, aux traitements, aux classes, les ruineux frais de déplacement, tous les gaspillages administratifs imposés sans contrôle : telle colonie a dû payer jusqu'à trois directeurs de l'Intérieur à la fois.

Ces dépenses encombrent les budgets et, lorsqu'on demande des économies aux colonies, on peut se trouver en face de l'argument qu'un député colonial exposait à la Chambre : « Ces dépenses obligatoires ont été augmentées par l'administration centrale dans des proportions telles que les quelques dépenses qui conservent le caractère facultatif sont d'une utilité si démontrée, si incontestable, que les colonies ne peuvent plus y toucher. » Un système qui aboutit à ce résultat, qui est une porte

---

1. Cf. Depincé, Un pacte colonial; *Quinzaine coloniale*, 25 janvier 1901; 10 avril.

fermée à toute économie, est un système déplorable. Il faudrait laisser les assemblées locales libres de régler leurs budgets avec leurs connaissances locales et leurs moyens d'économie, et l'on comprend que les colonies, devant ce caractère excessif des dépenses imposées, proposent d'abandonner les subventions que leur sert la Métropole, pour chercher dans l'autonomie financière la gestion de leurs budgets conforme à leurs besoins. On peut dire évidemment que, si les colonies subissent ce régime, c'est qu'elles l'ont bien voulu, car elles n'avaient qu'à adopter le système de la suppression du droit d'initiative en matière de dépenses, ce qui les aurait protégées contre la longueur excessive et les taxations exagérées des dépenses obligatoires : qu'elles aient eu tort, on peut en convenir ; mais cela n'est pas un argument pour l'excellence d'un système qui est parfaitement condamnable.

D'autre part, en matière de taxes, les pouvoirs des conseils peuvent paraître bien réduits. Pour éviter les abus dans la gestion financière, la réforme de 1900 a cru devoir restreindre les prérogatives des assemblées et ne laisser que la délibération soumise à approbation, tant sur le choix de la matière imposable que sur les tarifs. Certainement, par les garanties qui découlent de l'approbation, les abus seront diminués ; mais avec les abus disparaissent aussi les mesures heureuses que les conseils auraient pu prendre. L'approbation des délibérations, c'est la perte du droit de donner aux budgets, aux services, à tous les crédits l'extension que les besoins locaux pouvaient réclamer ; c'est la soumission au contrôle d'une autorité centrale inéclairée, et c'est peut-être la plus considérable des réductions que subirent les conseils.

Mais, au juste, ce n'est pas seulement en matière de taxes, c'est en toute matière d'intérêt local que l'obligation de l'approbation doit paraître excessive, car elle va directement à l'encontre de ce postulat de la décentralisation, que les assemblées locales, entre toutes les autorités publiques, possèdent la plus exacte connaissance des besoins locaux. Si les assemblées locales sont aptes à observer ces besoins, le contrôle d'approbation, motivé surtout par la protection de l'intérêt général, devient une entrave malencontreuse à la gestion conforme à ces besoins. Cela étant vrai en principe, que dire en particulier de l'approbation organisée avec les complications d'un décret en Conseil d'État ? Si l'intervention de la haute assemblée doit être une garantie d'impartialité, elle risque, sans parler des lenteurs qu'elle doit entraîner, d'être nuisible à l'observation des véritables intérêts locaux. Malgré sa compétence, la haute assemblée administrative ne peut-être que bien imparfaitement éclairée sur les besoins coloniaux, si spéciaux, si variables ; et elle ne pourra guère se défendre d'un esprit d'assimilation regrettable qui s'imposera à elle quand elle aura à étudier pour les colonies des questions semblables à celles qu'elle résoud pour la Métropole.

Après ces observations sur l'insuffisance des pouvoirs de délibération, on pourrait en faire d'analogues sur la limitation excessive de la matière même des attributions des conseils, montrer que les conseils sont loin de prendre part à la gestion de tous les intérêts locaux pour la meilleure gestion de ces intérêts, dans l'hypothèse permise d'assemblées capables de les observer.

Ainsi, de ce second point de vue, les conseils des colonies apparaissent comme n'ayant pas assez de pouvoirs; il leur faudrait plus d'attributions, il leur faudrait plus de liberté. Mais quand on considère l'usage qui pourrait être fait de ces nouveaux et plus grands pouvoirs, on se demande s'il est possible de les leur accorder; et l'on recule devant l'exagération certaine des irrégularités et des abus qui en serait la conséquence.

Voilà donc la conclusion dilemmatique à laquelle on aboutit : nécessité de pouvoirs étendus aux conseils pour leur permettre de gérer au mieux les affaires de la colonie, pour remplir tout le but de la décentralisation et impossibilité absolue de les accorder, alors qu'il apparait que ces pouvoirs sont déjà exagérés et que la sagesse conseillerait, au contraire, de les restreindre.

CHAPITRE II

Raisons historiques des imperfections

Si l'on compare les conseils des colonies avec les assemblées départementales, on peut constater, sauf quelques différences secondaires, qu'ils leur sont à peu près complètement assimilés aujourd'hui. Evidemment les conseils de l'Inde et, plus encore, de la Cochinchine ont des compositions qui leur sont toutes particulières; sur un assez grand nombre de points de détail, les assemblées coloniales ont avec celles des départements des différences, d'ailleurs parfois bien difficilement explicables; le régime financier des colonies est établi sur une toute autre base que le régime financier départemental; mais tout cela ne suffit pas à interdire de proclamer la ressemblance très grande de ces assemblées locales entre elles.

Le sénatus-consulte de 1866, qui s'écartait le plus de la législation départementale, a été corrigé par des mesures successives restrictives des attributions des conseils coloniaux. La loi de 1892 sur les douanes, la loi sur le régime financier, si ce n'est par son principe de séparation budgétaire, au moins par l'amoindrissement des pouvoirs qu'elle réalise, ont grandement contribué à l'assimilation. Sur le fonctionnement des assemblées, c'est par l'extension successive des dispositions de la loi départementale de 1871 que des décrets l'ont encore augmenté. Mais le mode de composition par suffrage universel est certainement un des éléments les plus considérables de cette assimilation.

Après la constatation de cette assimilation, on aurait pu poser par raisonnement très simple et très juste, car il est la base de toute science, que, puisque une même organisation dans des conditions de fonctionnement différentes donne des résultats différents, les conseils aux colonies ne peuvent qu'être défectueux si les conditions des colonies sont différentes de celles de la Métropole. Mais, maintenant, devant la constatation expérimentale de cette défectuosité, on peut être certain de l'existence de conditions différentes et de leur inobservation dans l'organisation. A ces conditions particulières devaient correspondre des modalités particulières; c'est ce dont s'accomode mal l'assimilation, ce qui suffit à la faire condamner en principe; c'est ce qu'a complètement méconnu l'organisation actuelle.

Méconnaissance des particularités locales tenant à la nature constitutionnelle, physique et sociale des colonies, généralisation et application de mesures *a priori*, méconnaissance aussi des enseignements de l'histoire qui montraient les écueils et éclairaient la voie à suivre, telles sont les caractéristiques de l'organisation actuelle et telles sont les causes premières de sa défectuosité.

L'histoire montrait la nécessité de tout temps reconnue, même sous l'ancien régime, d'une décentralisation étendue, d'assemblées locales aux pouvoirs importants; mais en face des excès de ces pouvoirs, les abus qui en rendaient impossible le maintien. L'histoire montrait les périodes de cette décentralisation marchant rapidement vers son apogée pour retomber par une réaction violente dans une brusque disparition. L'histoire montrait ainsi le cycle fatal toujours parcouru suivant un rythme régulier et dont il fallait s'écarter. L'histoire montrait l'application successive, périodique et complète des deux principes directeurs de la politique coloniale, l'assimilation et l'autonomie, et leurs résultats; elle montrait l'application de systèmes imbus d'idées générales, dogmatiques, sans appréciation des réalités et l'échec auquel ils furent condamnés. Mais l'histoire ne montrait pas d'exemple d'une organisation prudente, adaptée à toutes les particularités locales, faite sans préoccupation d'idées *a priori*, de tendances à généraliser ou du moins corrigée par une méthode d'observation sincère. Plutôt, chaque fois que l'essai en fut réalisé, chaque fois qu'une organisation offrit des résultats satisfaisants, on ne sut pas discerner à quoi il fallait en attribuer l'avantage et, sous prétexte de l'améliorer, de l'étendre, on la dénatura, on la déforma.

Le sénatus-consulte de 1866, qui était la seconde étape des conseils généraux depuis leur réapparition en 1854, réalisait une tentative nouvelle dans l'histoire coloniale française avec une organisation inspirée des constitutions des colonies anglaises de la Couronne et comprenant des assemblées locales aux attributions considérables, aux attributions de l'autonomie mais à la composition sans aucun élément électif. On pouvait espérer que cela présenterait pour l'administration des garanties de modération et d'harmonie et pour les colonies celles d'une meilleure gestion des affaires par la participation importante de représentants non élus, mais cependant qualifiés pour connaître les besoins locaux. On ne s'était pas trompé sur ce point. La gestion, sauf pour une matière qui dépasse l'intérêt local, celle des douanes, fut en général heureuse. Et ce système aurait parfaitement fonctionné s'il n'avait pas été atteint d'un vice essentiel, s'il n'avait pas associé deux choses inconciliables, l'absence d'une part faite au suffrage populaire dans une assemblée munie de pouvoirs considérables et cependant, par sa composition, pas absolument soumise aux inspirations de l'administration.

Il fallait une réforme sur ce point spécial de la composition. C'est le suffrage universel qu'on apporta.

On comprend aisément à quelles libérales pensées obéissait le gouvermoment de la Défense nationale. Il avait conscience d'accomplir une œuvre de justice sociale en rétablissant une égalité rompue entre deux parties également cohérentes de la nation; il appliquait la noble tradition républicaine d'assimilation dans la liberté et il dépassait même en générosité les hommes de 1848, en proclamant la réalité, immédiatement applicable à des règles d'organisation, d'un idéal transcendant de l'humanité ! Mais il serait plus difficile d'affirmer que les honorables auteurs du décret du 3 décembre 1870 ont étudié avec tout le soin, la prudence et la perspicacité désirables les conditions et les effets d'une semblable mesure qui s'imposait trop violemment à leurs esprits par son apparence de justice et d'humanité.

A-t-on cherché à apprécier si cette assimilation politique, que l'on faisait autant par sentimentalisme que par raison pure, s'appliquerait avec précision aux colonies, si son fonctionnement en serait convenable, ses résultats normaux? Les résultats sont là pour permettre d'en douter ou pour montrer l'erreur. On s'est trompé en croyant à une égale et actuelle aptitude chez tous les hommes à exercer avec dignité ce droit de suffrage si respectable et si dangereux et qui doit être l'apanage des sociétés majeures. On n'a pas vu le caractère d'hétérogénéité de la population, l'opposition des intérêts et la conséquence qui devait résulter, pour les minorités, d'une confusion dans un même corps électoral avec un même droit de suffrage individuel. Mais l'imprévoyance la plus grave était de n'avoir pas considéré à quoi allait aboutir l'application du principe électif aux assemblées dont les pouvoirs étaient encore réglés par le sénatus-consulte.

Les conseils généraux avant l'élection, par leur mode de nomination, n'étaient que des conseils de gouvernement non des assemblées représentatives. Ils pouvaient avoir des attributions considérables, ils pouvaient être traités de « législatures locales, » ils n'en étaient pas moins sous la dépendance directe du pouvoir central, qui retenait d'une main ce qu'il leur donnait de l'autre, qui, malgré les concessions d'indépendance et les conflits qui pouvaient s'en suivre, était toujours sûr de conserver le dernier mot. Avec le suffrage universel les assemblées deviennent tout d'un coup indépendantes, le pouvoir central n'a plus d'action sur leur composition. Les assemblées étaient ses collaboratrices dociles, elles deviennent en face de lui une force libre, autonome, et dépositaires des volontés du pays, antagoniste.

Cela n'était certainement que la conséquence normale et prévue de toute décentralisation. Mais après cela allait-on laisser aux assemblées les pouvoirs qu'elles possédaient auparavant? Le décret du 3 décembre 1870 portait dans son article 2 que les attributions des conseils restaient « provisoirement » réglées conformément à la législation existante, prévoyant ainsi une réforme de ces matières pour les mettre en harmonie avec la force que les assemblées tiraient de leur nouvelle composition. Ce devait être l'abandon de cette espèce d'autonomie sans représentation des colonies anglaises de la Couronne pour un système de décentralisation assimilatrice. Mais le provisoire est naturellement resté définitif, et cette simple assimilation, qui était dans l'esprit des auteurs du décret, se trouva être l'organisation de l'autonomie. Les résultats, on les connaît aujourd'hui, et ce n'est pas ailleurs qu'il faut en chercher les causes que dans un esprit de généralisation *a priori* qui fit établir une organisation non modelée non mesurée sur les réalités locales.

Les résultats ne tardèrent pas à apparaître. On trouve la trace qu'ils furent fâcheusement appréciés dans la discussion de tous les budgets du département des colonies, car c'est le point de vue financier qui s'impose naturellement le plus violemment au législateur métropolitain. La réforme fut reconnue bientôt nécessaire, et la direction dans laquelle on la pressentait était celle de l'assimilation plus complète [1]. Mais l'extraordinaire esprit de généralisation était encore plus vif que le désir d'assimilation et de réforme, et l'activité gouvernementale se traduisit par l'extension successive des assemblées locales sur le modèle de celles des anciennes colonies, — celles que l'on voulait modifier, — avec des organisations presque identiques dans des colonies de degrés de développement et de conditions si variés ! Seules, les compositions de l'Inde et de la Cochinchine marquent une certaine observation des réalités locales. Mais bientôt une nouvelle poussée de décentralisation, conçue dans un esprit de généralisation imprévoyante, installe des conseils généraux à Saint-Pierre et Miquelon, — où l'on doit le supprimer dix ans après, — en Nouvelle-Calédonie et en Océanie, où l'on est obligé d'apporter une profonde modification pour sauvegarder les intérêts d'une minorité territoriale.

L'esprit de généralisation satisfait et ne trouvant plus d'application nouvelle à faire, on se préoccupe, seulement alors, d'apporter des réformes à une organisation défectueuse et on remet en chantier les institutions qu'on établissait à peine, pour leur appliquer le traitement de l'assimilation bienfaisante. C'était l'époque des congrès coloniaux de 1889 qui marquèrent l'apogée de cette politique coloniale. Celle-ci eut pour résultat la perte de l'attribution des assemblées locales en matière douanière. Elle amena le renforcement du système des contingents financiers, l'assimilation plus complète du gouverneur au préfet, elle se traduisit par des projets nombreux [2]. Mais la théorie de l'assimilation perdit progressivement de sa faveur. Un esprit colonial moins imbu de principes *a priori*, de tendances à généraliser, plus préoccupé de l'observation des particu-

---

1. Cf. Isaac, Constitutions, p. 177; Circulaire ministérielle du 15 avril 1876; la commission extraparlementaire d'assimilation de 1878.

2. Cf. Dislère, Notes sur l'organisation des Colonies; Mager, Cahiers coloniaux de 1889; Isaac, Proposition au Sénat, 15 juillet 1890; Constitutions et sénatus-consultes; J. Roche, 23 juin 1891, Conseil supérieur des colonies, Sénat, annexe n° 141, p. 37.

larités et des besoins locaux, et disposé, il faut bien le dire, à faire assez bon marché des libertés locales et politiques coloniales, se faisait jour; une politique coloniale nouvelle s'élaborait. On peut notamment lui attribuer l'inspiration des décrets du 25 janvier 1897 sur la suppression de l'assemblée locale de Saint-Pierre et Miquelon, du 10 août 1899 sur la restriction de la représentation des établissements d'Océanie, du 10 septembre 1899 sur le régime électoral de l'Inde. Elle aboutit à la réforme financière qui diminua les pouvoirs des conseils généraux, mais en s'appuyant sur un tout autre principe que celui de l'assimilation, sur la séparation et l'autonomie financières.

CHAPITRE III

La réforme par la modification des attributions.

A cette organisation des conseils généraux, appréciée en elle-même et dans ses résultats, une réforme est donc nécessaire, du moins si l'on se préoccupe de la poursuite incessante du mieux. Mais le mieux dans ce problème ardu des assemblées coloniales se présente dans des conditions particulièrement difficiles puisqu'il apparait à la fois au bout de deux chemins qu'on ne peut parcourir ensemble et qui ne cessent de s'écarter. Ici, devant une gestion défectueuse, c'est dans la réduction de pouvoirs trop forts qu'il faut s'engager; là, devant la particularité des besoins locaux, l'utilité d'une décentralisation large, c'est au contraire dans l'augmentation de pouvoirs trop restreints. Entre les deux, il faut choisir. Mais quelle que soit la décision prise, qu'on résultera-t-il? Simplement un déplacement des inconvénients, des défectuosités, diminution dans un sens, augmentation dans l'autre, se compensant, mais non une amélioration positive.

Si l'on en croit la loi qui semble se dégager de l'expérience, loi de croissance et de décroissance successives et périodiques, l'apogée de l'évolution pour la période actuelle des assemblées coloniales semblerait avoir été dépassée et l'évolution serait actuellement sur sa courbe descendante. La réduction des pouvoirs la continuerait normalement. L'accroissement des pouvoirs, au contraire, en détruisant la pureté de la courbe, contredirait l'existence de cette loi. Ce que réserve l'avenir, il n'est pas possible de le prévoir; mais on peut cependant compter qu'avec l'élaboration lente, mais certaine, d'une science coloniale, on sortira enfin de ce cercle vicieux qui a toujours enserré les assemblées coloniales en leur faisant constamment accorder trop peu, puis trop de pouvoirs.

La théorie de l'assimilation qui a déjà à son actif d'avoir amené les conseils des colonies à la forme qu'ils possèdent actuellement, peut-elle encore avoir quelque chose à faire? Nous laissons naturellement de côté toutes les considérations sentimentales, philosophiques, générales, sur lesquelles on s'appuie pour préconiser *a priori* ce système. La comparaison des conseils coloniaux et des assemblées départementales révèle que dans le sens d'une réduction des attributions il n'y a plus rien à opérer par assimilation.

Quant aux attributions administratives proprement dites, l'assimilation aurait pour effet aux colonies de les accroître, car elles y sont moins étendues actuellement que celles qui résultent de la loi de 1871, pour les départements. Quant aux attributions financières, l'assimilation réaliserait un tout autre système que celui qu'a adopté la loi de 1900. Ce système, se basant sur une distinction des dépenses d'intérêt général et d'intérêt local, « opèrerait entre les conseils généraux et les pouvoirs législatifs un partage analogue à celui qui existe en France. » « Tout ce qui répondrait à un intérêt général, serait placé sous la direction immédiate des pouvoirs nationaux, » les dépenses en seraient inscrites au budget de l'Etat et « s'il en résultait des augmentations, l'Etat percevrait une partie des impôts et ferait jouer le mécanisme des subventions. » Le surplus des impôts serait laissé aux colonies pour faire face aux dépenses locales, et les budgets locaux ainsi déchargés des dépenses obligatoires, « il serait possible que les conseils coloniaux eussent désormais la faculté de se mouvoir plus librement qu'ils ne le font aujourd'hui dans le cercle d'attributions qui leur seraient laissées. » Aussi, non plus que pour les attributions administratives, pour les attributions financières, le système de l'assimilation ne réaliserait à proprement parler de réduction; il opèrerait plutôt une augmentation sur le système financier de 1900, il opèrerait surtout une autre répartition.

Mais, d'ailleurs, l'assimilation intégrale se complique presque toujours d'une décentralisation plus large. C'est un point sur lequel ses théoriciens tiennent à insister, que ce système ne méconnaît nullement le besoin d'une grande décentralisation aux colonies. Voici quelle doit être la formule de l'assimilation rationnelle : « Tout ce qui est d'intérêt général doit être réglé par les pouvoirs métropolitains, tout ce qui est d'intérêt local, par les pouvoirs locaux, tout ce qui est d'intérêt commun par le concert des pouvoirs métropolitains et des pouvoirs locaux [1]. Et la réforme pourrait se résumer ainsi : « autorité plus forte, plus unie, par conséquent plus respectée et plus bienfaisante, la France moins étrangère qu'elle ne l'est aux questions vitales de ses possessions..., enfin les conseils coloniaux rendus plus maîtres de leurs décisions dans la limite mieux définie désormais des questions d'intérêt purement local. » Mais à côté d'une liberté plus grande il faudrait aussi compter avec l'attribution de matières qui, en France, relèvent d'une autorité plus haute, et la proposition de loi de MM. Isaac et Allègre, énumère, en plus de la généralité des attributions de la loi du 10 août 1871 qu'il y aurait lieu d'étendre en totalité, les matières suivantes : police des eaux et forêts, chasse, pêche, police municipale et rurale, grande et petite voirie, police du com-

1. Congrès national de 1889, p. 119.

merce et de l'industrie, poids et mesures, conditions de candidature aux fonctions rétribuées sur les fonds coloniaux [1].

La critique de cette théorie est aisée; d'ailleurs, elle a été sur plusieurs points particuliers suffisamment indiquée déjà pour permettre de passer brièvement ici ; et elle n'est, en somme, pas autre chose que la critique de l'organisation actuelle, puisque l'assimilation est bien l'esprit général de cette organisation; une plus complète assimilation ne doit diminuer en rien les défauts; au contraire, elle ne peut que les aggraver.

On satisfait le besoin de plus grande décentralisation, on augmente les pouvoirs des conseils sur les intérêts locaux, c'est bien, mais cela n'amène pas une meilleure gestion, cela n'entraîne aucune garantie, au contraire. Est-ce à dire que ces intérêts locaux puissent être considérés comme sans importance et les attributions mal exercées sans danger? La liste que l'on trouve de ces attributions nouvelles ne permet pas de le supposer.

D'autre part, si l'on abandonne aux assemblées locales des intérêts plus nombreux, on ne se méprend pas sur la valeur de leur gestion; on proclame que la France doit s'occuper davantage des questions vitales de ses colonies, et l'on sauvegarde les intérêts dits généraux en les soumettant à l'administration des autorités métropolitaines. C'est bien, mais quels seront ces intérêts généraux? Ne seront-ils pas plutôt communs; ne seront-ils pas surtout locaux ? Si ces intérêts sont seulement métropolitains, il est très juste qu'ils soient seulement gérés par les pouvoirs métropolitains, mais s'ils sont encore locaux, est-on en droit d'en espérer alors une meilleure gestion pour le bien commun? C'est ici que l'on s'aperçoit que l'application ruine la théorie. Par quel critérium seront-ils déterminés ? Quelles sont donc les attributions des conseils dont on peut dire qu'elles ne répondent pas à un intérêt local? La réforme douanière de la loi de 1892 permet de redouter les plus graves erreurs. Ce ne serait que l'aggravation de ce système déplorable de division des intérêts, sur lequel repose déjà l'organisation actuelle, division factice, erronée. Outre que par l'application financière elle renouvellerait pour la Métropole les regrettables résultats de la loi de 1841, cette formule d'assimilation, malgré toute la décentralisation dont elle est susceptible, maintiendrait les inconvénients du régime actuel, en aggravant, en réalité, la centralisation sur d'autres points.

La théorie de l'autonomie est plus catégorique, plus simpliste. Elle ne s'embarrasse pas comme l'assimilation de tempéraments, de complications; elle marche résolument dans une même direction jusqu'au bout. D'abord elle ne connaît pas de distinction entre des intérêts locaux ou généraux; pour elle le caractère local prédomine dans toutes les affaires de la colonie. Puis elle considère que les affaires sont mieux faites et plus promptement sur place, par les intéressés, qu'au loin; par

---

[1]. Sénat, Doc. parl. 88, p. 76; Rapport, 25 juillet 1890; Cf. DISLÈRE, Notes; MAGER, Cahiers coloniaux et note 2 de la page 216.

des autorités qui ne sont pas averties des besoins; elle aperçoit que l'initiative et la responsabilité rendent ingénieux et prudent; elle va droit au but et donne à la colonie le pouvoir de gérer elle-même toutes ses affaires par l'intermédiaire de ses assemblées élues. Les conseils généraux, dans cette théorie, reçoivent non seulement le maximum de décentralisation administrative, mais ils vont jusqu'à devenir de véritables assemblées législatives; on leur abandonne et ces attributions que des partisans de l'assimilation ne craignent pas de considérer comme compatibles avec leur système, et toute la législation intérieure sans distinction de l'importance des matières, et même des pouvoirs dont on pourrait dire qu'ils constituent l'apanage de la souveraineté[1]. Mais à ce point même, l'autonomie n'a pas encore atteint le terme de son évolution. Ces attributions législatives exercées par une assemblée issue du suffrage populaire entraînent inévitablement le régime parlementaire, la responsabilité du gouvernement. C'est à cette forme complète et définitive que ce système doit aboutir, sinon il ne peut être qu'un essai provisoire plus ou moins court. L'histoire des colonies anglaises qui ont achevé leur développement dans le *self government*, comme de celles qui après avoir joui d'institutions représentatives ont dû retomber au rang de colonies de la Couronne, telles toutes les Antilles, éclaire parfaitement le développement normal du système autonomiste.

C'est l'épanouissement le plus complet des libertés locales et l'on conçoit qu'un tel système soit revendiqué surtout par les colonies elles-mêmes. C'est l'antagoniste, le contrepied de la centralisation et au fur et à mesure que les pouvoirs des conseils subissent des réductions, la tendance à l'autonomie se développe et forme de nouvelles recrues. Alors qu'il y a quelques années, encore, l'assimilation était l'idéal de la plupart de nos établissements, aujourd'hui, bien rares parmi ces derniers sont ceux qui n'aspirent à plus d'indépendance et ne l'entrevoient dans l'autonomie. Et la réforme financière est pour beaucoup dans ce changement d'opinion. Auparavant, les colonies envisageaient, à tort ou à raison, — plutôt à raison, — l'assimilation comme un moyen d'acquérir, moyennant le sacrifice de quelques prérogatives, une diminution réelle de leurs charges; aujourd'hui elles ont conservé les charges; elles en supportent même de nouvelles, mais elles ont perdu leurs pouvoirs. Elles crient à l'injustice et voulant bien consentir aux charges, elles prétendent alors aux pouvoirs.

L'autonomie est évidemment des plus favorables à la colonie, à la gestion des intérêts locaux. Mais elle sacrifie totalement la part de l'intérêt général qui est contenue dans les affaires. Cela, il est vrai, nous serions tout disposé à le considérer, contrairement aux partisans de l'assimilation, comme assez peu de choses et comme rentrant dans les nécessités auxquelles est exposée la mère-patrie dans l'intérêt du déve-

---

1. Cf. Dislère, Traité, n° 248.

loppement et de l'éducation de ses colonies; mais à condition que les affaires fussent en réalité parfaitement tranchées en conformité des intérêts locaux. Or, il est regrettable que donner des pouvoirs étendus, les pouvoirs nécessaires pour une gestion parfaite, ce ne soit pas assurer une meilleure gestion ! Et ce que serait cette gestion, ce que seraient les résultats du fonctionnement de ce système, on peut trop facilement le prévoir en considérant ceux de la faible décentralisation dont jouissent aujourd'hui les conseils. Dans la législation de l'Angleterre, le pays de l'autonomie coloniale, les colonies qui, ayant des conseils électifs à attributions législatives jouissent véritablement de l'autonomie sont les seules colonies ayant des forces matérielles considérables, un état de développement avancé, un noyau de population anglo-saxonne compact et inattaquable, les colonies d'Australie, Terre-Neuve, le Canada, le Cap, et enfin Natal, malgré la faiblesse de sa population européenne mais dans le but probable de faciliter une fédération sud-africaine. Quelles sont les colonies françaises comparables à celles-là? Alors même que les colonies françaises auraient les moyens, les ressources nécessaires pour se passer de la protection de la Métropole et assurer toutes les charges d'une existence propre et indépendante, la prévision de l'usage qui serait fait de l'autonomie pour l'intérêt public, pour tous les intérêts qui le composent, ne permet pas qu'on s'arrête sérieusement en l'état actuel des choses à cette théorie [1].

Constatant la nécessité d'une décentralisation large, allant même jusqu'à reconnaître la prédominance du caractère local sur la plupart des affaires de la colonie, ce qui est le propre de la théorie de l'autonomie, mais voyant l'impossibilité de réaliser l'indépendance que comporte l'autonomie, une troisième théorie essaie d'allier la satisfaction de ces besoins avec l'organisation d'un énergique contrôle de tutelle de l'assemblée locale. Elle peut se résumer : augmentation aussi étendue que possible de la matière des attributions, mais diminution des pouvoirs de l'assemblée. Par cette association d'une compétence extrême et d'une liberté restreinte, on compte ainsi permettre à l'assemblée de réaliser tous les avantages de la décentralisation par l'ingérence des représentants du pays dans l'administration des affaires locales, tout en empêchant les écarts de gestion.

La décentralisation et la tutelle ne sont pas incompatibles, mais, au contraire, celle-ci se présente comme le complément naturel et homogène de celle-là. La tutelle a une évolution normale vers la décroissance, mais le degré auquel elle doit s'arrêter dans des circonstances et dans un milieu donnés est une question de relation [2]. D'ailleurs, pour éviter les

---

1. Cf. *Questions diplomatiques et coloniales*, 15 juillet 1899, article L. Deschamps en faveur de l'application immédiate et intégrale de la constitution de 1791.

2. Cf. *Répertoire Béquet*, V° Décentralisation, article de M. Hauriou; G. Jèze, *op. cit.*

inconvénients provenant de l'exagération de la tutelle, ce système se combine avec une déconcentration large. Le représentant de l'autorité centrale dans la colonie reçoit les plus grands pouvoirs et bénéficie de la plus grande liberté d'action ; il devient véritablement une autorité et non plus un agent de transmission ou d'exécution ; les colonies sont administrées sur place et non pas du ministère. Mais, qui bien plus est, l'esprit dans lequel doivent être remplies ces fonctions ne reste pas le même. Actuellement, en droit et presque toujours en fait, le gouverneur, comme le préfet, est le représentant de l'autorité exécutive centrale, non une autorité coloniale. C'est une autorité coloniale qu'il doit tendre à devenir. Quoique nommé par le gouvernement central et dépositaire de son autorité, le gouverneur comme le maire nommé dans certaines communes, pourra et devra se considérer non plus comme le représentant de l'administration centrale, mais comme le représentant des intérêts locaux, le tuteur de la colonie, le syndic d'office de ses intérêts.

Ainsi la décentralisation que la colonie perd par la diminution de son assemblée, elle la retrouve en quelque sorte par cet aspect nouveau que prend le chef de la colonie. En étendant les pouvoirs de celui-ci, et en lui imposant le caractère de mandataire plus des intérêts locaux que des intérêts généraux, c'est plus que de la déconcentration que l'on réalise et l'on peut aller jusqu'à dire que, malgré la faiblesse de son assemblée, la colonie jouit encore de l'autonomie. Autonomie, parce que la colonie, soit dans son assemblée, soit dans son chef nommé, possèdera une indépendance considérable ; ses intérêts locaux continueront à avoir la prépondérance ; elle sera librement administrée dans la seule direction de ses intérêts ; elle sera considérée par la nation comme un membre auquel les autres membres n'imposeront rien sans son contentement ; elle aura son budget autonome, ses services administratifs indépendants, sa loi coloniale faite chez elle ; mais autonomie toute particulière, parce que ce ne sera pas l'assemblée des représentants locaux qui l'exercera seule et sans contrôle, parce qu'au contraire l'assemblée sera réduite à un rôle modeste, simplement consultatif, chargée d'éclairer par des délibérations l'autorité compétente pour les décisions, le chef donné à la colonie. Ce sera une autonomie sans décentralisation, une décentralisation sans liberté.

Il semble difficile de contester que ce système se présente avec une apparence très séduisante. Il satisfait aux conditions d'une bonne organisation pour la meilleure gestion des intérêts du pays. La consultation du pays par l'assemblée répond au besoin de décentralisation ; et la décision par une autorité forte et indépendante, éclairée et choisie, est la meilleure garantie contre les écarts que pourrait commettre cette assemblée. Ce système, qui, contrairement aux précédents, rejette toute considération générale, *a priori*, et se préoccupant de se modeler sur les réalités paraît satisfaire aux éléments de la science coloniale nouvelle, obtient aujourd'hui une faveur croissante. Il prétend s'inspirer des constitutions des colonies anglaises de la Couronne, la grande majorité des colonies anglaises, où le conseil législatif, *non électif*, ne prend que des délibérations soumises à des sanctions, à des veto, où le conseil n'a jamais l'initiative des propositions et ne peut que suggérer des indications, où le gouverneur seul a l'initiative de toutes les propositions de lois et d'ordonnances coloniales, où le gouverneur seul rend exécutoires toutes les délibérations par un droit de sanction ou de veto absolu, quoique sans préjudice d'un autre contrôle des autorités métropolitaines. C'est une de ses applications que l'on peut voir dans le nouveau régime financier pour les colonies du deuxième groupe. L'évolution de la législation semble bien déterminée dans le sens de la réduction des pouvoirs des conseils généraux. Il ne resterait plus qu'à entrer dans la voie de l'augmentation de ceux des gouverneurs. Si ce n'est pas encore fait, cela est certainement la direction du courant actuel[1].

Que ce système puisse donner les meilleurs résultats, cela n'est pas douteux. La France possède un corps de fonctionnaires coloniaux de la plus grande valeur et qui, placés à la tête de colonies avec l'initiative et l'indépendance nécessaires, permettent d'espérer une administration parfaite. Mais il est bon d'envisager les choses avec attention et de ne pas se laisser impressionner par des mots : ramener le rôle de l'assemblée représentative au point de faire dépendre la bonté de l'administration uniquement de l'excellence du fonctionnaire qui est à la tête de la colonie, est-ce bien là de la décentralisation ? Si ce n'est pas de la centralisation, ce système est loin de présenter tous les avantages de la décentralisation ! Il ne corrige la décentralisation qu'en la dénaturant.

Il impose au gouverneur une responsabilité qu'il est difficile et dangereux de lui laisser assumer seul. Il donne à la valeur individuelle du fonctionnaire à la tête de la colonie un coefficient d'un chiffre démesuré, et si cette valeur fait défaut, tous les avantages du régime s'évanouissent. Le gouverneur est tout, l'assemblée n'est rien. Le gouverneur ne fait pas partie d'une organisation mesurée, compensée ; il est toute l'organisation administrative, toute l'administration.

La faiblesse des attributions de l'assemblée et l'insuffisance du contrôle, qui sont les caractéristiques de cette décentralisation toute particulière, entraînent d'autres conséquences directes ou indirectes : elle ne réalise qu'imparfaitement la collaboration qui devrait être tout à l'avantage de l'élaboration des affaires ; mais le rôle si effacé de cette assemblée aux attributions fictives, sans action réelle, devra amener fatalement un désintéressement des affaires, un ralentissement de la vie publique.

Et ce ne sera pas toujours ainsi, par des avantages négatifs, que se

---

1. Cf. Siegfried, Proposition Sénat, 23 décembre 1898. Sénat annexe, 99, 25 ; Boudenoot, *Revue politique et parlementaire*, 10 février 1899 ; Etienne, *Questions diplomatiques et coloniales*, 19 janvier 1901, et la presse coloniale en général.

traduira la diminution de la décentralisation, mais encore par des inconvénients positifs. D'abord, il n'apparaît pas que les colonies doivent subir sans protestations cette soustraction de leurs prérogatives, et le mécontentement public créerait des désordres tels, que celles-ci peuvent être considérées comme irrévocables. Mais cette période franchie, est-on même autorisé à croire que le fonctionnement normal de ce système serait facile et satisfaisant? Cela semble bien hypothétique. De même qu'une assemblée aux pouvoirs étendus ne peut fonctionner sans suffrage populaire, de même c'est une erreur de croire qu'une assemblée issue du suffrage universel peut fonctionner sans pouvoirs étendus. Evidemment, la tutelle est compatible en principe avec la décentralisation; mais la mesure opportune de cette tutelle ne nous paraît pas pouvoir être très faible. La décentralisation, en développant le sentiment du particularisme local, augmente la violence de l'amour de la liberté. Aux colonies surtout, où ces sentiments sont si forts, une tutelle exagérée paraîtrait aboutir à des conséquences regrettables. Ce serait la source de perpétuels conflits, si l'on peut employer ce mot pour une opposition destinée à être toujours brisée, ce qui, en froissant les assemblées dans la conscience de l'importance de leur mandat, susciterait un mécontentement public de proportions redoutables.

Enfin, il faut ajouter que ce système, comme les précédents, en ne s'attachant qu'à la modification des attributions, ne corrige nullement le défaut de l'organisation actuelle, qui est de faire méconnaître trop souvent par l'assemblée le véritable intérêt général de la colonie. Ce système pare aux conséquences de la gestion défectueuse, de l'écrasement des intérêts des minorités, de l'ignorance de l'intérêt public, en n'attachant aucune force exécutoire aux délibérations de l'assemblée. Il ne se préoccupe pas de rendre celles-ci meilleures. Il les prend pour ce qu'elles valent et cherche seulement à en arrêter les effets. Mais alors, de deux choses l'une : si l'autorité à qui, après les délibérations de l'assemblée, appartient seule le droit de prendre les décisions est disposée à considérer l'assemblée comme suspecte de méconnaître les véritables intérêts du pays, et par suite comme incompétente pour parler en leur nom, si elle prétend réviser les opinions de l'assemblée, s'en instituer appréciatrice souveraine, à quoi bon l'existence d'une assemblée? Mais, d'autre part, si on n'a pas pour l'assemblée cette défiance excessive, si l'on veut bien se laisser influencer par cette considération qu'elle constitue la représentation légale du pays, et que son existence a pour raison d'éclairer l'administration sur les besoins locaux, alors ne risque-t-on pas d'être entraîné par l'assemblée et de commettre à sa suite, de consacrer les abus, les erreurs que l'on est chargé de corriger? A prendre un conseiller on le doit prendre bon, ou bien n'en pas avoir.

CHAPITRE IV

Modification de la composition

Le dernier système étudié est évidemment celui qui de tous pare le mieux aux inconvénients des conseils coloniaux. Mais à quel prix ? A réduire les assemblées de telle sorte qu'elles deviennent un rouage inutile, sinon nuisible, c'est presque leur disparition que l'on prononce ; on les affaiblit au point de n'être plus que l'ombre d'une institution. Cela est efficace, mais combien radical ! Est-ce donc ainsi la faillite définitive de la décentralisation aux colonies qu'il faut prononcer, et malgré des avantages incontestables en théorie, en arriver à faire l'aveu de son impossibilité pratique ? Faut-il se résoudre à l'accepter avec ses imperfections actuelles, ou ne trouver d'amélioration que dans sa suppression ?

Tous les systèmes qui essaient de remédier à l'imperfection des conseils coloniaux en modifiant, dans un sens ou dans l'autre, les attributions, aboutissent à un échec certain. On avait pu, d'ailleurs, l'énoncer *a priori* en constatant l'existence de deux principes inconciliables et également respectables, le besoin d'attributions étendues et l'impossibilité pratique de ces attributions. Mesurer avec réflexion les attributions d'une assemblée, c'est, en somme, conformer avec soin l'arme suivant les facultés de celui qui doit s'en servir. C'est bien, mais n'y-t-il pas une autre opération, qui consiste à chercher à modifier par l'éducation, par des déformations, par des accomodations, pour rendre propre au rôle qu'il a à jouer, mettre au niveau de l'arme qu'il va tenir, l'organe lui-même ? L'outil le meilleur n'a de valeur que par l'ouvrier qui le manie, l'arme la plus perfectionnée est dangereuse aux mains d'un maladroit ou d'un méchant ; les pouvoirs d'une assemblée ne sont rien par eux-mêmes, ils ne valent que par l'assemblée qui les possède.

Pour de mauvaises assemblées, tous les pouvoirs seront trop forts ; de bonnes assemblées, plus étendues seront les attributions, plus grands seront les bienfaits que l'on en recueillera. C'est là une vérité évidente. Et, cependant, de cette amélioration, de cette accomodation de l'assemblée elle-même à son rôle, à ses attributions, aucune de ses théories ne se préoccupe. C'est là leur tort réel, la cause de leur échec. C'est là que doit se trouver la solution. C'est par la modification des assemblées dans leur esprit, dans leur capacité, dans leur observation de l'intérêt public que l'on atteindra une amélioration de l'usage des attributions, si bien mesurées soient-elles, qui leur sont confiées.

Il faut que les assemblées soient composées d'hommes qui possèdent toutes les vertus nécessaires pour gérer les affaires publiques; d'hommes intègres, éclairés, prudents, économes des deniers publics, sans passions et sans préjugés, faisant des affaires et non de la politique, assez philosophes et conscients de leur devoir pour ne pas se considérer comme les représentants d'un clan mais de la colonie tout entière, faisant litière de leurs intérêts particuliers pour ne voir que le bien public, ce bien qui est à la fois la condition et la conséquence, l'essence même de la prospérité agricole, commerciale, industrielle de la colonie.

Malheureusement, reconnaître ce besoin c'est faire la critique de la composition des assemblées actuelles et comme, si même on conservait l'espoir d'une amélioration par la pratique et l'expérience, on devrait refuser l'admission d'un facteur aussi redoutable que le temps, c'est la condamnation de la législation actuelle, c'est, il faut le dire avec regret, mais avec courage, la condamnation du suffrage universel tel qu'il est organisé aux colonies. Si depuis l'extension généreuse mais imprévoyante de ce mode de suffrage on a reculé devant une modification de la composition des conseils coloniaux, si l'on n'a même pas osé envisager, jusqu'ici, une atteinte à ce principe intangible, il faudra bien s'y résoudre, car c'est là le nœud de la question, c'est là une réforme inéluctable. C'est dans la modification de la composition seule qu'on doit trouver la source de toutes les améliorations[1].

Reconnaître la nécessité d'une modification de la composition actuelle et de son adaptation aux réalités particulières des colonies, cela entraîne-t-il, c'est la première question qui se pose, la suppression du suffrage universel et peut-être même de tout système électif? Faut-il, par exemple, en arriver à une constitution analogue à celle des colonies anglaises de la Couronne, dont plus que le contrôle énergique de l'organe exécutif sur toutes les délibérations de l'assemblée, la caractéristique générale est l'absence du principe électif pour la composition du conseil législatif formé de membres de droit et de membres nommés, parmi lesquels les fonctionnaires ont toujours la majorité?

Dans ce dernier cas, s'il n'y avait pas possibilité de maintenir une composition élective des conseils coloniaux, ce serait la faillite définitive de la décentralisation aux colonies! Or, en vérité, non seulement nous ne croyons pas que l'on soit réduit à cette extrémité, de supprimer, avec le suffrage populaire, la décentralisation et ses avantages absolus, mais nous considérons même que le suffrage universel est aujourd'hui une

---

1. Cf. *Annales sciences politiques*, mars 1900, Autonomie de nos vieilles colonies, M. C. N.; *Quinzaine coloniale*, 10 janvier 1901, Ch. DEPINCÉ.

nécessité trop haute à beaucoup de points de vue pour qu'on puisse y toucher.

Qu'il s'agisse soit de le supprimer totalement, soit de le soustraire à une fraction de la population, le droit de suffrage apparaît d'abord comme une sorte de droit acquis, de caractère irrévocable, dont la violation peut amener les plus graves conséquences. On entendait à la tribune de la Chambre, sur une situation analogue à celle des colonies, ces paroles : « Messieurs, je ne sais pas si ce n'est pas pour un grand pays comme le nôtre la pire faillite morale de déclarer qu'il ne peut faire vivre dans la liberté et dans la loi des populations accueillies par lui et qu'il est réduit, ne pouvant les incorporer à l'esprit national, à les rejeter de la cité [1]. » Ce sont là de nobles paroles, mais prononcées dans un pur esprit d'assimilation où nous ne voulons pas nous engager; pour nous, il nous suffit de prévoir les dangers d'une telle révocation du droit de suffrage pour proclamer l'impossibilité de la réaliser. Et ce caractère irrévocable des mesures libérales est encore exagéré dans les colonies à population d'origine française, où l'esprit français s'est développé et où, par suite, l'amour de la liberté et des droits politiques y est extrême. Ce serait une profonde erreur de prendre pour modèle les colonies d'autres nations européennes; ce serait retomber dans un nouvel esprit de généralisation *a priori* aussi dangereux. Si, par exemple, les Antilles anglaises ont pu, dans la seconde moitié du siècle dernier, être successivement dépourvues de leurs institutions représentatives et passer sous l'administration directe de la Couronne, ce fut toujours sur la demande expresse des habitants et avec le consentement des législatures locales. Or, on n'a jamais rencontré chez leurs proches voisines, les Antilles françaises, la manifestation de semblables tendances; et il n'apparaît certainement pas que la suppression des libertés accordées s'opèrerait chez celles-ci avec la même facilité !

D'autre part, et à un point de vue plus haut, le droit de suffrage, le suffrage universel, possède sur les autres modes de composition des avantages particuliers qui le rendent indispensable. Lui seul permet d'obtenir une exacte représentation de la majorité, de cette majorité qu'il est nécessaire de consulter pour connaître la véritable opinion publique. Lui seul appelle à la formation de cette opinion moyenne tous les individus et tous les intérêts. Lui seul réalise cette égalité politique, si nécessaire à la tranquillité publique, à la fraternité sociale, aux colonies, plus que partout ailleurs, où des jalousies et des rancunes sont si facilement avivées.

Or, si le suffrage universel a, en revanche, des défauts graves, s'il éloigne insupportablement du but d'une heureuse décentralisation aux colonies, s'il n'aboutit qu'à la composition d'une assemblée inapte à la gestion des affaires publiques et à la représentation, dans une population

---

[1]. M. JAMAIS, 19 février 1898.

hétérogène, d'une majorité sans considération pour les intérêts des minorités, il est heureusement d'autres moyens de le corriger que de le supprimer.

Sur les vices des élections, les irrégularités, les fraudes dont presque toutes sont entachées, nous n'insisterons pas. Un peu de vigilance et de fermeté de la part de l'administration et de la justice auraient raison de ces pratiques scandaleuses, mais surtout l'élévation du niveau moral et intellectuel par l'expansion large de l'éducation et de l'instruction, qui sont des obligations de la mission civilisatrice de la Métropole. Ces mesures nécessaires et certainement efficaces pour rendre au suffrage universel sa moralité et sa sincérité ne doivent pas retenir notre attention.

Ce que la composition des assemblées coloniales doit présenter, il est possible de le rappeler en deux mots : c'est d'abord une plus parfaite capacité pour les affaires publiques, mais aussi une plus exacte représentation des intérêts vitaux de la colonie.

Le suffrage universel c'est la représentation des intérêts de la majorité. Il est juste, nécessaire, que ceux-ci soient représentés ; mais ces intérêts de la majorité ne sont pas les plus importants, les seuls importants, ils ne peuvent pas être exclusivement représentés. A côté d'eux, il est des intérêts hétérogènes et antagonistes qui sont sacrifiés, puisque ce sont ceux des minorités, d'abord ceux de l'agriculture, du commerce, de l'industrie. S'il est indéniable que la prospérité, le développement, la vie même de la colonie dépendent du succès de ces entreprises, est-il possible de laisser ces intérêts vitaux sans représentation dans les assemblées administratives ?

On pourrait dire que ces intérêts sont représentés, par ailleurs, par des institutions légales, des chambres où ils sont discutés, et qu'ils n'ont, au surplus, rien de commun avec la marche de l'administration. Quelle erreur ! Est-ce que tout ne se tient pas ? Est-ce que la gestion des affaires publiques n'influe pas immensément sur la prospérité du pays, directement ? Soutenir le contraire, ce serait développer un paradoxe, aller contre les faits eux-mêmes, contre l'expérience, contre l'existence d'une connexion reconnue légalement par l'institution des chambres consultatives elles-mêmes. Mais ce qui semble non moins évident, c'est que ces intérêts sont insuffisamment défendus par ces institutions, c'est qu'ils doivent être plus directement associés à la marche de l'administration, à la gestion des affaires publiques, et qu'il faut leur assurer une représentation particulière au sein de l'assemblée coloniale elle-même. N'est-il pas rationnel que dans un conseil chargé de décider sur les intérêts généraux du pays une place importante soit réservée à ceux dont les intérêts particuliers coïncident justement avec les intérêts généraux du pays ? A côté de la représentation démocratique tirée de la majorité populaire apparaît la nécessité d'une autre représentation basée sur la prépondérance des intérêts, mais représentation des intérêts non pas au sens métropolitain du mot, organisant la suprématie de la fortune, mais représentation des intérêts uniquement à raison de leur nature, de leur homogénéité et de leur importance pour la vie sociale et économique du pays[1].

Pour réaliser cette amélioration de la composition, peut-on employer des modalités du suffrage ? Non. De toutes les modalités dont le suffrage est susceptible, aucune ne permet d'atteindre ces résultats d'une manière satisfaisante. Elles sont ou inefficaces ou, lorsqu'elles arrivent au but qu'elles visent, c'est en détruisant l'universalité même du suffrage, ou en rompant l'égalité, ou en créant des distinctions de groupes, de classes dans la population, ce qui n'est pas moins regrettable. Aussi, condamnons-nous pour les colonies françaises, malgré les bons résultats qu'il donne dans toutes les colonies anglaises dont le principe électif n'est pas exclu, le suffrage censitaire, qui, d'ailleurs trop contraire à nos principes de droit public, réaliserait une suprématie des intérêts non pour leur nature, mais pour leur chiffre.

Le moyen, le seul, c'est, en conservant le suffrage universel intact, d'introduire dans la composition de l'assemblée, à côté de lui, un autre élément qui en sera le correctif et le complément. Le suffrage universel restera comme manifestation de la volonté populaire et instrument d'égalité, conservant ainsi tout son rôle et tous ses avantages, mais il sera atténué dans ses défauts, amélioré dans sa capacité et corrigé dans la représentation des intérêts par l'introduction d'un élément essentiellement variable et fixé suivant les nécessités de chaque colonie. Cet élément où le prendre, si ce n'est dans une représentation des intérêts vitaux de la colonie, agricoles, commerciaux, industriels ?

Cette représentation, pour remplir les conditions de la décentralisation, doit être à base élective. Mais des élections directes par des corps électoraux où seraient appelés séparément ces intérêts, offriraient l'inconvénient de multiplier d'une façon désavantageuse les réunions électorales et de créer des distinctions de classes, des groupements professionnels dangereux dans la société. Il y aurait un moyen d'éviter ces inconvénients : ce serait de faire élire ces représentants par les institutions légales de ces intérêts, les chambres de commerce déjà électives et les chambres d'agriculture qui ne perdraient rien à le devenir. Et du coup, par l'introduction de cet élément dans les assemblées coloniales, on réaliserait non seulement une représentation satisfaisante des intérêts vitaux du pays, mais on obtiendrait en même temps une composition offrant toutes les qualités de capacité pour gérer les affaires publiques. Avec des hommes rompus aux affaires on aurait une assemblée préoccupée des besoins de la colonie et non de discussions politiques ; on n'aurait pas

---

1. Représentation des intérêts, Cf. HAURIOU, Traité, p. 21, note 1, 3e édition ; Ch. FRANÇOIS, Représentation des intérêts dans les corps élus, 1899 ; Délégations financières algériennes, Revue Droit public, J. THOMAS, 1899.

à craindre les conflits stériles, les luttes de partis, les antagonismes de classes et les questions seraient replacées sur leur véritable terrain, la prospérité économique du pays.

Mais le problème de la composition des assemblées coloniales n'est pas entièrement résolu par cela. Il ne faut pas oublier que le suffrage n'est pas partout universel, que la plupart des colonies françaises possèdent à côté de l'élément français et assimilé un autre élément sujet français, les indigènes qui ne sont pas ou ne sont qu'insuffisamment représentés aux assemblées. Et cependant, à défaut de la prépondérance des intérêts, ceux-ci ont encore l'importance du nombre. Nous l'avons dit, mais nous tenons à le répéter, nous ne croyons pas, autant pour un « vague humanitarisme » que pour des considérations plus pratiques, l'appréciation du véritable intérêt général de la colonie et le danger des revendications violentes, nous ne croyons pas que jamais cet élément puisse être impunément sacrifié.

Si donc les indigènes possèdent déjà un droit de suffrage, il ne peut entrer d'aucune manière dans notre plan de le leur supprimer. Bien au contraire, notre tendance serait de le rendre plus efficace pour leur assurer une représentation si les conditions de la majorité électorale devaient leur être défavorables. Mais des indigènes qui n'ont actuellement aucune représentation, doit-on songer à en organiser une ? Nous répondons en principe oui, parfaitement. Oui et cette représentation devrait même être élective[1] pour répondre aux conditions de la décentralisation et ne pas fausser la composition de l'assemblée locale[2]. Il faut en outre désirer que les élections se fassent dans un seul corps électoral, sans catégories basées sur les différences d'origine, qui séparent plus profondément des éléments qu'il y aurait lieu d'unir et qui ne sont possibles que lorsqu'un état social aristocratique ou une mentalité particulière en effacent les dangers[3]. La conséquence en serait que la majorité dans ce corps électoral appartiendrait sûrement aux indigènes, mais cela c'est bien le résultat nécessaire pour leur donner une représentation effective, et de cela on ne doit pas s'alarmer pour les intérêts de la colonisation, puisque ces intérêts seraient représentés, d'autre part, par des éléments particuliers et suffisants.

Seulement, on ne peut pas se dissimuler qu'une telle représentation élective n'est pas partout actuellement possible à raison de l'intellectualité des indigènes, de l'ignorance dans laquelle, parfois, ils croupissent. Force serait donc, ou bien de les priver de toute représentation ou bien de leur en donner une d'office. C'est cette dernière solution que nous

---

1. Cf. Dislère, Notes, 145.

2. Cf. Rouard de Card, Les indigènes musulmans dans les assemblées locales.

3. Cf. Conseils coloniaux de l'Inde et de la Cochinchine et les Délégations financières de l'Algérie.

admettrons naturellement. Actuellement, les intérêts des indigènes sont privés de tout défenseur. C'est le gouverneur seul qui, lorsqu'il le peut, s'en institue le protecteur. Mais son rôle est nécessairement imparfait, le gouverneur est chargé de veiller, c'est son devoir de veiller aux intérêts généraux. C'est un avocat spécial des intérêts particuliers de cet élément de la population que nous voudrions. Cette représentation, si elle ne pouvait être choisie parmi les notables indigènes, devrait être réalisée par une institution spéciale intimement associée à l'élaboration des affaires de la colonie.

Ainsi, les différents intérêts locaux antagonistes étant assurés d'une représentation, ce qui est une garantie sérieuse de leur observation, le problème de la composition de l'assemblée paraît à peu près résolu. Cependant, pour qu'il le soit complètement, il faut encore ajouter quelque chose. On sait qu'il peut arriver que parmi les intérêts locaux d'une colonie, les plus importants soient, tout au moins provisoirement, ceux d'un colon d'une nature toute particulière, la Métropole ou l'Etat lui-même[1]. Pour la défense de ces intérêts métropolitains dans la colonie, apparaît la nécessité d'un nouvel élément représentatif, et les hauts fonctionnaires de la colonie sont tout désignés pour occuper de droit une place à l'assemblée.

Mais la présence de ces hauts fonctionnaires de l'Etat va avoir une autre conséquence heureuse, conséquence directe sur les attributions de l'assemblée ainsi constituée. Une telle assemblée offrant toutes les garanties de lumière, de capacité et de représentation des divers intérêts locaux, pourrait posséder, maintenant sans danger, des attributions étendues sur tous ces intérêts locaux. Le but utile de la décentralisation serait ainsi parfaitement accessible. Mais il y a plus; comme nous croyons à l'impossibilité de faire une distinction entre les intérêts locaux et des intérêts plus généraux, que tous nous apparaissent comme ayant, avant tout, le caractère local, on pourrait, sans danger maintenant, abandonner à l'assemblée des attributions qu'aujourd'hui l'on n'envisage qu'avec effroi. Ces attributions, on pourrait d'ailleurs ne les accorder qu'avec les garanties qui entourent l'autonomie des colonies anglaises, la sanction du gouverneur nécessaire pour toutes les délibérations de l'assemblée, le contrôle réservé, quoique rarement exercé, des autorités métropolitaines, l'initiative de toutes les propositions administratives, législatives ou budgétaires au gouverneur. L'assemblée ayant ainsi une capacité législative presque générale, ce serait réaliser l'autonomie, mais une bienfaisante autonomie. La colonie, avec cette espèce de parlement économique, enfin dotée d'un organe capable de la conduire et donnant tous les gages de modération, de capacité, de clairvoyance du vrai bien général, pourrait offrir à la Métropole sa prospérité et son atta-

---

1. Cf. Chambre des députés, 10 novembre 1896, CAMBON.

chement, en échange de la soumission résignée à une tutelle trop souvent accompagnée de violence et d'oppression.

Ce système, dont la composition hétérogène de l'assemblée constitue toute l'originalité, s'inspire, en somme, de l'organisation du conseil colonial de Cochinchine; mais il en abandonne la timidité qui marqua l'application d'un principe fécond, et à laquelle doit être attribuée toute entière l'absence de résultats satisfaisants. Il s'inspire encore de la composition des Délégations financières de l'Algérie[1], cette assemblée formée de trois représentations distinctes, celle des colons, celle des non-colons, celle des indigènes musulmans, cette dernière divisée en sections des Arabes et des Kabyles, chaque délégation et la section kabyle délibérant séparément. Il en adopte le principe de représentation de tous les groupes d'intérêts distincts et opposés. Mais il s'inspire surtout de la constitution des colonies anglaises de la Couronne, de celles dont, par exception, les conseils législatifs comprennent un élément électif. Le conseil législatif de Maurice, qui peut être le type de ces sortes de colonies, est formé de huit membres officiels siégeant de droit, de neuf membres nommés par le gouverneur parmi les notables représentant les intérêts de l'agriculture et du commerce et de dix membres élus par un régime censitaire étroit. Ce système, qui par sa souplesse, par toutes les modalités dont il est susceptible se prête à toutes les gradations opportunes et s'adapte à toutes les particularités locales, peut convenir à toutes les colonies pourvu qu'il y ait les éléments suffisants de population et d'intérêts. Par lui on trouverait réalisée, avec tous les avantages de la décentralisation et la consultation sincère du pays, ce qui est l'idéal suprême, une administration des colonies qui ne reposerait plus inévitablement sur une exploitation des intérêts en présence, des intérêts locaux ou métropolitains, des intérêts locaux entre eux.

D'ailleurs, si dans cette étude nous avons fait preuve d'un grand détachement de considérations générales et d'applications *a priori* des grands principes du droit public français qui peuvent entraîner à des mesures irréfléchies et inopportunes dans l'état des réalités coloniales, nous voulons ajouter que notre souhait le plus ardent est de voir hâter le jour où le triomphe de l'idée démocratique rayonnera aux colonies comme dans la France métropolitaine. Si ce jour est éloigné par des conditions locales particulières, la France républicaine ne doit pas oublier que sa mission colonisatrice ne peut se soustraire à préparer, par les bienfaits de la civilisation, le règne de la Liberté, de l'Égalité et de la Fraternité!

---

1. Cf. *Revue Droit public*, 1899, J. Thomas; *Revue politique et parlementaire*, février 1901, H. Pensa.

TABLE DES MATIÈRES

PREMIÈRE PARTIE

De la raison d'être et des conditions d'organisation des conseils généraux des colonies françaises. La décentralisation. Sa valeur relative aux colonies.

DEUXIÈME PARTIE

L'histoire des assemblées locales aux colonies

Section I. — L'ancien régime et la Révolution. — I. L'ancien régime. — II. La Révolution.. 26

Section II. — Les ordonnances. Les conseils coloniaux.................. 38

Section III. — Les sénatus-consultes. Les origines de l'organisation actuelle. — I. Le sénatus-consulte du 3 mai 1854. — II. Le sénatus-consulte du 4 juillet 1866. — III. Le décret du 3 décembre 1870......... 40

TROISIÈME PARTIE

La constitution des Conseils

TITRE PREMIER

L'ORGANISATION DES CONSEILS

CHAPITRE I. — La composition des conseils........................... 64
Section I. — Electorat.
§ 1. — Jouissance du droit de vote................................ 65
§ 2. — Exercice du droit de vote.................................. 71

Section II. — Eligibilité.
  § 1. — Jouissance.. 73
  § 2. — Exercice.. 74
  § additionnel. — Incompatibilités.................................. 76
Section III. — Egalité du droit de suffrage.
  § 1. — Nombre des membres et répartition par circonscriptions territoriales... 78
  § 2. — Fractionnement social du corps électoral. Catégories de l'Inde et de la Cochinchine.. 81
Section IV. — Election et contentieux de l'élection.
  § 1. — L'élection... 86
  § 2. — Le contentieux de l'élection................................ 87
Section V. — Conseil colonial de Cochinchine........................ 88

CHAPITRE II. — Les caractères du mandat.

Section I. — Durée du mandat et renouvellement...................... 91
Section II. — Cessation des fonctions. — I. Démission. — II. Option obligatoire. Tirage au sort. — III. Démissions d'office. Déchéances.... 91
Section III. — Gratuité du mandat................................... 98

CHAPITRE III. — Le fonctionnement des conseils.

Section I. — Sessions. — I. Sessions ordinaires. — II. Sessions extraordinaires... 99
Section II. — Séances. — I. Siège des conseils. — II. Nombre nécessaire de membres présents. — III. Bureau. — IV. Publicité des séances. — V. Police des séances. — VI. Règlement. — VII. Ordre du jour. — VIII. Procès-verbaux. Compte rendus............................... 100
Section III. — Délibérations. Votations............................. 106
Section IV. — Rôle de l'administration dans le fonctionnement des conseils. — I. Ouverture de la session. — II. Présence de l'administration. — III. Préparation des délibérations. — IV. Exécution des délibérations. — V. Dissolution. Suspension................................ 106

TITRE DEUXIÈME

LES ATTRIBUTIONS DES CONSEILS

CHAPITRE PRÉLIMINAIRE. — Généralités. — Caractères des attributions. — Etendue territoriale et sociale de la compétence............. 115

CHAPITRE I. — La force exécutoire et la valeur juridique des délibérations.

Section I. — Force exécutoire des délibérations. — I. Avis. — II. Délibérations soumises à approbation. — III. Décisions, recours en annulation 121
Section II. — Valeur juridique des délibérations.
  § 1. — Nullité juridique... 126
  § 2. — Recours contentieux et particulièrement pour excès de pouvoir. 130

CHAPITRE II. — Les objets des délibérations.
Section I. — Droits de personne privée.
§ 1. — Domaine privé de la colonie 132
§ 2. — Dons et legs 137
§ 3. — Actions à intenter et à soutenir au nom de la Colonie. — Transactions 140
§ 4. — Emprunts 142
Section II. — Droits de puissance publique.
§ 1. — Domaine public 143
§ 2. — Travaux publics 148
§ 3. — Droits de police.
I. — Services coloniaux 153
II. — Règlementation de l'immigration 155
III. — Tutelle des communes 156
§ 4. — Budget.
Article I. — Régime financier. Consistance des budgets locaux. Modifications au sénatus-consulte de 1866.
I. — Généralités 159
II. — Régime financier de 1866 161
III. — Modifications au régime de 1866 163
N° 1. — Douanes et octroi de mer 163
N° 2. — Régime financier de 1901 168
Article II. — Attributions des conseils sur les budgets locaux.
I. — Dépenses ordinaires 172
N° 1. — Dépenses obligatoires 172
N° 2. — Dépenses facultatives 175
II. — Recettes ordinaires 178
III. — Dépenses et recettes extraordinaires 181
IV. — Approbation du budget 182
V. — Crédits supplémentaires 185
VI. — Comptes de la colonie 185
Section III. — Nominations. Manifestations d'opinion et attributions de contrôle.
I. — Nominations 186
II. — Manifestations d'opinion et attributions de contrôle 187

APPENDICES A LA TROISIÈME PARTIE

I. — Commissions coloniales 189
II. — Intérêts communs à plusieurs colonies 192

QUATRIÈME PARTIE

Critiques et réformes

CHAPITRE I. — Appréciation de la valeur fonctionnelle et de la constitution des conseils.
Section I. — Collaboration des conseils et de l'administration 195

Section II. — Gestion des intérêts généraux	197
Section III. — Gestion des iutérêts locaux	200
Section IV. — Mise au point des critiques. Les insuffisances de la constitution	208
CHAPITRE II. — Raisons historiques des imperfections	213
CHAPITRE III. — La réforme par la modification des attributions	218
CHAPITRE IV. — La modification de la composition	226

ERRATA

Page	Ligne	Au lieu de	Lire
21	23	citoyens	citoyen
32	15	elle entre	l'assemblée entre
32	29	raisonna	résonna
41	13	formaient	formulent
43	33	réduction	réduction
51	29	nimosité	minorité
53	33	revisé	révisé
58	9	leur revenus	leurs revenus
66	21	rélégués	relégués
91	27	suffrages de ces concitoyens	suffrages de ses...
98	21	Saint-Pierre de Miquelon	Saint-Pierre et Miquelon
101	7	se sont confectionnés	se sont confectionné
103	6	insuffisant à les fournir	incompétent pour fournir ces renseignements
108	33	ne sont pas	ne soient pas
118	30	répartion	répartition
120	22	toute entière	tout entière
131	21	5 octobre 1870	5 août 1870
155	28	toute entière	tout entière
169	17	rien ne fût	rien fût
189	15	on exigeraient	ou exigeraient
203	31	de budgets locaux	des budgets locaux
211	9	en face des excès	en face les excès
233	6	toute entière	tout entière

INDICATIONS COMPLÉMENTAIRES

Page 90 : D. du 8 avril 1898 est modifié par D. 9 mars 1902.
— 102 : D. 3 décembre 1870 est modifié par D. 18 avril 1902.
— 109 : Arrêt C. d'État 23 novembre 1900 (Jean) étendant pour la Guyane la doctrine des avis consultatifs.

Contraste insuffisant
NF Z 43-120-14

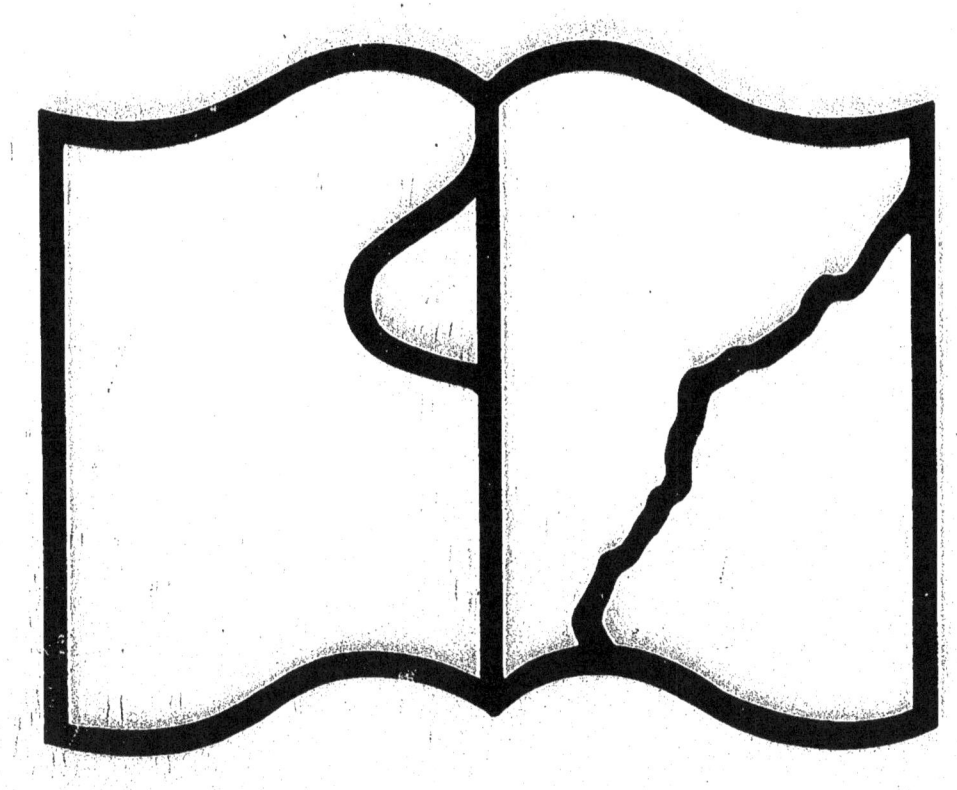

Texte détérioré — reliure défectueuse
NF Z 43-120-11

www.ingramcontent.com/pod-product-compliance
Lightning Source LLC
Chambersburg PA
CBHW060125170426
43198CB00010B/1035